実務担当者のための
ビジネスプロセスDX実装ガイドブック

Business Process
Digital Transformation

IGPIビジネスアナリティクス＆インテリジェンス
上田 剛

東洋経済新報社

はじめに

▶「なぜDXをやるべきなのか」の先の「具体」へ

この本は、「DXのコントロールタワー」のためにある。

「DXのコントロールタワー」とは、会社全体の売上向上・コスト削減のため、全社的なDXの推進・実装を任された実務者のことである。

会社全体のDXだけでなく、個別のDX施策についても解説するので、部門内でのDXや、自らの業務のDXを試みている実務者にも参考となるはずだ。

本書では、「なぜDXをやるべきなのか」という議論に紙面を割かない。「DX」というバズワードを聞かない日はなく、DXが必要なことは、どのビジネスパーソンも嫌というほど分かっている。

しかし、ここで問題がある。

DXを実際にビジネス実装するため、今何をすれば良いのか？

必要性や抽象論ではなく、「具体的」に何をやるべきかを知りたい。そんな、今すぐ行動を起こす必要に駆られている人のために、この本は書かれている。

▶最初にあなたがやるべきこと

まずやるべきは、DXの他社事例を調べることではない。AIのアルゴリズムやプログラミングを勉強することでもない。何かいい話があるのではと期待して、データサイエンスの専門家に会いに行くことでもない。

あなたがまずやるべきなのは、自社の業務と情報（データ）の流れを知ることだ。それも、ただ知るだけではなく、徹底的に理解しなくてはならない。顧客に価値を届ける最初から最後のプロセスまで、自社ではどのような業務をしていて、業務をするために情報をどのように活用しており、情報を読み取るためのデータはどのように流れているのか？

データは自社のビジネスに即した使い方をしなければ、何の意味もない。担当者の生の声を聴いて、実物のデータを見て、場合によっては実際に業務をしているところまで観察しなければ、何を変えればよいのか、本当に変えられるのかをイメージすることはできない。

顧客に価値を届けるまでの会社の業務を、最初から最後まですべて知っている人は、創業者を除けば、通常ほとんどいないだろう。あなたがその全体像を理解する、会社で初めての人間にならなくてはいけない。

業務と情報の流れを理解した後、あなたは驚くはずだ。各部門が個別最適化に陥り、情報が上手く流れていないことで、いかに業務が非効率になっているか。そして、バズワードの「AI」を使うまでもなく、解決できる課題がいかに多いか。

通常、AIを使って解決するべき業務課題は、全体の1割から2割程度しかない。その他の多くは、そもそもの業務プロセスの変更・廃止や、AIを使わない普通のデジタル化により解決すべきものである。

AIは万能ではない。使いどころを間違えてはいけない。

▶ DXに立ちはだかる壁

しかしいよいよ、AIで解決するべき課題が決まったとする。そこから、多くの難関が立ちはだかる。

AIを構築しようとしても、そもそも予測すべきデータを保有していない。
苦労して構築したAIの予測精度が出ない。
精度が良いAIを構築したのに現場が使ってくれない。
使ってみたけれど効果が出ない。

問題が次から次へと出てきて、業務実装にたどり着くまで、険しい道を歩むことになる。

ビジネス上意味のあるAIを構築し、長年慣れ親しんだやり方を変えてAIを導入するのは、簡単ではない。業務をなぜ変えるべきか、どのように変えるべきか、どうすれば変えられるかを、入念に現場と議論する必要がある。そして、ゴールの具体的なイメージを持った上で、関係者全員（少なくともキーマン）が腹落ちして動かなければならない。とにかく、上からやれと言われても、実際にやるのは大変なのだ。

それでは、あなたが実務者として、多くの困難を乗り越えて会社のビジネスプロセスを再設計し、DX実装するコントロールタワーとなるためには、何をすればよいのか？

その具体論が、この本に盛り込まれている。

▶ アウトプットの実例を示し、やるべきことを具体的に解説

筆者は、経営共創基盤というコンサルティング会社で、DXやデータサイエンスの案件を扱っている。クライアントからは、よく以下のような相談を受ける。

- デジタルを用いて既存業務の生産性を向上させたいが、どの業務にどのように適用すればよいか、どの程度の生産性向上が見込めるかが分からない
- 過去の蓄積データをもとにAIの活用を検討したいが、AIで何ができるかが分からない
- 機械学習モデルを作ることはできるが、現場でどのように受け入れてもらい、使ってもらうべきかが分からない
- 個別部門で進んでいるデータ活用の取組みを、全社最適にしたいと思っているが、どのように統合していくべきなのかが分からない

抽象的なDX論や、AIのアルゴリズム、Pythonのコーディングを学んだだけでは、このような問いには答えられない。

では、筆者のチームは何をしたのか？

この本では、筆者のチームがクライアントと共に試行錯誤をしながら、実際のデータを用いて、実際の業務を変えた、具体的な事例を解説する。

守秘義務のために匿名化やマスキングはするが、あなたが自らゴールや行動計画を解像度高く描けるように、実際に作成したアウトプットや、アウトプットを作るまでのプロセスも解説する。

▶ 本書の構成

本書は二部構成となっている。時間に余裕があれば、第Ⅰ部の基本から順番に読んでいただくのが良い。ただし、より具体的な内容をすぐに知りたいのであれば、第Ⅱ部の実例から読み始めていただいても問題はない。

第Ⅰ部では、DX実務担当者が知っておくべき基本を解説する。

第1章では、DXの定義と本書が扱うDXの範囲を明確にする。DXと一口に言っても、人により多様なイメージが混在しているので、何について話すのか、認識を揃える必要がある。

第2章では、DX実装の基本的な流れを述べる。いきなり個別のDX実装に入るのではなく、全体像を把握して、インパクトの大きな施策を打つためには、しかるべき手順をふまなくてはならない。

第3章では、DX実装をするために必要なリソースとして、どのような人材と解析環境を揃えなければならないのかを述べる。

第4章では、機械学習の基本を解説する。この章は、できる限り数式を使わずに書かれているが、はっきり言って難易度は高い。しかし、機械学習はDX実装の大きな柱であり、なくては通れない。そして、使い方のコツを知らないと、意味のないモデルを作ってしまう危険性が非常に高い。そのため、難易度は高いが、あえて基本編の第Ⅰ部に入れている。機械学習をいかにビジネス活用できるかが、DXに大きな差が出るポイントなので、頑張って読み通していただきたい。

第Ⅱ部では、DX実装の実務を解説する。

DX実装の流れである、ビジネスプロセスの再設計、個別部門のDX実装、部門横断のDX実装のそれぞれについて、第5章から第8章まで、実際のプロジェクト事例を交えながら詳細を述べる。

具体的に、何のためにどのようなアウトプットが必要とされるのか、そのために何をすればよいのかが、読者の最大の関心であるはずだ。実際のプロジェクトで用いたフォーマットを紹介して、あなたの業務にすぐに活用できる、具体的なイメージを掴んでいただく。

▶ 高度なITリテラシーは不要

本書を読む上で、デジタルやAIの高度な知識は必要ない。基本的な用語については、都度解説する。DXのコントロールタワーが知るべきは、アルゴリズムの細かい中身ではなく、ビジネスでの使い方だ。

DX実装にはコーディングが必要とされる施策も多いが、プログラミング言語の解説は他の書籍を参照していただきたい。

また、特定のツールやベンダーは推奨せずに、DXのための具体的なアクションを解説する。最適な手段は、会社の状況により異なる。さらに、DX系のツールやベンダーは技術革新による入れ替わりが激しく、現時点の固有名称はあまり意味がない。

ベンダー任せではなく、自らの頭で考え、行動するための方法論を身に付けていただきたい。

本書を読んだ後、あなたがすぐに具体的な成果に向け、実際の行動を始めることを願う。

上田 剛

第II部 DX実装の実務

第8章 部門を横断した統合予測モデルの実装 … 245

第 I 部

DX実務担当者が知っておくべき基本

第1章

本書が扱う
DXの範囲と定義

1 なぜDXでは「既存事業」「ビジネス部門」から着手すべきか

▶ 広範なDXの着手領域

DXは一般に、「ビジネスをデジタルで変えること」と定義されている。DXと聞いて、あなたは何を想像するだろうか？　下記に例を挙げたように、人によってイメージするものは様々だ。

- 紙に書いていた請求書のシステム入力
- 手書き文字の自動読み取り
- 印鑑の電子化
- 給与明細の電子化
- 対面会議のWeb会議化
- 顔認証による入館管理
- コピペ作業のRPA（ロボティック・プロセス・オートメーション）化
- 部署間システムのデータ連携
- 商品にRFIDを貼り付けて在庫の所在をリアルタイム管理
- ガスタービンの異常予知
- 顧客の離脱予測
- 車の自動運転
- 売り切り型ビジネスモデルのサブスクリプション化

各人の思い描くイメージがバラバラなままでは、組織が同じ方向へ効率的に動くことはできない。とりあえず動き出せたとしても、どこかの時点で必ず、認識の違いを確認・調整するためのコミュニケーションに、多くの時間を割かれることになる。まずは、今目指しているDXとは何か、関係者の間でイメージを揃える必要がある。

▶ 効果が生まれやすいのは既存事業のDX

DXとは「ビジネスをデジタルで変えること」なので、前半の「ビジネスを」がどの範囲を示しているか、後半の「デジタルで変えること」が何をどのように変えることかを整理していく。まずは、前半のビジネス適用範囲を定義する。図表1-1を見ていただきたい。

ビジネス適用範囲として、まず切り分けるべきは、既存事業と新規事業だ。

既存事業には、過去のデータがあり、課題が（少なくとも表面上は）見えている。課題解決のため何をDXすればよいのか当りを付けやすく、DXを実施した前後の定量的な評価もできる。つまり、DXの効果を見込みやすい。

いっぽうで、新規事業には当たり前だが過去のデータはない。課題は見えているものではなく、試行錯誤的に当りを付けながらマーケットの反応を見るしかない。そしてそもそもが、デジタル化が、必ずしも新規事業につながるとは限らない。つまり、DXの効果が見込みづらい。

よって、DXでまずやるべきは、確実性の高い既存事業の磨き込みである。本

▶ 図表1-1　DXのビジネス適用範囲

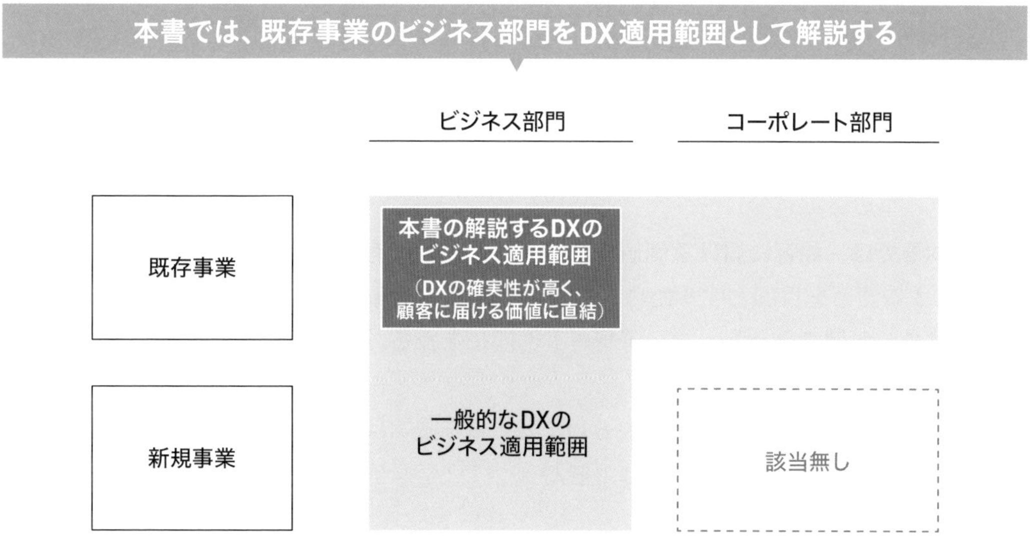

書は、既存事業を対象としてDXを解説する。冒頭に箇条書きした例で言うと、新規事業にあたる「売り切り型ビジネスモデルのサブスクリプション化」等は扱わない。既存事業と新規事業のどちらの話をしているか、という認識が揃っていないと、会話がかみ合わなくなるので注意したい。

▶ 他社との差が生まれるのはビジネス部門のDX

次に切り分けるべきは、ビジネス部門とコーポレート部門だ。

本書では、開発・調達・製造・マーケティング・営業・アフターサービス等、価値を創り、顧客に届ける部門を、ビジネス部門として定義する。価値を創造・提供するビジネスプロセスは、同じ業界でも、会社によって異なる。

各部門のインプットとアウトプットが連続してつながることで、ビジネスプロセスを形成し、創り出された価値が最終的に顧客に届く。ある部門で見つかった問題が、実は前工程の部門に起因することもあるので、ビジネスプロセスの全体を見てDXを検討しなければならない。各部門の縦割り視点ではなく、横串を通したプロセス視点で見ることが肝要である。

コーポレート部門は、人事・経理・総務・法務・IT・経営企画等、会社の運営を担う部門だ。ビジネス部門と同様にDXの効果が見込めるが、ビジネス部門と比べると、コーポレート部門のビジネスプロセスには、会社間の大きな違いはない。

また、ビジネスプロセスが部門を越えてつながることは少なく、基本的には各部門内でDXを検討することになる。

本書では、顧客に届ける価値に直結する、会社固有のビジネスプロセス全体をDXすることを目的とするため、ビジネス部門を対象として解説する。冒頭に箇条書きした例で言うと、コーポレート部門にあたる「給与明細の電子化」等は扱わない。

ただし、コーポレート部門でもDX実装の方法論は変わらないため、本書を参考として適用してもらうことは可能だ。

2 デジタル化は「データ化」「自動化」「高度化」に分けて考える

▶ DXのデジタル化には3つのパターンがある

DXとは「ビジネスをデジタルで変えること」であり、前節では前半の「ビジネス適用範囲」について述べたので、本節では後半の「デジタル化」のパターンを整理する。

図表1-2に、「DXのデジタル化パターン」を記載した。

▶ 図表1-2　DXのデジタル化パターン

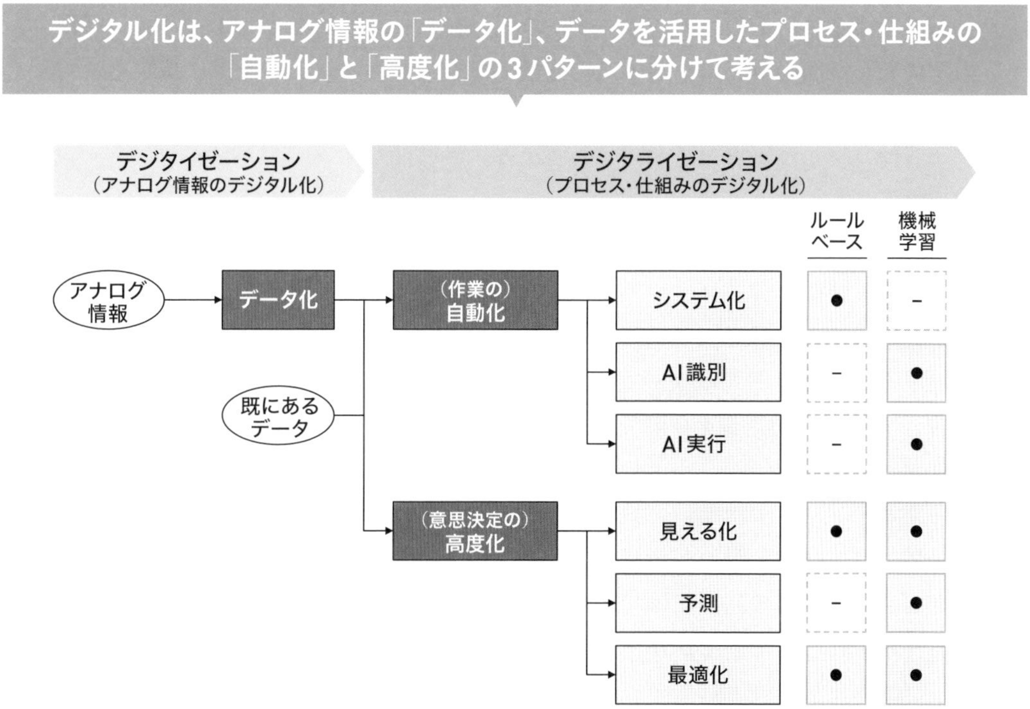

まず、デジタル化には「デジタイゼーション」と「デジタライゼーション」の2つの段階がある。

「データ化」――アナログ情報のデジタル化

「デジタイゼーション」とは、アナログ情報のデジタル化である。

もともと、リアルな世界にはアナログ情報のみが存在している。リアルな世界のアナログ情報のうち、有益なものを切り取ってデジタル化（＝データ化）して初めて、デジタル上で活用することができる。下記の通り、様々な情報を内包するアナログ情報から、何を無視して、何を切り取ってデータ化するかが肝である。

- 手書きの文字から、各人の書体を無視して、テキスト情報を抽出する
- 音声から、声色や音の高さを無視して、テキスト情報を抽出する
- 空気から、組成成分や気圧、湿度を無視して、気温情報を抽出する

データを「何に使う」か、データの活用方法が決まらないと、データの抽出方法も決まらない。その意味では、データとは完全に客観的なものではなく、活用方法に即した面のみを切り取った、主観的なものである。データは、想定された活用方法の外にある情報について、何も語らない。見えているデータの外側にどのようなリアルな世界が広がっているのか、総合的なイメージを持たないと、意思決定を誤る可能性もある。

アナログ情報をデータ化するには、リアルの世界とデジタルの世界をつなぐ作業が必要である。人手でもセンサーでもロボットでも何でもよいが、どこかでハードを用いたリアルなデータ化作業をしなければならない。たとえば、AIで手書き文字の自動認識をするためには、手書きの紙をPDF等に画像データ化する作業が必要だ。デジタル上のサービスは、顧客によるボタン選択やテキスト入力によるインプットがないと動かない。あなたの会社のシステム上で処理されている数字はすべて、誰かがデータ化したものをもとに算出されている。

デジタルな処理の起点にはアナログ情報があり、そのデータ化が活用に即した内容や精度になっているかが、後のプロセスの成果を大きく左右する。膨大なエンジニアの工数を投入してデジタル処理を改良するよりも、起点のデータ化を改

良・新規追加する方が効果的なこともあり得るので、留意しておきたい。

たとえば、動画配信サービスを提供するNetflix（ネットフリックス）では、顧客の好みを判断するため、人間が全映画コンテンツへの徹底したタグ付けを行っている。「批評家絶賛の圧倒的なビジュアルの映画」「弱者が這い上がる伝記映画」等、機械では識別しにくい情報を、人が実際に映画を観て、判断して、データ化する。だからこそ、単なる顧客の視聴データだけでは到達できない精度で、視聴コンテンツのレコメンドが可能となっているのである。

▶「自動化」——手作業を仕組み化するデジタライゼーション

デジタイゼーションの次は、デジタライゼーションの段階となる。「デジタライゼーション」とは、プロセス・仕組みのデジタル化である。

デジタイゼーションによりアナログ情報から抽出されたデータと、既に保有しているデータを用いて、業務のプロセス・仕組みをデジタル化する。もし既に保有しているデータだけで活用するのに十分であれば、アナログ情報から新たにデータを抽出する必要はない。その場合は、デジタライゼーションからDXを開始することになる。

デジタライゼーションには、「自動化」と「高度化」の2パターンがある。

「自動化」とは、現在手作業でやっている業務をシステム・AIにやらせることだ。自動化が目指すのは、工数の削減、処理時間の短縮、エラーの削減である。システム・AIを使うことで、同じ品質のアウトプットを、より人手をかけずに、より早く、より正確に生み出す。単なるコスト削減だけではなく、顧客により早く正確に価値を届けることで、付加価値も向上させる。

自動化は更に、「システム化」「AI識別」「AI実行」に分けられる。

《システム化》

「システム化」は、手順が定型化されている業務を、そのままコーディングしてシステムが代行することだ。業務用システム、ExcelやAccessのマクロ（処理の自動実行）、RPA、SQLのストアドプロシージャ（データベースに対する連続した処理）などが、この分類に入る。

《AI識別》

「AI識別」は、人が五感を用いて情報を識別しているものを、AIが代わりに識別することだ。製品を目視してキズを発見する、会議の発言を聞いて議事録を作成する等、現在は活用の幅が広い視覚と聴覚のAI識別が中心だ。業界によっては嗅覚・味覚・触覚の識別も重要であり、AIを活用する研究が進んでいる。

人の顔を見て誰かを判断することは、人には容易いが、識別のルールを書き出してシステム化することは、非常に困難である。ディープラーニングによるAI技術の発展により、定式化してルールを書き出すことが難しかったものを、機械が自ら学習できるようになった。

《AI実行》

「AI実行」は、目的が限定的で明確な作業を、AIが代わりに実行することだ。囲碁のAlphaGo、自動運転、自動翻訳、類似したデザインの自動生成等が、例として挙げられる。逆に、考える範囲が広すぎてゴールが明確でない作業、たとえば経営戦略の立案などは、(少なくとも現時点の)AIでは代替できない。

AIが実行するべきではない作業もある。たとえば、AIは感情に訴えられないので、顧客に謝る行為は、AIで実行する意味がない。仮に技術が進んで違和感なくできるようになったとしても、むしろ逆効果となる。ただし、電話上でクレーマーから社員を守るためなら、バレないように使う手はある。コールセンターのオペレータの音声を学習したAIにひたすら謝らせておき、怒りが収まって、まともに話ができそうになったところで、本物の人間に代わる。既に裏で使っている会社があるかもしれない。

▶「高度化」——より早く正確な意思決定をするデジタライゼーション

デジタライゼーションのもう一つのパターンである「高度化」とは、デジタルを用いて、今まで不可能だったレベルで意思決定を行うことだ。高度化が目指すのは、意思決定の精度向上である。自動化は、人がやっている手作業をより早く、より正確に行えるようにするが、高度化は、人の意思決定をより早く、より正確に行えるようにする。

高度化は、「見える化」「予測」「最適化」に分けられる。

《見える化》

「見える化」は、意思決定の解像度を上げるため、今まで見えなかった粒度で事象を把握することだ。たとえば、店舗別の利益が分かっている状態から、さらに踏み込んで、レシートデータを活用して、レシート枚数やレシート当り利益まで利益ドライバーを分解し、問題を捉える。また、商品別の売上のみが分かっている状態から、どの商品とどの商品が一緒に買われやすいのか、組合せの商品売上パターンまでを捉えて、売り場作りに活かす。

《予測》

「予測」は、今まで勘と経験で見積もっていた確率や値を、大量の変数の相関関係を踏まえて、精緻に算出することだ。たとえば、ガスタービンの故障予測では、制御システムや振動センサーのデータにより、機械が故障する前にその予兆を捉える。既存顧客の離脱予測では、顧客の業種、当社製品の売上、営業とのコミュニケーションの回数・中身等のデータを総合的に判断して、事前に離脱確率をはじき出す。

ただし、ここで注意したいのは、データ化されていない重要な情報、たとえば顧客とのコミュニケーションの相性等が、営業担当者の頭の中だけに入っていることだ。AIが把握できる範囲、つまりデータ化されている範囲は、現実世界のごく一部である。データ化された情報のみを学習したAIの予測に、人の判断も含めてハイブリッドに意思決定をした方が、精度は高くなることも多い。

《最適化》

「最適化」は、制約がある中で、もっとも成果が出る選択肢を見つけることだ。工場の生産計画、郵便の配達ルート、作業人員の配置、ホテルの価格設定等、様々な場面で用いられる。

ビジネス上では、最適化の高度なアルゴリズムまでは利用せずに、AIの予測と簡単な数理処理を組み合わせるだけでも効果が高い。たとえば、顧客の離脱率を予測して高い順に並べ、月に訪問可能な数だけ抜き出したリストを作る。リストを月次で更新して顧客をフォローしていけば、離脱率がもっとも低い状態に最適化することができる。

▶ ルールベースと機械学習の違い

デジタライゼーションの自動化と高度化の実現方法には、「ルールベース」で行うやり方と、「機械学習」で行うやり方がある。

《ルールベース》

「ルールベース」は、人が自らの経験をもとにルールを記述するものだ。量が多くなったとしても、人が理解できるシンプルなルールで書ける場合は、従来から行われている、このやり方が用いられる。

デジタライゼーションの中では、「システム化」による自動化と、「見える化」「最適化」による高度化が該当する。

《機械学習》

「機械学習」は、機械がデータの中からルールを学習し、記述するものだ。人が見つけることのできないほど複雑なパターンや、人が分かるけれど上手く定義・記述できないパターンを記述する場合は、このやり方が用いられる。一般的にAIと呼ばれているものは、機械学習を指していることが多い。

デジタライゼーションの中では、「AI識別」「AI実行」による自動化と、「見える化」「予測」「最適化」による高度化が該当する。

機械学習は、従来のルールベースとやり方が全く異なるので、後の章で解説する。

▶ 関係者の間でDXの段階・レベル感をすり合わせる

このようにデジタル化のパターンを整理したのは、関係者の中で目指すものの段階やレベル感を揃えなければ、具体的に話が進まないからだ。

図表1-3に、「DX議論時に起こりがちな認識のずれの例」を記載する。

まず、議論すべきDXの段階として、デジタイゼーションなのか、デジタライゼーションなのか、という認識を揃える。そもそものデータを作ろうとしている話なのか、既にあるデータを活用しようとしている話なのかで、議論すべき内容

▶ 図表1-3　**DX議論時に起こりがちな認識のずれの例**

デジタル化の段階やレベル感の認識を揃えなければ、議論はかみ合わない

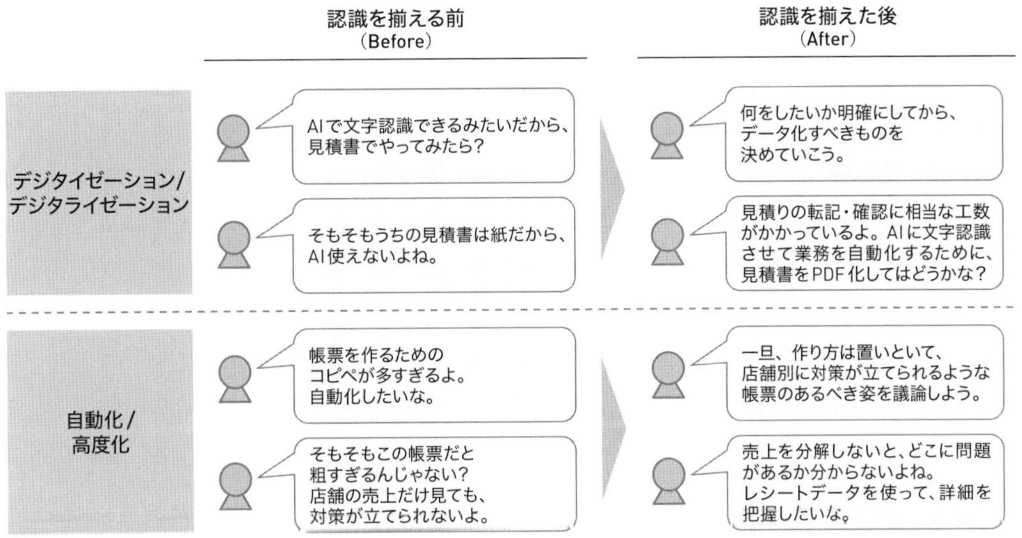

は大きく変わる。

次に、DXにより業務をどのレベルまで変えたいのか、単に自動化したいのか、更に高度化したいのか、という認識を揃える。作業者レベルの効率化の話をいくらしても、そもそものアウトプットを変える必要があるのでは、意味がない。

デジタイゼーションのデータ化、デジタライゼーションの自動化・高度化を分けて考え、関係者の認識を合わせることで、目指すべき方向性とゴールのレベル感を共有して、DXを進めることができる。

3 DXは目的ではなく、手段の一部

▶ なぜ目的と手段を混同してしまうのか

これまで、「本書で扱うDXとは何か」という話をしてきたが、この先DXを検討・実装する際、常に気を付けなくてはいけない、重要な留意点がある。

DXは「目的」ではなく、「手段の一部」ということだ。**図表1-4**に、「DXを目的化してしまう要因と解決策」を記載する。

DXとは「ビジネスをデジタルで変えること」であり、その目的は、ビジネス

▶ 図表1-4　**DXを目的化してしまう要因と解決策**

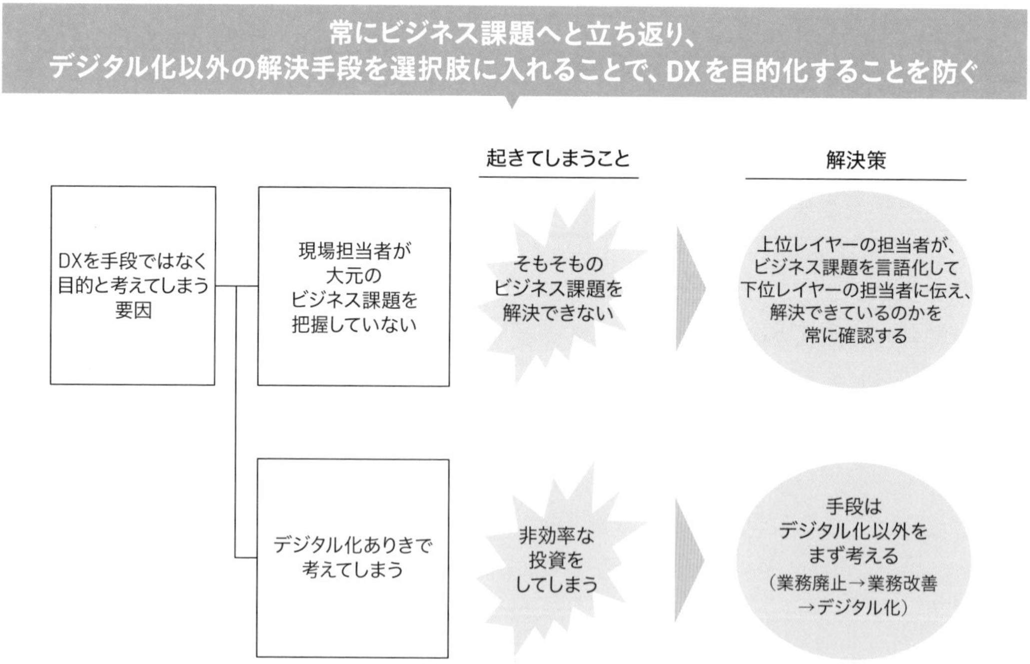

課題を解決することだ。DXをすることが目的ではなく、DXはあくまでも複数ある手段の一つである。システムやAIを導入することがありきではない。

非常に当たり前のことなので、最初のうちは目的から外れることはない。それがDXを推進しているうちに、いつの間にか目的と手段がすり替わってしまうことがある。なぜそんなことが起こるのか？　要因は二つある。

一つ目の要因は、現場担当者が大元のビジネス課題を把握していない、ということだ。

担当者のレイヤーが変わると、手段が目的になりやすい。経営陣が目的を定め、現場が手段を考えて実行する。職位のレイヤーが下りてくるに従い、部長の手段が課長の目的、課長の手段が係長の目的、というように、自然と目的と手段がすり替わる。下位レイヤーの担当者にとって、より上位の目的は、伝えてもらわないと分かりようがない。

問題は、上位レイヤーの担当者による伝え方である。上位レイヤーの担当者には解決すべき課題や達成すべきKPIがあり、それを目的として様々な手段の中から当りを付けて、下位レイヤーに実務を依頼する。本来は複数ある中から、とりあえず選ばれた一つの手段に過ぎないのだが、下位レイヤーの担当者にとっては、その一つの手段だけが目的になる。

上位レイヤーの担当者の方も、下位レイヤーの担当者から何度も報告を受ける中で、もともと複数あった選択肢の一つということは忘れてしまい、その手段を実行することに集中してしまう。その結果として、目的と手段がすり替わってしまう。

二つ目の要因は、デジタル化ありきで考えてしまう、ということだ。

ビジネスを変えるやり方は、デジタル化だけでない。まずは、たとえば工数の多い業務があるなら、その業務をやめられないかを考えるべきだ。やめられないなら、業務を変えることで効率化できないかを考える。そのうえで、デジタルの使い方を考えるのである。

そもそもの業務を変えなければならない場合、既存の業務のまま、いくらデジタル化したところで意味がない。業務を変える際の手段であるデジタル化は、むしろ検討の順番としては後の方になる。

また、デジタル化ありきだと、ビジネス課題がない業務に対してもデジタル化を考えてしまう。新しい技術を適用することは面白いので、色々なアイディアを考えることに夢中になりがちだ。しかし、そもそもビジネス課題がない業務に対する打ち手をいくら考えたところで、意味がない。

▶ 目的と手段を混同すると、何が起こるか

目的と手段を混同してしまうと、どんなことが起こり得るのだろうか？

まず、そもそものビジネス課題を解決できない。

たとえば、KPI達成目標が、顧客の解約率を下げることだとする。その手段として、「現在提供している商品の魅力度を上げる（価格を下げる・性能を上げる）」「より顧客に合った商品を勧める」「アフターフォローを強化する」などが考えられる。

うち実現性が高そうなのが、アフターフォローを強化する、という手段だったとする。そこで、全社的にDXを推進しているという状況もあり、解約率の高い顧客を機械学習で予測し、フォローを強化することにした。この時点で、現場担当者に「解約率を予測する機械学習モデルを構築せよ」という指令が下る。しかし、機械学習モデルのプロトタイプを構築してみたものの、顧客データが十分でなく、満足のいく予測精度が出ない。精度を上げるため、顧客データを営業部門に大量に入力させることにする。

データ入力には大変な手間がかかるので、忙しい営業部門は乗り気ではなく、データ蓄積とモデル改善が全然進まない。上位レイヤーの担当者はDX推進に夢中になり、いつの間にか予測精度の高い機械学習モデルを構築することが目的となってしまう。現場担当者も、データがないので、機械学習のアルゴリズムをいじるなど、細部にこだわりだしてしまう。フォローを強化するための別の手段にまで頭が回らず、いつまで経っても解約率は下がらない。

また、非効率な投資をしてしまう、という懸念もある。

たとえば、自社のホームページに掲載する商品に、手作業でイメージのタグ付けをしている、とする。他社のDX事例を見ていて、機械学習による画像認識で、自動的にイメージのタグ付けをすることを思いついた。高度なアルゴリズムを使ったモデルを構築する必要があるので、外部の専門家を雇い、数千万円かけ

て高精度な自動タグ付けシステムを開発した。
ここでの問題は、もともとの手作業は、担当者1名が月に数時間かけていただけだった、ということである。AIを活用した事例にはなるが、これでは費用対効果がまったく合わない。

▶ DXを目的化しないためには、何に気を付ければよいか

それでは、目的と手段を混同しないためには、どうすればよいのか？

まずは、上位レイヤーの担当者が、ビジネス課題を言語化して下位レイヤーの担当者に伝え、解決できているのかを常に確認することである。
上位レイヤーの担当者は、複数の選択肢の中から当りを付けた一つの手段だけではなく、もともとの課題とその他の手段の選択肢も含めた問題解決像の全体を、下位レイヤーの担当者に伝えるべきだ。下位レイヤーの担当者は、まずは命じられた手段を目的として達成を目指すが、それができない場合、更に上位の目的を知ってさえいれば、無理筋の手段に余計な時間をかけずに、他の手段も検討できるようになる。
そして、上位レイヤーの担当者は、今選んだ手段が、もともとのビジネス課題解決に役立っているのか、頻繁に目的に立ち返る。頻度は下位レイヤーの担当者からの報告タイミングだけでなく、毎日でも良い。役立っていないのなら、違う手段を探すか、あきらめて経営リソースを別の目的に振り分けるか、意思決定する必要がある。

次に、手段はデジタル化以外をまず考えることである。
デジタル化ではなく、プロセスや組織を変える等、他の方法が効果的な場合は多い。無駄な業務や会議を廃止するのが、一番の効率化である。DX推進の担当者が考える場合、デジタル化は選択肢の一つとして必ず入る。なので、あえてそれ以外から考え、デジタル化に囚われずに、手段を自由に発想するようにしたい。
複数の解決手段の中で、デジタル化がもっとも費用対効果が高いということを評価した上で、デジタル化の道を選ぶ必要がある。

第1章のまとめ

- ☑ DXとは、「ビジネスをデジタルで変えること」であり、どのビジネス範囲を、どのようにデジタル化するかが論点
- ☑ DXでまず手を付けるべきビジネス範囲は、DXの確実性が高く、顧客に届ける価値に直結する「既存事業のビジネス部門」
- ☑ デジタル化は、アナログ情報の「データ化」、データを活用したプロセス・仕組みの「自動化」と「高度化」に分けて、解像度高くイメージする
- ☑ DXを議論する際は、対象とするビジネス範囲とデジタル化の認識を揃えなければ、話がかみ合わないので注意する
- ☑ DXは「目的」ではなく、「手段の一部」であることを意識するために、常にビジネス課題へと立ち返り、デジタル化以外の手段を選択肢に入れる

第2章では、本章で示したDXの内容を、どのようにビジネスへ実装していくかを解説する。

第2章

DX実装の流れ

1 まずは、ビジネスプロセスの再設計から始める

▶ DXは「ビジネスプロセスの再設計」「個別部門のDX実装」「部門横断のDX実装」の順で進める

第1章で、DXとは「ビジネスをデジタルで変えること」と述べたが、まず何から手を付けるべきだろうか？

DXをビジネスに実装する際には、踏むべき手順がある。図表2-1を見ていただきたい。

DXは「ビジネスプロセスの再設計」「個別部門のDX実装」「部門横断のDX実装」の順で進めていく。

いきなりDX実装には手を付けず、まずは、「ビジネスプロセスの再設計」から始める。会社全体の業務の実態と課題仮説を把握したうえで、DX後のビジネスプロセスを再設計し、優先的に取り組むべき施策を選定する。

次に、「個別部門のDX実装」に取り組む。DX推進の機運を全社で高めるために、クイックヒットが必要だ。実現性が高く、インパクトも高い優先施策仮説を業務に適用し、実際にビジネスを部分的に変えていく。有用なデータを新たに取得し、会社の資産として蓄積していく。

「個別部門でのDX実装」の適用例が出てきたら、「部門横断のDX実装」に取り組む。会社のビジネスプロセスを大きく変えることで、大きな成果を上げる。

「部門横断のDX実装」が完了し、ビジネスプロセスが変わっても、DXは終わらない。マーケットや技術の変化により、最適なビジネスプロセスも刻々と変わる。

DX実装後の状況をモニタリングし、課題があればビジネスプロセスを更に再設計し、DXを再実装し続けなければならない。

▶ 図表2-1　**DX実装の流れ**

ビジネスプロセスを再設計した後、優先度の高い施策仮説を個別部門で実装し、部門横断で統合する

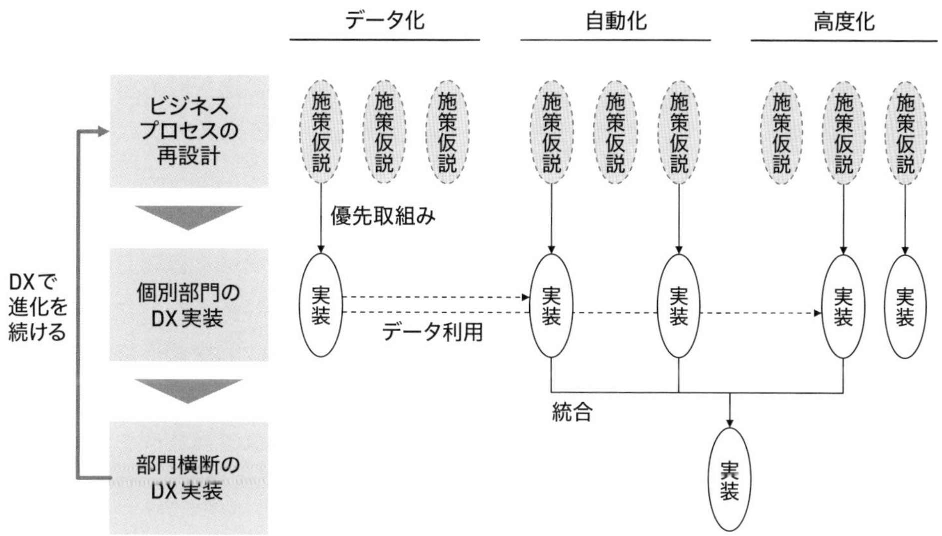

▶ 会社の業務実態と課題仮説を把握したうえで、DX後のビジネスプロセスを再設計する

会社をどのようにDXするかは、その会社のビジネスのやり方によって異なる。いくら他社事例を調べたとしても、それがあなたの会社に適用できるとは限らない。

また、個別のDX施策のアイディアを思いついたとしても、それが他の施策より優先してやるべきかを評価しなければ、経営リソースの無駄遣いになる。DXの全体像を捉えたうえで、各施策を整合させながら、DXを実装する必要がある。

そのために、あなたの会社に固有の、唯一無二のビジネスプロセスを、どのように作り直すかが問題だ。

まずは、現状のビジネスプロセスと課題仮説を把握するのが、DXの第一歩である。業務とは、インプット・処理・アウトプットの連続だ。業務のつながりが、ビジネスプロセスとなる。価値を創って顧客へ届けるビジネスプロセスの起点から終点まで、どのような流れになっているのか、どこに課題があるのか、現場業務の実態を詳細に把握しなければならない。

そのうえで、DX後のビジネスプロセスを再設計する。把握した課題仮説に対して、どのような施策仮説があり得るか、デジタル化以外の選択肢も含めて、幅広く検討する。そして、施策仮説を実装した、あるべきビジネスプロセスを描き、目指す姿を目に見える形にして示す。

あるべき姿を、すぐに実現することはできない。経営リソースは限られているため、優先度の高い施策仮説から実行していく。実現性や経済インパクトだけでなく、経営戦略との整合性や多様なリスクもふまえた、多面的な観点で施策仮説を評価し、優先度を決める必要がある。

ビジネスプロセスを再設計する際の実務の詳細は、第5章で具体例を示しつつ解説する。

2 DX実装の輪を広げ、企業文化を変革する

▶ クイックヒットからDX実装の輪を広げ、最終的には企業文化を変革する

ビジネスプロセスを再設計できても、会社をいきなり変えることは難しい。今まで慣れ親しんだ業務を変えることには、抵抗が伴う。抵抗を覆すための突破口が必要だ。

まずは小さくてもよいので、具体的なDX実装の成果を示すことで、全社にDX実装の輪を広げることが重要である。

図表2-2に、「DX実装の連鎖」のイメージを記載する。

まずは、会社内でDXの課題認識を共有している状況を作る。あとは一歩踏み込むための勇気が必要だ。実現性が高く、実行までのスピードが早い施策を選び、一つの部門でクイックヒットを打つことが、会社の雰囲気を変える。すると、「あの部門でできるのなら、うちの部門でもできるはずだ」というDXの機運が高まり、DX実装の輪が広がる。

そして、個別部門の施策をつなげて、部門横断の施策に拡大することにより、大きな成果を上げる。ここまで来れば、デジタルにより進化し続ける、DXの企業文化が根付き始める。

ビジネスプロセスを再設計して、DXを実装することが終わりではない。市況や技術が変わるとともに、最適なビジネスプロセスも進化させなければならない。

会社の根本となる文化を、DXの企業文化に変革することで、進化し続ける力を生み出す必要がある。

▶ 図表2-2 **DX実装の連鎖**

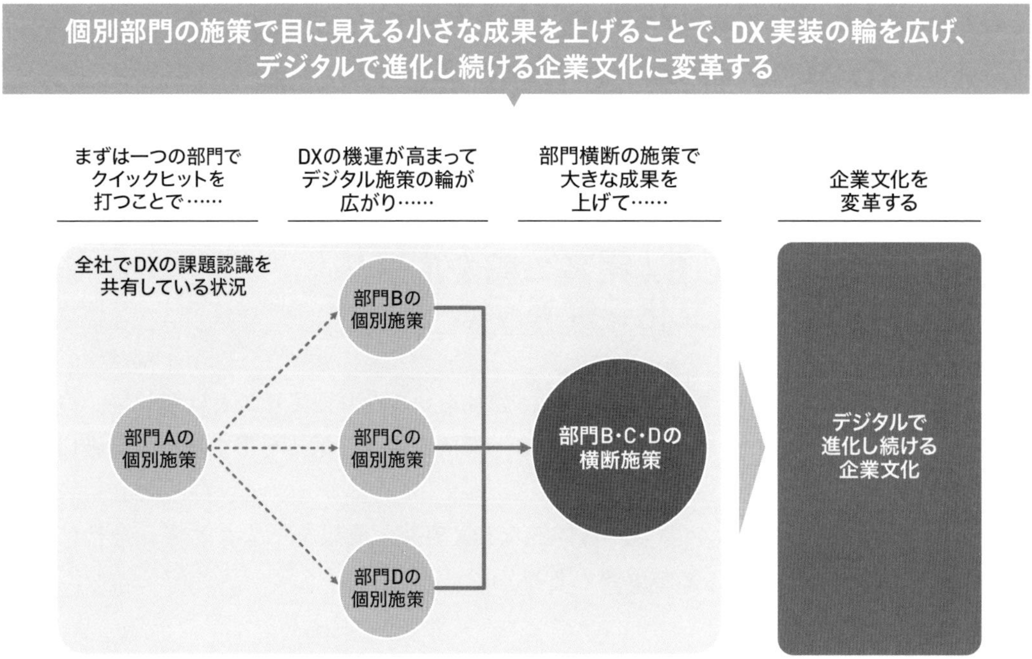

▶ デジタル施策は、早期に改善のループに乗れるかの勝負

また、デジタル施策は、不完全でも早めに取り組んで、早期に改善ループを回し始めることが重要だ。

図表2-3に、「デジタル施策の早期取組みの重要性」を記載する。

施策に取り組んで初めて、不足しているデータが分かることも多い。不足データは新規取得するため、蓄積には時間がかかる。

データが蓄積されてきたら、デジタル施策の精度が向上する。データ量が増えることで、様々なパターンを把握できるようになり、施策の解像度が上がるからだ。

デジタル施策の精度が上がると、利用範囲が拡大する。施策精度は利便性に直結し、利用者や適用できる範囲が増えるからだ。

▶ 図表2-3　デジタル施策の早期取組みの重要性

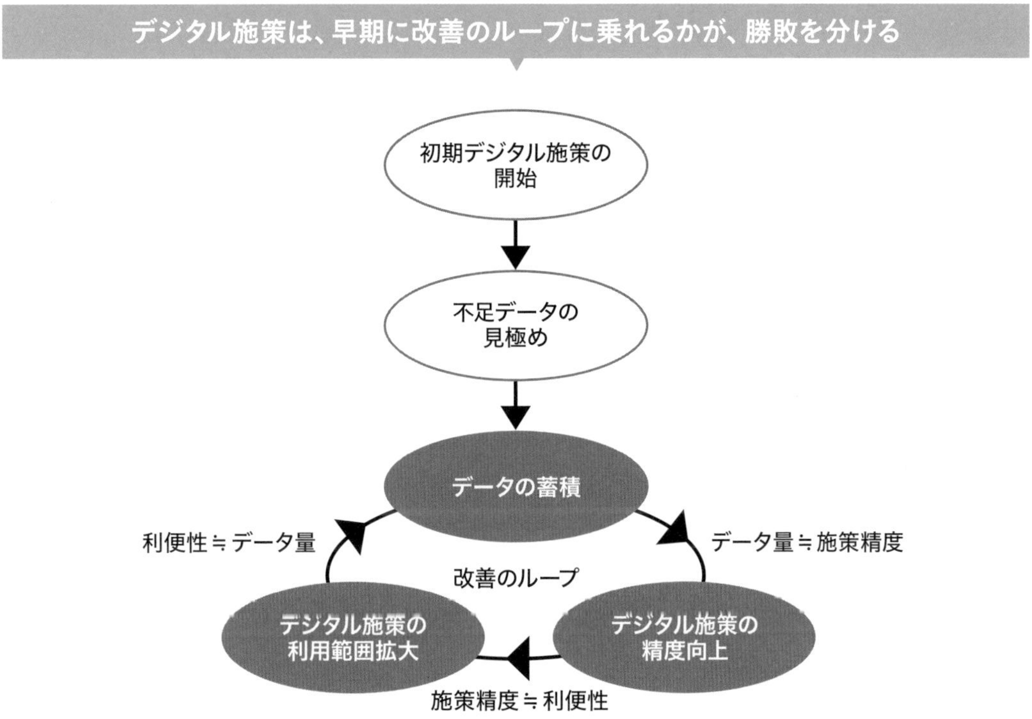

デジタル施策の利用範囲が拡大すると、更にデータ量が増え、改善のループが回る。

最初は不完全だとしても、改善のループを早期に回し始め、実際にデータを蓄積して検証しながら、施策をレベルアップしていくことが重要だ。このスピード感が、競合他社との勝敗を分ける。

3 実務事例で DX実装の具体イメージを掴む

▶ 自社での活用イメージを掴むため、具体事例を押さえる

これまで、DXの概要や実装の流れについて述べてきた。しかしこれだけで、いきなりDXを始めるのは難しいはずだ。より解像度の高い具体的な事例でイメージを掴み、自社の場合だったらどうするか、という明確なビジョンを描けなければ、実際にDXには着手できない。

よって、本書の第Ⅱ部（第5章〜第8章）でDXの実務事例を紹介するのだが、ここでは先に、その概要を述べておく。実際に行ったプロジェクトをもとにしているが、守秘義務があるので、アウトプットはすべて実際とは内容を変え、マスキングしてある。業界を変えているものもあるが、ご容赦いただきたい。

大事なのは、他社のやり方をコピーすることではない。具体的な事例を見ながら、自社だったらどの業務に適用できるか、適用したら実際の業務はどうなるかをイメージすることである。

自社に応用して、DXイメージを固めるための参考としていただきたい。

▶「ビジネスプロセスの再設計」の実務事例

第5章では、「ビジネスプロセスの再設計」の実務事例を紹介する。

建設会社を事例として、現状業務の実態を掴み、あるべき業務を再設計する。ビジネスプロセスをどれだけ早く、精度高く再設計できるかが、DXの成否を左右する。

- ビジネスプロセスを再設計するためには、どんなアウトプットを作成すればよいのか？

- 会社の長くて複雑なビジネスプロセスを、どのように把握していったのか？
- DXの効果を、どのように見積もればよいのか？
- 数ある施策に、どのように優先度を付けて進めればよいのか？

具体例を読みながら、同時に自社のビジネスプロセスをイメージし、変えていく擬似体験をして、実務に活かしていただきたい。

▶ 汎用性が高いが、イメージを掴みづらいのは「見える化」と「予測」

DXを実装するデジタル化のパターンには、以前、図表1-2で示した通り、「データ化」「自動化」「高度化」がある。

▶ 図表1-2　DXのデジタル化パターン（再掲）

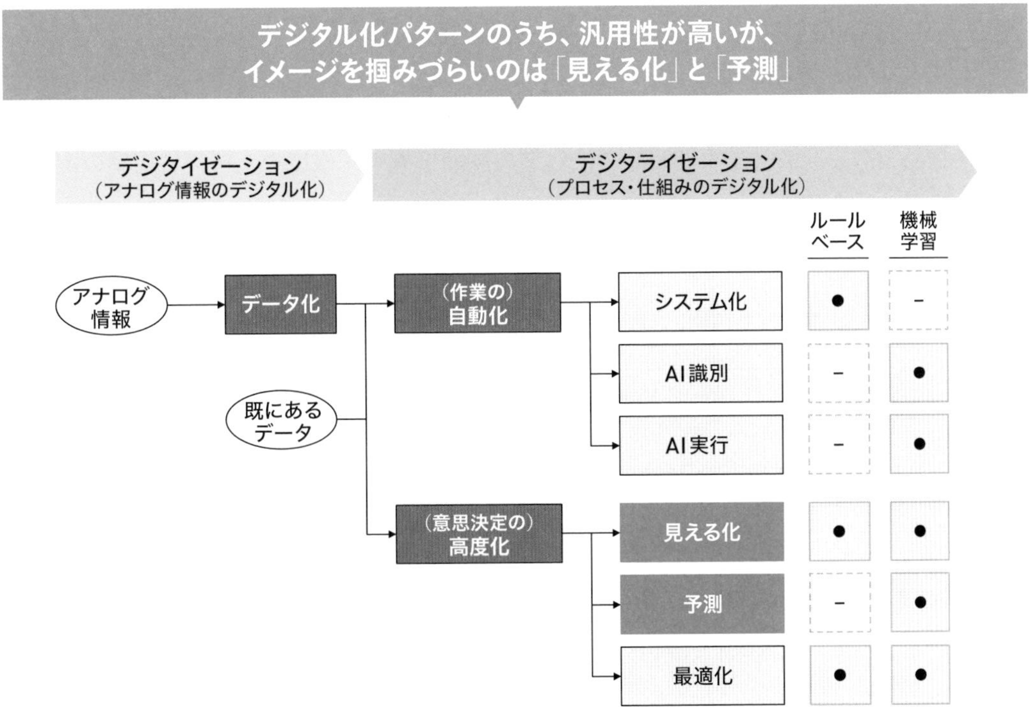

「データ化」は、デジタライゼーションを前提としているので、先に「自動化」または「高度化」のイメージを固めなければならない。

「自動化」は、既にある作業を置き換えるものなので、イメージしやすい。現在行われている作業を注意深く観察し、業務要件に落とすことができれば、施策を具体化する難易度は比較的低い。

「高度化」は、人の意思決定精度を上げるものであり、目に見える作業よりも抽象度が高いため、イメージしにくい。具体的にどんなことができるのか、実例を見ないと、ビジネス活用のアイディアが湧いてこないだろう。

「高度化」のうち、「見える化」と「予測」は、ビジネス的に活用できるところが多い。いっぽうで「最適化」は、強力な施策ではあるが、活用場面が限定されている。

よって本書では、汎用性が高いが、具体イメージを掴みづらい「見える化」と「予測」の実務事例を紹介する。「予測」の事例には、「データ化」の内容も含んでいる。

▶「個別部門のDX実装」の実務事例（見える化）

第6章では、「見える化の実装」の実務事例を紹介する。

食品製造小売会社を事例として、店舗の課題把握の解像度を上げ、各店舗の実態に合わせた施策を打つための「見える化」を行う。

- 立地がバラバラで、販売状況もバラバラな各店舗の課題を、どのように把握すればよいのか？
- POSデータを用いて、何を「見える化」すれば、利益を上げることができるのか？
- 店舗の実態に合った施策を打つためには、どのような分析が効果的なのか？

「見える化」の解像度が、取り得る施策を決める。現場で使える粒度の分析のヒントとして、読んでいただきたい。

▶「個別部門のDX実装」の実務事例（予測）

第7章では、「予測モデルの実装」の実務事例を紹介する。この事例には「データ化」の内容も含む。

機械部品メーカーを事例として、顧客の解約を止めるために機械学習モデルを構築し、営業の仕組みを改革する。

- 限られた営業部隊のリソースを増やさずに、どうすれば解約を止めることができるのか？
- ビジネスに使える機械学習モデルを構築するには、どのような点に気を付ければよいのか？
- 新たにデータ化を始める情報を、モデルにどのように統合すればよいのか？
- 解約リスクをどのように現場に示せば、業務を変えることができるのか？
- 施策の問題点を早期発見するには、どのようにすればよいのか？

単にモデルを構築するだけでは、ビジネスでは使えない。ビジネス上意味のあるモデルを構築し、現場へ落とし込むイメージを掴んでいただきたい。

▶「部門横断のDX実装」の実務事例（予測）

第8章では、「部門を横断した統合予測モデルの実装」の実務事例を紹介する。

リアル店舗とEC店舗を持っている小売会社を事例として、会社として最適な施策を打つため、部門を越えて複数の予測モデルを構築し、顧客単位でLTV（Life Time Value：顧客生涯価値）を算出・シミュレーションする。

- 個別部門の最適化に陥らずに、会社全体で利益に資する施策を見極めるには、どうすればよいのか？
- 過去ではなく、将来の利益で意思決定するためには、どのようなロジックを組み立て、どのような予測モデルを構築すればよいのか？
- 複数のモデルを用いたシミュレーションは、どのように実施すればよいのか？

全社最適化の思想を持って、部門を横断・統合してDX実装するヒントとして、読んでいただきたい。

▶ 第2章のまとめ

- ☑ いきなりDX実装には手を付けずに、まずは会社の業務実態と課題仮説を把握したうえで、「ビジネスプロセスの再設計」から始める
- ☑ ビジネスプロセスの再設計後は、「個別部門のDX実装」でクイックヒットを打ち、DXの機運を高める
- ☑ DXの機運を高めたら、「部門横断のDX実装」により大きな成果を上げ、デジタルで進化し続ける企業文化に改革する
- ☑ 概要を知るだけでは、自社でDXを始めることは難しいため、解像度の高い第II部の実務事例で、具体イメージを掴むことが重要

第3章では、これまでに述べたDX実装を実現するために、必要なリソースを解説する。

第3章

DX実装に必要なリソース

1 必要スキルを社内人材で補い合い、外部人材を育成や難所で活用する

▶ DX実装に必要な3つのスキル

前章でDX実装の流れを説明したが、どのようなリソースがあれば、それを実現できるだろうか？

DX実装に必要なリソースは、大きく「人材」と「解析環境」に分けられる。ここでは、まず必要な「人材」を解説する。

DXの実装にはどのようなスキルが必要で、そのために社内人材はどのような人を集めるべきだろうか？　社内で足りないスキルをサポートするための外部人材は、どのように活用すればよいのだろうか？

図表3-1に、「DX実装のためのチームアップ」を記載する。

DX実装に必要なスキルは、データサイエンティスト協会が定義している3つのスキルセットと同じである。「ビジネス力」「データサイエンス力」「データエンジニアリング力」だ。

《ビジネス力》

「ビジネス力」は、「課題背景を理解した上で、ビジネス課題を整理し、解決する力」と定義されている。会社のビジネスプロセスはどうあるべきかを設定し、ビジネス現場にDX実装するイメージを具体化するスキルだ。

ここでは、データサイエンティスト協会の定義に加えて、「デジタル以外の解決策も見出す力」を記載している。施策はデジタルにこだわる必要はなく、他の解決策も幅広く洗い出したうえで、もっとも効果的なものを選定するべきだからだ。

▶ 図表 3-1　**DX実装のためのチームアップ**

DX実装に必要なスキルを社内人材で補い合い、
外部人材を育成や難所のサポートに活用する

DX実装の必要スキル※	スキル内容※	社内人材のチームアップ	外部人材の活用どころ(例)
ビジネス力	● 課題背景を理解した上で、ビジネス課題を整理し、解決する力 ● デジタル以外の解決策も見出す力（筆者追記）	● ビジネス部門の人材 – 顧客接点での現場経験があり、課題仮説やモデルの変数仮説を出せて、モデルを現場活用するイメージが描ける人	● ゼロベースでビジネスプロセスを再設計するアイディアを得る ● 課題仮説をヒアリングする – 社内よりも外部への方が、自らの課題感を話しやすい場合も多い
データサイエンス力	● 情報処理、人工知能、統計学などの情報科学系の知恵を理解し、使う力	● ビジネス部門やIT部門の人材を育成 – 実務で何らかのコーディング経験がある、または学生時代に何らかのコーディング経験がある人	● データサイエンス案件を社内人材と一緒に行い、社内人材を育成する ● 示された課題仮説に対するデジタル施策仮説を洗い出し、実現度を見積もる ● 高度なアルゴリズムを用いたモデルや、複数モデルを組み合わせた複雑なロジックを構築する
データエンジニアリング力	● データサイエンスを意味ある形に使えるようにし、実装、運用できるようにする力	● IT部門の人材 – 顧客管理システムを構築・管理した経験があり、社内データの所在に詳しい人	● 数億件を超えるビッグデータや非構造化データを扱うためのデータ解析環境を構築する ● リアルタイムでデータ活用するためのデータ連携環境を構築する

※ データサイエンティスト協会の定義した3つのスキルセットと同じ

《データサイエンス力》

「データサイエンス力」は、「情報処理、人工知能、統計学などの情報科学系の知恵を理解し、使う力」と定義されている。ビジネス力により示された課題仮説に対して、どのようなDX実装をすれば解決可能か、デジタル施策仮説を洗い出し、実際のデータ状況から分析・モデル設計をして、コーディングして解くためのスキルだ。

《データエンジニアリング力》

「データエンジニアリング力」は、「データサイエンスを意味ある形に使えるようにし、実装、運用できるようにする力」と定義されている。DX実装を行うためにデータ取得・加工・蓄積・解析・出力・連携する環境を整備し、安定して運用するためのスキルだ。

▶ スキルをチームで揃える

「ビジネス力」「データサイエンス力」「データエンジニアリング力」のすべてを兼ね備えている人は少ない。異なるスキルを持つ社内人材を集めて、チームで補い合うのが現実的だ。

では、社内のどのような人材を選び、チームアップすればよいのだろうか？

「ビジネス力」は、ビジネス部門の人材から選定する。顧客接点での現場経験があり、課題仮説やモデルの変数仮説を出せて、モデルを現場活用するイメージが描ける人が望ましい。

「データサイエンス力」は、そもそも社内に人材がいないことが多い。そのため、ビジネス部門やIT部門の人材から選定して育成する。実務で何らかのコーディング経験がある、または学生時代に何らかのコーディング経験がある人が望ましい。

「データエンジニアリング力」は、IT部門の人材から選定する。顧客管理システムを構築・管理した経験があり、社内データの所在に詳しい人が望ましい。

チームとしてそれぞれ何人が必要かは、やることによって異なる。

ビジネスプロセスの再設計をする場合は、ビジネス担当2名、データサイエンス担当1名、データエンジニアリング担当1名が、最小限のチームとなる。作業量が多いので、ビジネス担当やデータサイエンス担当は人数を増やす、または外部人材の力を借りるのも良い。

DX実装をする場合は、1案件につき、ビジネス担当1名、データサイエンス担当1名が基本で、データエンジニアリング担当は複数案件をサポートする。ただし、構築するモデル数などの分析の量によって、データサイエンス担当の人数は変わる。1〜2個のモデルであれば1名で十分だが、それ以上のモデルが必要であれば、増やした方がよい。

▶ 外部人材を活用する

すべてのスキルを社内で担うのは現実的ではなく、外部人材を上手に活用することも必要だ。

「ビジネス力」では、ゼロベースでビジネスプロセスを再設計するアイディアを得る際に、外部人材の活用が効果を発揮する。社内人材だと、どうしても慣れ親しんだ現在の業務をベースに考えてしまうからだ。そもそも業務をなくせないか、という発想から考えられるので、生産性を劇的に向上するための検討ができる。

課題仮説をヒアリングする際の活用も有効だ。社内よりも外部の人間に対する方が、心理的安全性が高い場合があり、ネガティブに取られるのではないか、という心配をせずに、自らの課題感を話しやすいことも多い。

「データサイエンス力」では、データサイエンス案件を社内・外部人材で一緒に行い、社内人材を育成するために活用するのがよい。実際に案件を体験しないと、スキルを会得することは難しい。最初は一緒に案件を担当してスキルを身に付けてから、独走できるようにした方が育成スピードは早い。

課題仮説を洗い出した後の施策仮説のブレストやディスカッションに、外部人材を活用するのもよい。機械学習の関連分野は、専門家でないと施策仮説の立案や、実現性の評価が難しい場合が多いからだ。

AI自動化や最適化などの高度なアルゴリズムを用いたモデルや、複数モデルを組み合わせた複雑なロジックを構築する場合も、専門家のサポートがない状態だと、実現は難しい。

「データエンジニアリング力」では、難易度の高い環境を構築する際に、外部人材の助けが要る。たとえば、数億件を超えるビッグデータや非構造化データを扱うためのデータ解析環境や、リアルタイムでデータ活用するためのデータ連携環境は、知見がないと構築することは難しい。

2 ハードもソフトも、スモール＆クイックスタートを心掛ける

▶ 個別のサービス、環境の推奨には意味がない

DX実装に必要なもう一つのリソースは、「解析環境」である。

基本的に、解析環境は進化のスピードが早く、技術がすぐに陳腐化するので、ここで特定の具体名を挙げることに意味はない。施策仮説を検討する段階で、都度リサーチをして、適切なものを選ぶ必要がある。

よって、本書では簡単にポイントのみを述べる。

解析環境は「ハード」と「ソフト」に分けられる。

▶「ハード」——特別なマシンは要らず、マシンパワーは必要があれば借りる

「ハード」は、実は思ったほど大がかりなマシンは必要ないことが多い。データ項目が数十個程度で、データ件数が百万件くらいのデータ量であれば、普通のPCで十分、機械学習のモデルを構築することができる。

それ以上の大きさのデータになると、スペックの高いマシンや、クラウドサービスを使うことになる。一般的には、社内データ管理規定やセキュリティ上の懸念さえ担保できれば、拡張性の高いクラウドサービスを使った方が無難だ。

データ活用施策は試行錯誤の連続であるため、前もって解析環境のCPU（GPU）・メモリ・ストレージなどの必要スペックを見積もることは難しい。環境の拡張を最初から想定しておき、最初は小さく始めて、施策が進化してデータ量も増えるにつれて、段階的にスペックを上げていくのが良い。

特にビジネスプロセスの再設計段階では、実際にビッグデータ解析や機械学習モデル構築を行うわけではないので、マシンパワーは通常のPCで問題ない。

現在の解析環境など気にせずに、人材さえ確保できれば、すぐに現在のビジネスプロセスと課題仮説の把握に取り組んでしまった方がよい。

▶「ソフト」——流行に応じて柔軟に乗り換える必要があるが、モデル構築スキルが自動化されつつあることに注意

「ソフト」も流行があるので、都度リサーチするのがよい。

2023年現在では、データ解析はPythonというフリーのプログラミング言語が主流だ。他の言語と比べて簡単に記述できて、データ処理や機械学習のライブラリも充実している。APIを用いて、外部のアプリケーションと簡単に接続してデータと機能を取得し、開発工数を削減することも容易だ。

今のところ、上記のような理由で、Pythonが機械学習を行うデータサイエンティスト間で必修の言語となっている。少し前はRというデータ解析用の言語も使われていたが、今はほぼPythonに置き換えられた。

ちなみに、筆者は以前Rをよく使っており、コードも一生懸命覚えたのだが、もはや使う場面はなくなってしまった。同じような悲しい出来事を、これからも多くのデータサイエンティストが繰り返し経験するはずだ。

よって、時間をかけてしっかり勉強してから実践に臨むというよりも、今主流のものをすぐに試してみる、スモール&クイックスタートを心掛けた方がよい。勉強に時間を費やしている間に、他の言語が主流となってしまう可能性もあるからだ。

また、ビジネス部門では依然としてExcelが主流なので、Excelの操作に習熟していることも重要である。100万件以下のデータで、データを眺めながら、簡単な加工やピボット集計をするだけであれば、わざわざPythonを使うよりも、Excelの方が早い。

一つソフトに関して留意しておきたいのは、「機械学習の自動化」である。

現状、機械学習モデルはデータサイエンティストがコーディングし、パラメータを調整して構築している。しかし、この手順には型があるので、他の多くの専門的な業務と同様、自動化され始めている。

機械学習モデルの構築は試行錯誤の連続であり、様々なアルゴリズムとパラ

メータを試して複数のモデルを構築・評価し、もっとも精度の良いモデルを選ぶ。この試行錯誤の量とスピードが、自動化により圧倒的に人間を凌駕するレベルとなっている。

同じデータセットに対して単純に精度の良いモデルを構築する作業では、もはや人間は勝てない。人間が付加価値を生むのは、その前工程である業務目的に沿ったモデル設計・変数選択と、後工程であるモデルのビジネス適用や実行力になりつつある。

トップレベルの専門家を目指すのでない限り、特定のコーディング技術を磨くより、「ビジネス力」「データサイエンス力」「データエンジニアリング力」を統合したスキルが問われる時代になってきている。

生き残るために、自分のスキルのどれを磨くかは、戦略的に考えた方が良い。

▶ 第3章のまとめ

- ☑ DX実装に必要な人材のスキルは、「ビジネス力」「データサイエンス力」「データエンジニアリング力」の3つ
- ☑ 3つのスキルをすべて備えている人材は少ないため、異なるスキルを持つビジネス部門・IT部門の人材を集めて、チームで補い合う
- ☑ 外部人材は、データサイエンス力の育成や、各案件の難所をサポートするために活用する
- ☑ DX実装に必要な解析環境のハードは、意外と普通のPCでも十分なことが多いので、まずは手元で試してみて、ダメならクラウドサービスを使う
- ☑ 必要なソフトは現状Pythonが主流だが、流行は変わり得るので、勉強に時間をかけずに、時勢に合うものを素早く試す
- ☑ データリイエンティストのモデル構築スキルは自動化され始めてきており、人間が付加価値を生み出せるのは、ビジネス目的に合ったモデルの設計や、構築されたモデルのビジネス適用・実行力になりつつある

第4章では、DX実装で難所となりやすい機械学習について、ビジネス活用する上での基本を述べる。

第4章

機械学習の基本

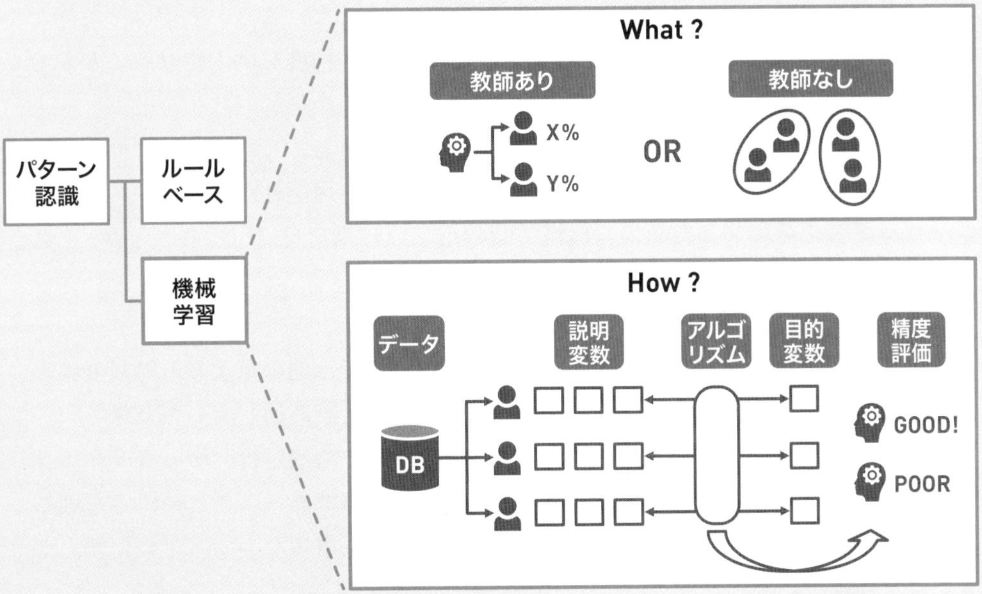
パターン認識
ルールベース
機械学習
What ?
教師あり
X%
Y%
OR
教師なし
How ?
データ
説明変数
アルゴリズム
目的変数
精度評価
DB
GOOD!
POOR

1 なぜDX担当者は「機械学習」を知る必要があるのか？

▶ DX実装の強力な手段であり、身に付けるべき共通言語

第Ⅰ部は、DX実務担当者が知っておくべき基本について紹介し、これまで、第1章で「本書が扱うDXの範囲と定義」、第2章で「DX実装の流れ」、第3章で「DX実装に必要なリソース」を解説してきた。

加えてもう一つ、DXを実装するうえで欠かせない、共通言語とも言うべき基礎知識がある。「機械学習」だ。

DX実装は業務の「自動化」と「高度化」を目指して行われるが、その強力な手段となるのが、機械学習である。機械学習を使うことにより、人では不可能なレベルにまで、業務で行うパターン認識のスピード・精度を向上させることができる。

しかし、機械学習には落とし穴も多い。注意を怠ると、ビジネス的に何の意味もなさないモデル作りに、無駄な時間をかけてしまう可能性が高い。

ビジネスで活用するための、機械学習の正しい知識を身に付けることが、DXを実装する際の死活問題になる。

本章では機械学習の基本を解説する。正直に言って、他の章よりも難易度は高いのだが、身に付けるべき共通言語なので、頑張って読み通していただきたい。

特に機械学習で予測する対象を決める「**目的変数**」の設定は、データサイエンティストに任せることのできない、ビジネス側の仕事である。ここの設定を誤ると、モデル構築がすべて無意味となってしまう重要な事項なので、丁寧に読んでいただきたい。

※目的変数 →65p.

2 機械学習とは、パターン認識を格段にレベルアップさせる方法

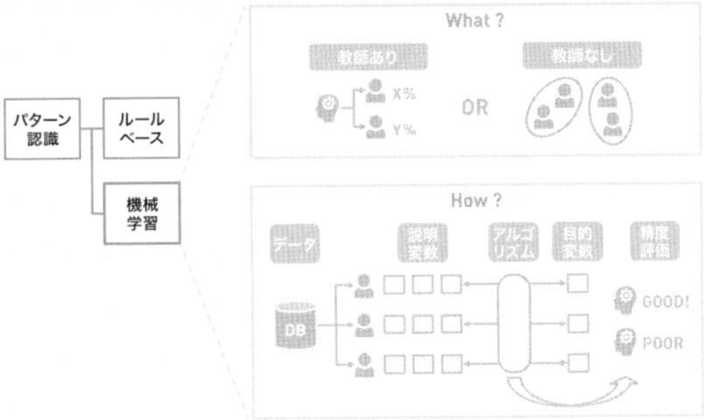

▶ 業務の処理とパターン認識の関係

業務とは、インプットをあるパターンで処理し、アウトプットへ変えることと言える。業務の担当者は、過去の経験や知識を参照して、今回のインプットにはどのパターンが当てはまるか（近いか）を認識して、処理を行う。よって、業務の処理とパターン認識には、密接な関わりがある。

一般的な「パターン認識」の定義は、膨大なデータの中から、アルゴリズムにより一定の規則や意味合いを抽出することとされている。ここでは、デジタルの話に閉じず、リアルな世界の人の行動や意思決定のための処理として、「パターン認識」を広く捉えている。

たとえば、紙で送られてきた見積書から、必要な文字情報を認識して、システムに手入力する。工場の仕掛製品の外観から、不良品を認識して、排除する。たくさんの顧客から、同じグループの顧客を認識して、グループ別に対応方法を検討する。

人はインプットの中の何を重要だと見極めているのか、無意識に判断して処理しており、パターンをルールとして書き出すのが容易でないことも多い。そのため、パターン認識のスピードや精度は、担当者の熟練度によってバラつく。

そのパターン認識のスピードや精度を上げるための方法が、機械学習だ。業務を「自動化」または「高度化」する際に、いかに上手く機械学習を使えるかで、DX施策の成果は大きく変わる。

▶ パターン認識は「ルールベース」と「機械学習」に大別される

図表4-1に、「パターン認識の種類」を記載する。

まず、パターンを「人」が認識して記述するか、「機械」が認識して記述するかにより、「ルールベース」と「機械学習」に分類される。

▶ 図表4-1　**パターン認識の種類**

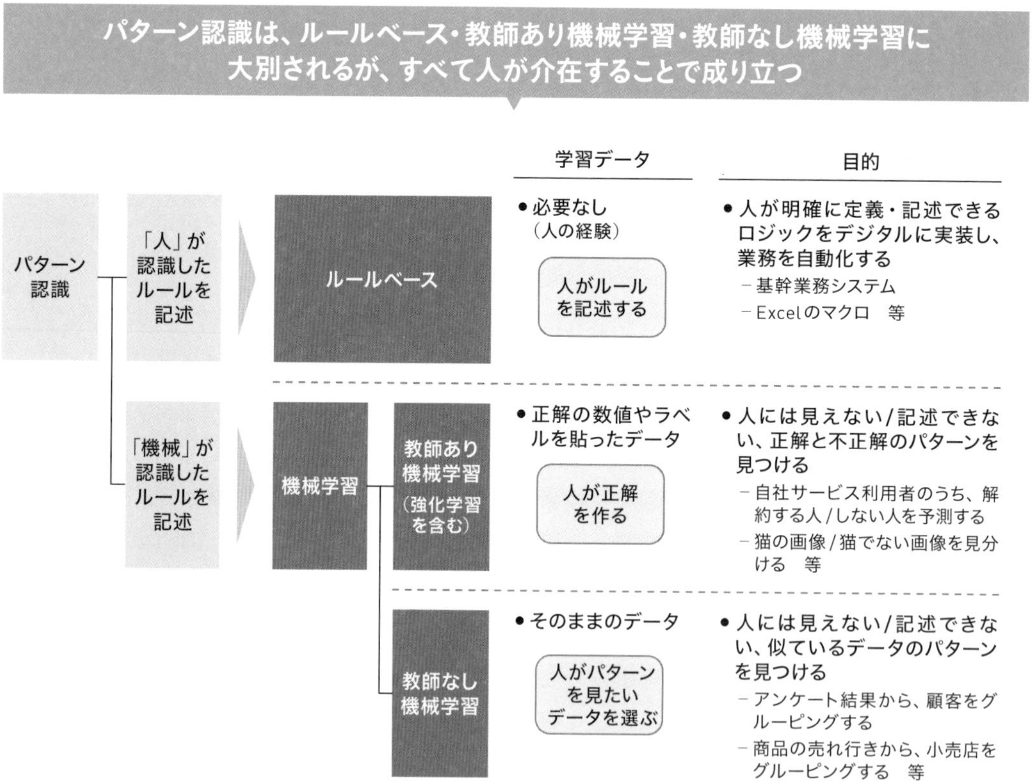

《ルールベース》

「ルールベース」は、人が自らの経験をもとにルールを記述(コーディング)するものだ。人が明確に定義・記述できるロジックをデジタルに実装し、業務を自動化することを目的とする。基幹業務システム等のいつも使っているシステムや、手元で作るExcelのマクロ等が該当する。

人がルールを完璧に定義することができて、シロかクロかを100%見分けられる場合は、この方法が用いられる。

ちなみに、人によるパターン認識には、ルールに書けない「直観」や「類推」もある。どちらも、その人の頭のなかのデータ化されていない情報を用いて、異なる情報間を独自のルールで紐づけ、パターン認識する方法だ。

重要なパターン認識方法ではあるが、その情報やルールは言語化して人に伝えることが難しく、他人が再現することも難しいため、図表4-1には含めていない。

《機械学習》

「機械学習」は、人が見つけることのできないほど複雑なパターンや、分かるけれど上手く定義・記述できないパターンを認識するものだ。一般的にAIと呼ばれているものは、機械学習と同義であることが多い(単なるルールベースでも、AIと呼んでいるものもある)。

▶ 機械学習は、「教師あり」と「教師なし」に分けられる

機械学習は、更に「教師あり機械学習」と「教師なし機械学習」に分けられる。「強化学習」が、もう一つの機械学習のパターンとして分けられることもあるが、ここでは広い意味として「教師あり機械学習」に含める。

《教師あり機械学習》

「教師あり機械学習」は、人には見えない、または記述できない、正解と不正解のパターンを見つけるためのものである。人が正解と不正解のラベルを貼ったデータを、機械が学習する。

たとえば、自社サービス利用者のうち、解約する人としない人を予測したいと

する。その場合、利用者の年齢、性別、サービス利用期間・頻度・内容などの様々な変数から、複雑なパターンを見極めて、解約率を算出する。そのすべてのパターンを人が記述することは、きわめて難しい。

また、猫の画像と猫でない画像を見分けることは人にも簡単にできるが、言葉でルールを記述するのは相当に困難である。このようなルール判定を、機械がアルゴリズムを用いて自動的に行う。

「強化学習」は、人が報酬を与え、報酬を最大化するための行動を、機械が学習する。現在よりも報酬が高くなる行動を正解と設定するので、教師あり機械学習の一部である。

最適化の手法として用いられ、たとえば、囲碁・将棋ソフトのAIや、自動運転に応用されている。

《教師なし機械学習》

「教師なし機械学習」は、人には見えない、または記述できない、似ているデータのパターンや構造を見つけるためのものである。人がパターンを見るために選んだデータを、機械が学習する。

たとえば、アンケート結果から傾向が似ている顧客をグルーピングする場合や、商品の売れ行きから傾向が似ている小売店をグルーピングする場合等に用いられる。

「教師なし機械学習」で重要なのは、何のためにグルーピングするかだ。「教師あり機械学習」と異なり、「教師なし機械学習」は、明確な正解・不正解を判断するものではない。やんわりとグルーピングをするだけなので、とりあえずやってみただけだと、大抵は「ふーん」で終わってしまう。

機械学習をする前に、「こういう種類の商品を好む、こういう人達の集団がいるはずだから、こういうデータでグルーピングして、商品訴求ページを出し分けたい」という仮説とアクションを持たなければ意味がない。そのうえで実際に教師なし機械学習でグルーピングをしてみて、仮説を精緻化していくプロセスに用いるのが効果的だ。

分析結果を人が解釈する必要があり、分析軸となるデータの種類を増やしすぎると、複雑で訳が分からなくなり、意味がなくなるので、注意したい。

▶ すべての機械学習において人の介在は不可欠

ここまで、ルールベース、機械学習について解説してきたが、重要なのは、すべて人が介在することで成り立つ、ということだ。人がパターンを認識するルールベースはもちろんのこと、機械がパターンを認識する場合でも、教師ありは人が正解・不正解を設定する必要があり、教師なしは人が仮説を持ってデータを選ぶ必要がある。

機械学習とは言っても、すべてを機械がやってくれるわけではなく、人による作業が機械学習モデルの性能を大きく左右することになる。

▶ 機械学習に必要なデータ件数の目安

機械学習にはデータが必要だ。では、どのくらいの量のデータがあればよいのだろうか？

実は、この問いに対する明確な答えはない。用意したデータのなかに学習すべきパターンがどれだけ含まれているのかは、個別のデータ状況により異なる。機械学習モデルを実際に作って、精度を見るまでは、誰にも分からない。

とはいえ、何らかの目安がないと施策を検討しづらい。そこで、あえて目安について言及しておこう。

- 「教師あり機械学習」は正解データが1,000件以上
- 「教師なし機械学習」は数十件以上

まず「教師なし機械学習」は、グルーピングをするだけなので、極論すると数件でもできる。ただし、それだとグルーピングする意味がそもそもない。

データが数十件程度となり、複雑性が増してきたところで、「教師なし機械学習」の出番となる。

「教師あり機械学習」による予測には、「分類」と「回帰」の2パターンがある。

「分類」は、ある事象が起こる確率を予測する。この場合は、事象が起こったデータが1,000件以上あり、比較対象として、起こらなかったデータも1,000件

以上あれば、大抵はモデルを構築できる。

いっぽうで、事象が起こる確率が低く、起こらなかったデータ件数だけが1,000件以上あっても、起きたデータ件数が1,000件未満であれば、精度が出ないことが多い。

「回帰」は数値を予測する。この場合も、数値のデータが1,000件以上あれば、人が予測するよりは高い精度で予測できる場合が多い。

ここで言いたいのは、機械学習と言っても、何億件というビッグデータばかりの世界ではない、ということだ。1,000件程度のデータでも、人にとっては十分複雑である。

ある程度のデータが蓄積されているのなら、機械学習モデルをどんどんトライしてもらいたい。

3 機械学習の仕組み（教師あり）——過去のパターンをもとに、正解の確率や値を予測する

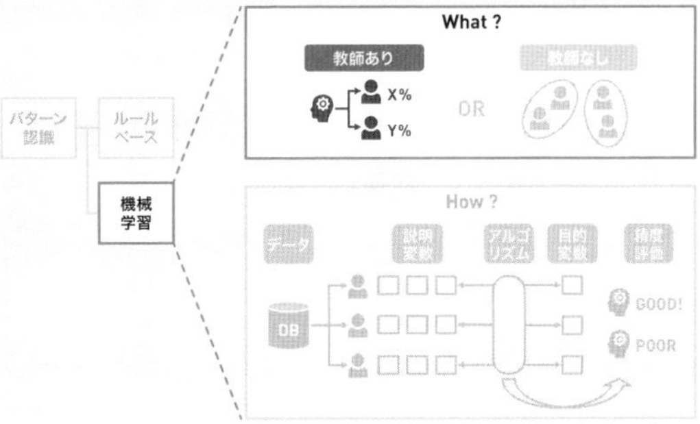

▶ 教師あり機械学習の流れ

前節で、機械学習には「教師あり」と「教師なし」の2種類があることを述べた。本節では、そのうち「教師あり」機械学習の仕組みを説明する。

図表4-2を見ていただきたい。

《Step1 何を予測したいか「目的変数」を決める》

「教師あり」とは、正解のデータがある、ということである。教師あり機械学習では、まず何を正解としたいか、すなわち何を予測したいかを決める。

今回の場合だと、「年収」が正解データの予測対象であり、機械学習の世界では「目的変数」と呼ばれる。

《Step2 関係がありそうな変数（説明変数）を集めテーブルを作る》

次に、予測対象に対して、関係がありそうな変数を複数集めて、目的変数の一つ一つに紐づけたテーブルを作る。今回の場合だと、「年齢」「居住地」「業種」「勤続年」が該当する。

▸ 図表4-2　**教師あり機械学習の仕組み**

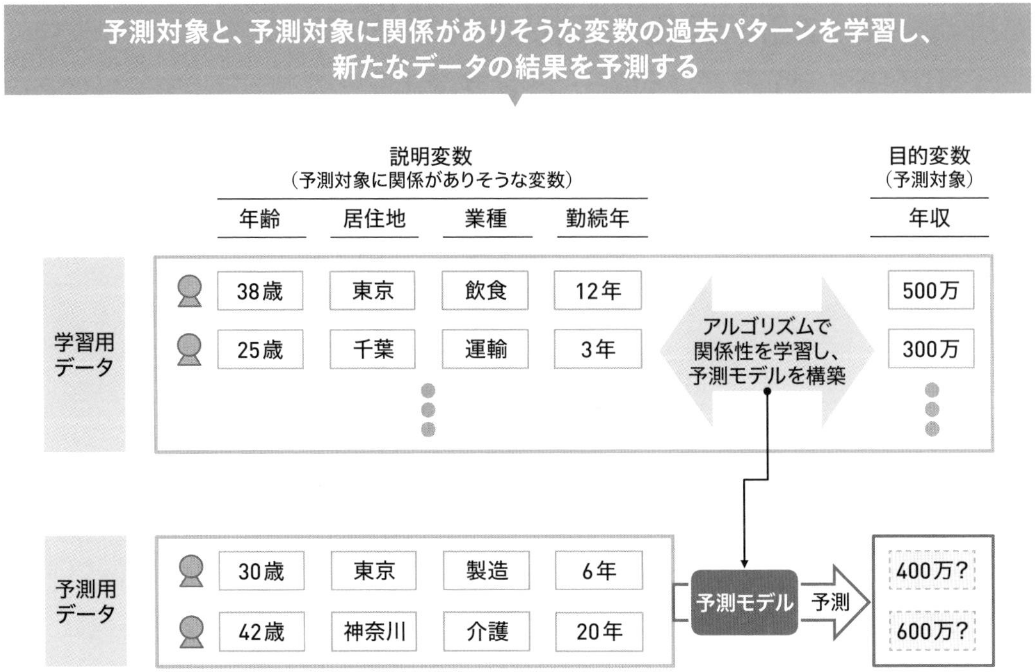

予測対象の「目的変数」に対して、これらは「説明変数」と呼ばれる。

なお、個々で用意するデータは実際の予測に使用するデータではなく、後述する、アルゴリズムに学習させるための「学習用データ」である。

《Step3 アルゴリズムに学習させ、予測モデルを構築する》

目的変数と説明変数の関係性を学習するのが、アルゴリズムである。数学的にどのような手順でパターンを学習するか、というモデル構築のやり方がアルゴリズムであり、アルゴリズムで学習した結果の、具体的なパターンを示したものがモデルである。

アルゴリズムは、シンプルな**ロジスティック回帰**や**決定木**から、複雑な**ディープラーニング**まで様々な種類がある。モデルは複数作ってもっとも良いも

※ロジスティック回帰 →94p.
※決定木 →94p.

のを選ぶので、色々な種類のアルゴリズムを試して、たくさんのモデルを構築してみるのがよい。

複数モデルを構築した後は、どのモデルを選ぶかを、予測精度と**解釈性**の兼ね合いで決める。一般的に両者は相反する関係にあり、用途に応じて何を重視するかを決めて、モデルを選択する必要がある。

《Step4 予測モデルにデータを入れて、予測結果を出力する》

最後に、予測したい結果（目的変数）に関係しそうなデータ（説明変数）を持ってきて、予測モデルに入れることで、今後の予測をする。今回の場合だと、学習用データとは別物である、予測したい人の「年齢」「居住地」「業種」「勤続年」を年収予測モデルに入れて、「年収」の予測結果を出す。

この予測結果を業務に活用し、たとえば年収に応じて、薦める商品を変える。

「教師あり機械学習」は、予測したいものが明確に決まれば、教師なし機械学習よりもビジネス適用しやすい。自身の業務をイメージして、何を予測できれば意思決定の精度が上がるかを考えることが、業務の高度化につながる。

※ディープラーニング →95p.
※解釈性 →74p.

4 機械学習の仕組み（教師なし）
——パターンを見たい変数から、傾向の近いグループを見つけ出す

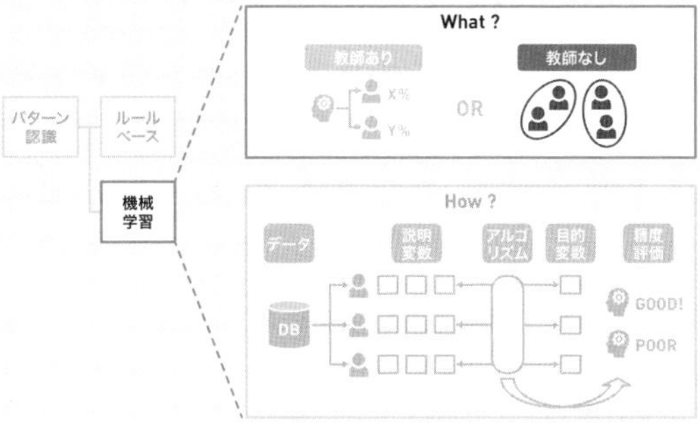

▶「教師なし機械学習」の使いどころと種類

前節で、2種類ある機械学習のうち「教師あり」について述べた。本節では、もう1種類の「教師なし」機械学習の仕組みを説明する。

「教師なし機械学習」は、正解・不正解を予測するものではなく、データの中にあるパターンや構造を見つけて、グルーピングするものである。よって、たとえば顧客層を分類する際などの仮説検証・精緻化の意味合いが強い。

「教師なし機械学習」には、クラスター分析や主成分分析などの種類がある。クラスター分析は、パターンを見たい変数を複数選んで、グルーピングするものだ。主成分分析は、多数の変数を統合して、少数の合成変数で集団を説明するものだ。

主成分分析は、合成変数の意味合いを考える必要があるので、通常、ビジネスで使いやすいのは、変数をそのまま用いるクラスター分析の方である。

※合成変数 →複数の変数に重みを付けて足し合わせ、1つの変数にしたもの。データがもっともバラつく方向に沿った軸となる。

▶ クラスター分析のイメージ

図表4-3に、クラスター分析のイメージを記載する。

まずは、パターンを見たい変数を選ぶ。今回は、「顧客の購入単価と購入頻度により特性が分かれるはず」という仮説を持って分析する。

色々な変数で結果を見たくなるが、ここであまり多くの変数を選んでしまうと、グルーピングした後、その意味合いを考えることが難しくなるので、注意したい。

各顧客の変数をクラスター分析にかけると、それぞれの変数を総合評価して、グルーピングした結果が機械的に出てくる。グルーピングされた各集団は「クラスター」と呼ばれる。この場合だと、購入単価も頻度も高い「優良顧客」、購入単価の低い「一般顧客」、購入単価が極めて低く、頻度が高い「特売ハンター」

▶ 図表4-3 **教師なし機械学習の仕組み(クラスター分析)**

パターンを見たい変数を総合評価し、傾向の近いグループを機械的に見つけ出す

分析例：小売店顧客の分類

	パターンを見たい変数	
顧客	1回当り購入単価	年間購入頻度
A	150円	12回
B	80円	25回
C	130円	15回
D	300円	20回
E	90円	30回
F	350円	18回
⋮		

クラスター分析結果のイメージ

- パターンを見たい変数を軸とした空間に顧客をマッピング
- 類似した顧客グループ(=クラスター)を機械的に発見
- 各「クラスター」に属する顧客の特徴を人が確認し、名称を付与

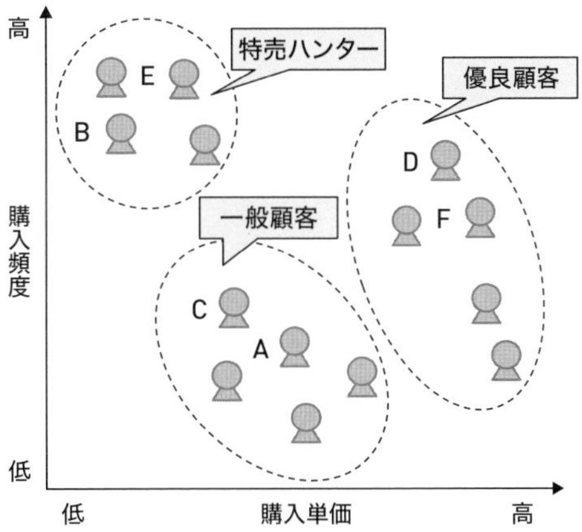

の3パターンのクラスターに分かれている。

クラスター分析は、グルーピングをしてくれるだけなので、それぞれのクラスターがどのような意味合いを持っているかは、人が判断して、名称を付与する必要がある。

クラスター分析には、最初にクラスター数を決めるk-meansや、クラスター数は決めずに樹形図的に分類していく階層クラスタリングなど、様々な手法がある。しかし、どの手法を使っても、クラスター数を何個にするべきか、参考値を出すことしかできず、明確に決める数学的な基準はない。

どこで分類をやめるかは、ビジネス的な基準を持って、人が決める。その基準は、施策を出し分ける数だ。各クラスターの特性を見ながら、施策を検討し、施策を出し分ける数とクラスター数が整合するようにする。

多くのクラスターに分けても、それぞれのクラスターに対して施策を出し分けられる範囲を超えてしまうと、意味がない。分類する目的を見失うことがないよう、注意したい。

5 機械学習モデルの構築プロセス（CRISP-DM）

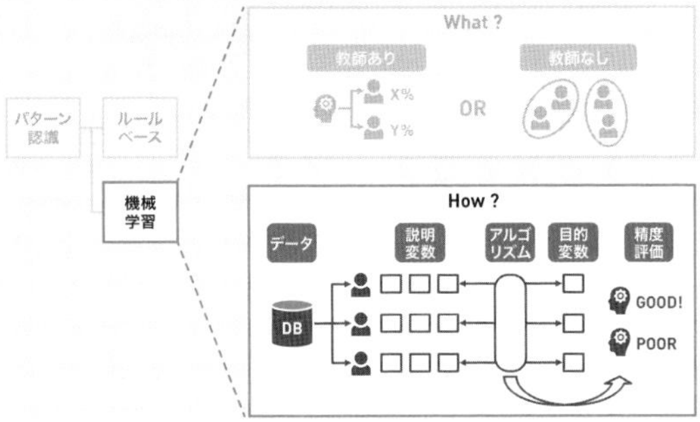

▶ 機械学習モデルは、多様な変数とアルゴリズムを試す実験的なプロセスで構築する

前節まで、機械学習モデルとは何かを述べた。それでは、機械学習モデルは、どのように作ればよいのだろうか？

実は、機械学習モデルは一度にきれいに完成するものではなく、かなりの試行錯誤を重ねる実験的なプロセスで構築する。

図表4-4に、「機械学習モデル構築のプロセス」を記載する。

このプロセスは、CRISP-DM（Cross-Industry Standard Process for Data Mining）と呼ばれ、どの業界でも使える標準的なデータマイニングのプロセスを表す。データマイニングとは、データの中から有益な情報を見つけ出すことであり、機械学習よりも広い概念だが、このプロセスは機械学習モデルの構築にも適用できる。

順を追ってこのプロセスを見ていこう。

▶ 図表4-4　**機械学習モデル構築のプロセス**

機械学習モデルは、多様な変数とアルゴリズムを試す実験的なプロセスで構築する

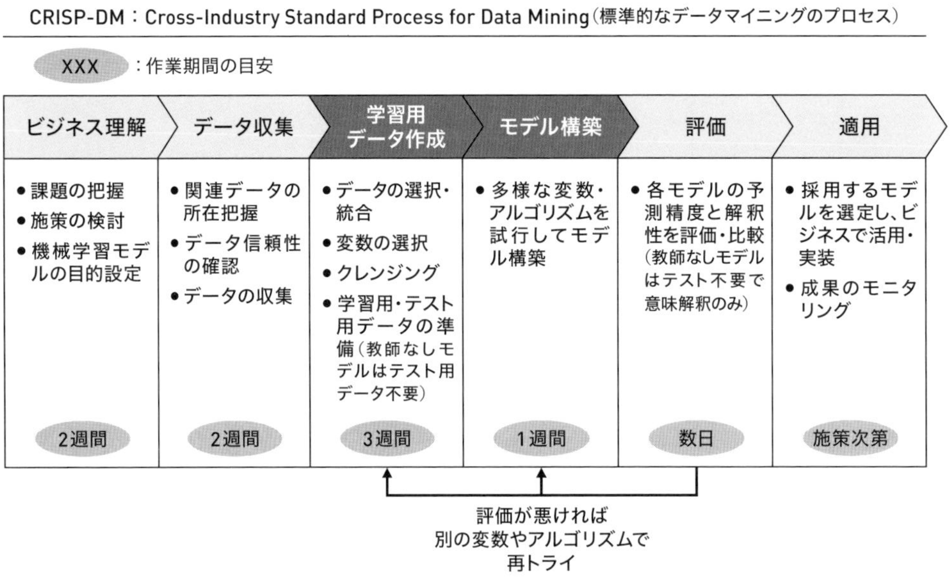

《Step1　ビジネス理解》

まずはビジネス理解だ。ビジネスで解くべき課題を見つけ、課題を解決するための施策を検討する。その施策を実行するために、機械学習モデルをどう使うか、機械学習モデル構築の目的を設定する。

たとえば、顧客の離脱が課題になっているが、それをフォローするための営業人員には限りがある場合、離脱リスクの高い顧客を優先的にフォローする、という施策が考えられる。顧客それぞれの離脱率を算出して、高リスクの顧客を予測するために、「教師あり機械学習」モデルを用いる。

作業期間の目安として、2週間程度をかけ、ビジネス部門と施策を擦り合わせる。

《Step2　データ収集》

施策と機械学習モデルの目的が決まれば、使うデータも決まるので、データ収集に入る。モデルを構築するために必要なデータの保有場所、そのデータを抽出して使える形にするための方法、格納されているデータの作られ方と信頼性を確認し、利用可能なデータを収集する。

たとえば、顧客の離脱率を予測するためには、過去の離脱履歴が必要だが、過去のデータはどのシステムに入っているか。システムからデータを抜き出すには、誰に頼めばよいか。説明変数として使う想定の営業履歴は、漏れなく入力されているのか。施策に関連するデータの実態を、丁寧に把握していく。

この作業は、必要なデータの場所を知っている人に、いかに早くたどり着けるかによるが、目安として２週間程度かかる。

《Step3 学習用データ作成》

データを収集できたら、洗い出したデータを選定・統合し、学習用データを作成する。集めたデータをすべて機械学習に使うと、計算負荷が重くなってしまうので、顧客の識別番号や細かい住所など、明らかに予測に関係ないデータは除外する。表記ゆれ・欠損・異常値のあるデータは、**クレンジング**をする必要がある。

「教師あり機械学習」の場合は、一般的に7割のデータを学習に使い、残りの3割を予測精度のテストに使う。そのため、この時点で後の学習用データと、テスト用データに分ける。「教師なし機械学習」の場合は、テストは行わないので、データを分ける必要はない。

この作業は、機械学習モデル構築プロセスのなかで、一番時間がかかる。クレンジングや、異なるテーブル間の紐づけのしやすさによるが、目安としては3週間程度を見ておく。

《Step4 モデル構築》

学習用データを用いてモデルを構築する際は、特定のアルゴリズム・変数だけではなく、実験的に、様々な変数とアルゴリズムを試して、多くのモデルを構築してみることが重要だ。同じアルゴリズムでも、アルゴリズムのパラメータを変えることで精度が変わるので、これもとにかく色々試してみる。

この作業は、よほど膨大な数億件単位のデータでなければ、意外と時間がかからず、1週間程度を見ておけばよい。

※クレンジング →90p.

▶ モデルの精度と解釈性を「評価」し、ブラッシュアップしたうえで業務に「適用」する

《Step5 評価》

構築されたモデルは、「教師あり機械学習」ならば、テストデータを使って予測を実行し、実績と比較して予測精度を確認する。

モデルを比較する際は、予測精度に加えて、解釈性という軸も重要だ。施策によっては、顧客や社員に、予測の根拠を説明する必要があるからだ。

シンプルなアルゴリズムならば、「この変数が予測にこのように効いている」という予測の根拠となる情報も出すことができる。いっぽうで複雑なアルゴリズムになると、様々なパターンに対応できるので予測精度は上がるが、予測がどのような根拠に基づいてなされているのか、もはや人間には理解できないことが多い。

たとえば、与信判断に機械学習モデルを使う場合、顧客の貸し倒れ率を予測するモデルを構築する。モデルが審査を通さなかった場合は、「こういうデータに基づいて判断した」という説明を顧客にしなければならない。

逆に、商品の需要予測で、「根拠は求めないから精度だけ高ければよい」というものであれば、ブラックボックス化を気にする必要はない。ただひたすらに複雑で精度の高いモデルを追求すればよい。

「教師なし機械学習」は、予測をするものではなく、グルーピングをするものなので、テストという概念はない。グルーピングの意味を解釈した結果、施策につながる示唆があればよい。

満足のいく結果でなければ、グルーピングの数を変える、パターンを見たい変数を変えるなど、何度も試行する必要がある。

この評価の作業は、結果を見て判断するだけなので、数日程度かかるだけだ。結果を見たら、やり直すか、これで行くかをすぐに判断し、ダメな場合は前のプロセスに戻って、素早くモデルをブラッシュアップするようにしたい。

《Step6　適用》

満足のいくモデルができたら、業務に適用する。実際にモデルの出力結果を業務に組み込んで活用するだけでなく、成果をモニタリングする必要もある。

想定された成果が出ているか、予測精度が劣化していないかを定期的に確認し、必要があればモデルの再学習を行う。

この後の節からは、図表4-4で示した機械学習モデル構築のプロセスのうち、直接モデルを構築する作業である「データ収集」「学習用データ作成」「モデル構築」「評価」について解説する。

「学習用データ作成」は、「目的変数」と「説明変数」で概念が大きく異なるため、分けて説明する。「モデル構築」は、アルゴリズムの話なので、「アルゴリズム」と読み替える。

6 《データ収集》——サンプル数だけでなく、有効な変数を増やす

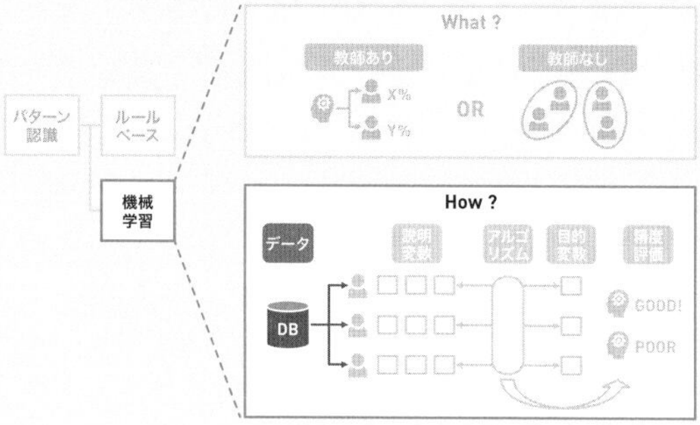

▶ 予測精度の差はアルゴリズムよりデータで生じる

本節からは、機械学習モデルを構築するプロセスに沿って説明する。まずは、データ収集の話から始める。

「教師あり機械学習」モデルの予測精度を決めるのは、データとアルゴリズムだ。

そのうち、アルゴリズムは多数の無料ライブラリが公開されており、多くの人は同じものを用いる。自らアルゴリズムの中身を設計する研究者レベルのスキルがなければ、差別化の要因にはなりづらい。

また、いかにアルゴリズムが優れていても、そもそものデータが入っていないパターンは、予測のしようがない。

よって、精度に差が出る大きな要因は、データである。いかに意味のあるデータを拡充するかが重要だ。

データ拡充の2つの方向性

図表4-5に示す通り、データ拡充には2つの方向性がある。

一つは、サンプル数を増やす方向性だ。サンプル数は、n（エヌ）数とも呼ばれる。顧客データを拡充する場合は、同じ変数（データ項目）のまま、顧客数を増やしていく。

データの件数が増えることで、頻度が少ないパターンを学習できる可能性が高くなり、予測精度が上がる。

もう一つは、有効な変数を増やす方向性だ。顧客数は変わらないが、顧客に関するデータ項目の種類を増やしていく。

ただし、こちらはどんな変数でも増やせばよいというものではなく、予測対象（図表4-5の例では年収）との関係性が高い、有効な変数を追加しなければ意味がない。

図表4-5　予測精度向上のためのデータ拡充の方向性

学習用データの「①サンプル数」と「②有効な変数」が増加すれば、予測精度が向上する

学習用データの説明変数（年収予測モデルの例）

年齢	居住地	業種	勤続年数	学歴	車所有数
38歳	東京	飲食	12年	大卒	1台
25歳	千葉	運輸	3年	大卒	0台
33歳	大阪	旅行	10年	大卒	0台
50歳	福岡	製造	28年	高卒	1台

② 「有効※な」変数増
（新たな側面からパターンを拡充）

※有効の定義：予測対象との関係性が高い

① サンプル数増
（頻度が少ないパターンを拡充）

新たな側面からパターンを学習することで、予測精度が上がる。

▶ より重要なのは「データのサンプル数」ではなく「有効な変数の種類数」

予測のためのデータの価値は、「データのサンプル数」と「有効な変数の種類数」の掛け算で決まる。より重要なのは、「有効な変数の種類数」だ。

「データのサンプル数」は、増やすことで頻度が少ないパターンを学習できるが、同じ変数のデータで発生するパターンを網羅してしまうと、それ以上データを増やしても、予測精度は向上しない。

たとえば、年収を予測するために、日本人全員の年齢と居住地のデータを集めたとする。しかし、年齢と居住地だけでは、データ項目が不足しており、一定数以上のデータを集めた後、どれだけデータが増えても年収の予測精度は上がらないことが想像いただけると思う。

「有効な変数の種類数」を増やすと、新たな側面からパターンを学習することができる。それも、追加された変数そのもののパターンだけでなく、追加された変数と、今までの変数との組合せのパターンも増えるので、学習可能な情報が指数関数的に増加する。

▶ 図表4-6　**予測のためのデータの価値**

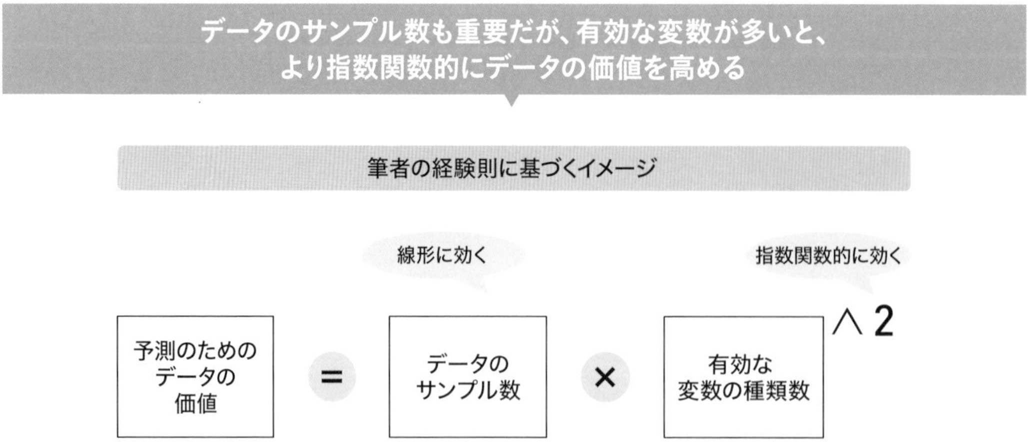

年収を予測するためには、年齢と居住地ではパターンを網羅できなかったが、業種・勤続年・学歴などのデータ項目を増やすことで、把握できるパターンは飛躍的に増えていく。

図表4-6に示した通り、筆者の経験則では、データの価値に対して、「データのサンプル数」は線形に効き、「有効な変数の種類数」は指数関数的に効く、というイメージだ。

7 《学習用データ作成》①
——施策に合致した「目的変数」を定義する

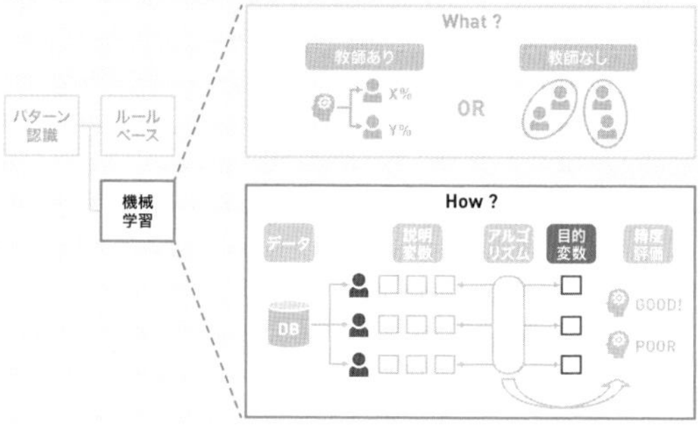

▶ 施策に沿った目的変数がないと、予測モデルを作る意味がない

データを収集したら、学習用データを作成する段階に入るが、特に大事なデータは予測対象である「目的変数」だ。

「教師あり機械学習」の予測モデルを構築する際には、施策に沿った目的変数を定義しなければならない。単に、保有しているデータを漫然と使っただけでは、適切な目的変数とならないことが多いので、注意したい。

目的変数は直接施策につながるものであれば理想だが、ぴったりのものがなければ、予測したい指標を間接的に表すデータで代替することになる。

▶ まず目的変数を直接表すデータを探す

順番としては、まずは間接的にではなく、目的変数を直接表すデータを検討する。

図表4-7に、「直接的な目的変数の例」を示す。

▶ 図表4-7　**直接的な目的変数の例**

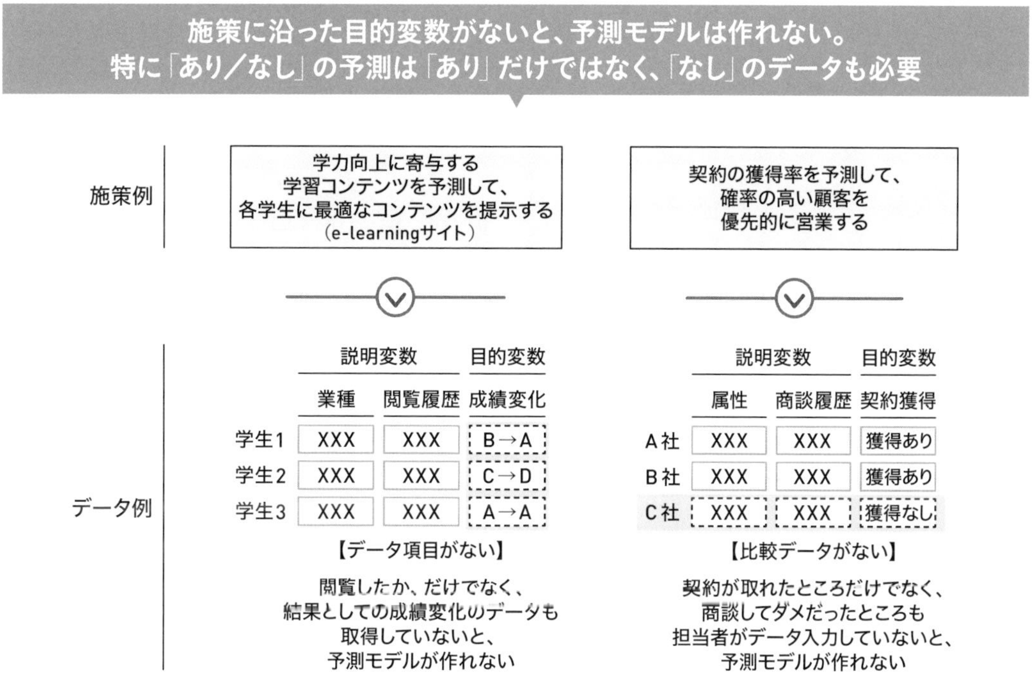

ここでは、目的変数となる「データ項目」がない場合と、「比較データ」がない場合の例を挙げる。

目的変数となる「データ項目」がないのは、学力向上に寄与する学習コンテンツ予測の例だ。

e-learningサイトで行う「学力向上に寄与する学習コンテンツを予測して、各学生に最適なコンテンツを提示」する施策には、コンテンツを閲覧した結果、学力が向上した／しなかった、というデータが必要だ。どんな学生がどんなコンテンツを閲覧したか、というのが説明変数（原因）であり、その結果成績がどのように変化したか、というのが目的変数（結果）である。

ここで言いたいのは、学生のコンテンツ閲覧履歴のデータをどれだけ持っていても、その前後の成績変化のデータを持っていなければ、「学力向上に寄与する」コンテンツの予測モデルは構築できない、ということだ。いくら原因のデータを持っていても、予測したい結果のデータがなければ、意味がない。

データを豊富に持っていても、やりたい施策の目的に沿ったぴったりの「データ項目」があるか、という点は盲点になりやすいので、注意したい。

目的変数となる「比較データ」がないのは、契約の獲得率予測の例だ。

「契約の獲得率を予測して、確率の高い顧客を優先的に営業」する施策には、商談した結果、契約が取れた／取れなかった、というデータが必要だ。パターンを学習するためには、契約が取れた時と、取れなかった時のデータを比較しなければならない。

ここで盲点になりやすいのは、契約が「取れなかった」データである。契約が取れた場合は、会社に報告するのでデータは必ず残る。

いっぽうで、営業に行っても契約が取れなかった場合は、記録に残さないことも多い。営業部門の社員は忙しく、ダメだった営業のデータを入力するインセンティブも乏しいので、記録に残すよりも、次の営業を優先するだろう。

データの入力は、担当者個人の問題として捉えてはいけない。会社全体として、一見無駄に見えるデータ入力がいかに必要かを、社員に納得させなければならない。その際、煩雑な入力作業を効率化する仕組みやインターフェースの整備も、併せて考える必要がある。

▶ 直接的な目的変数がない場合は、間接的な目的変数で代替する

目的変数として直接使えるデータがない場合でも、そこで諦めずに、間接的に予測したい指標を代替できるデータはないかを模索すべきだ。

最初から課題を完璧に解決できることは少ない。代替の施策を打って、課題を部分的に解決している間に、本命のデータを新規取得・蓄積して、段階的に施策を発展させていけばよい。

図表4-8に、「間接的な目的変数の例」を記載する。

たとえば、動画配信企業が、顧客が好む映画を予測して、レコメンドしたいとする。

予測したい顧客の映画の好みを直接表すデータは、「過去レンタル映画の5段

▶ 図表4-8　間接的な目的変数の例

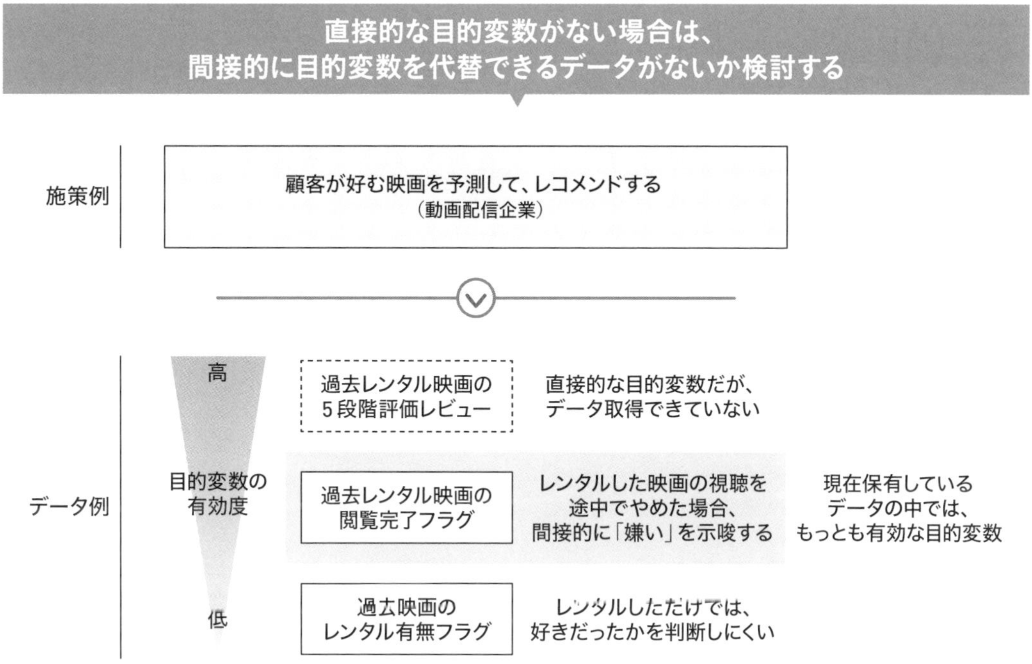

階評価レビュー」である。しかし、施策を検討している時点では、このデータを取得していない。これから取得してデータ蓄積するには、時間がかかる。

また、取得を試みたとしても、レビューを入力するのは面倒なので、顧客に何らかのメリットがなければ、データは集まらない可能性もある。すでに、ある程度精度が高いレコメンドで便益を受けており、レコメンドの精度を更に高めるために入力してほしい、ということであれば、データが集まりやすくなるだろう。

そこで、粗い形でも施策を始動して改善のループを回すため、顧客の映画の好みを代替するデータがないかを検討する。映画の視聴履歴はデータとして残っているので、たとえば「過去レンタル映画の閲覧完了フラグ」と「過去レンタル映画のレンタル有無フラグ」を使うことはあり得そうだ。

簡単なのは「過去レンタル映画のレンタル有無フラグ」だが、単にレンタルをした、というだけでは、その映画が好きだったのか、判断がつきにくい。レンタルして観てみたが、つまらなくて後悔したという経験は、皆にあるはずだ。

ここで有効なのは「過去レンタル映画の閲覧完了フラグ」だ。レンタルして映画を観てみたが、途中でやめたという場合は、その映画が嫌いだった、少なくとも面白いとは思わなかった、という状況を示唆する。最後まで観た場合は、少なくとも観るのをやめない程度には好きだったと言える。

よって、「過去レンタル映画の閲覧完了フラグ」が、現在保有している中では、もっとも有効な目的変数となる。まずはこの変数でモデルを構築して施策の初期版を始動させ、改善のループを回して、施策を進化させていくことが重要だ。

8 《学習用データ作成》②
——予測に影響を与えそうな「説明変数」を紐づける

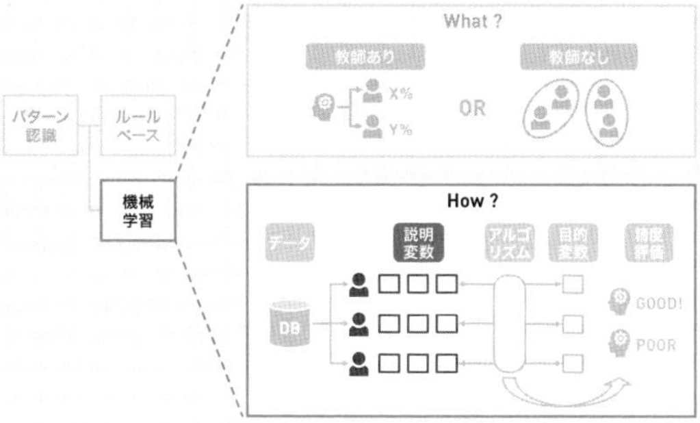

▶ 目的変数に影響を与えそうなデータが、有効な説明変数の候補

「目的変数」を設定したら、次はその対となる「説明変数」を設定する。

「教師あり機械学習」の説明変数には、どんなデータも使えるわけではなく、有効なものと、そうでないものがある。ここで言う「有効」とは、目的変数の予測に影響を与える、という意味である。

実際に有効であるかは、モデルを構築して、精度への貢献度を見てみないと判断できない。しかし、無駄なデータを集める手間や、モデルを構築する際に余計な計算負荷がかからないように、あらかじめ仮説を持ってデータを集めるようにしたい。

図表4-9に、「有効な説明変数の例」を記載する。

結婚式場の検索ポータルサイトを運営する会社が、顧客が好む結婚式場の予測をして、レコメンドをしたいとする。

予測にもっとも有効なのは、顧客が自らの嗜好を入力した「条件検索履歴」

▸ 図表4-9　有効な説明変数の例

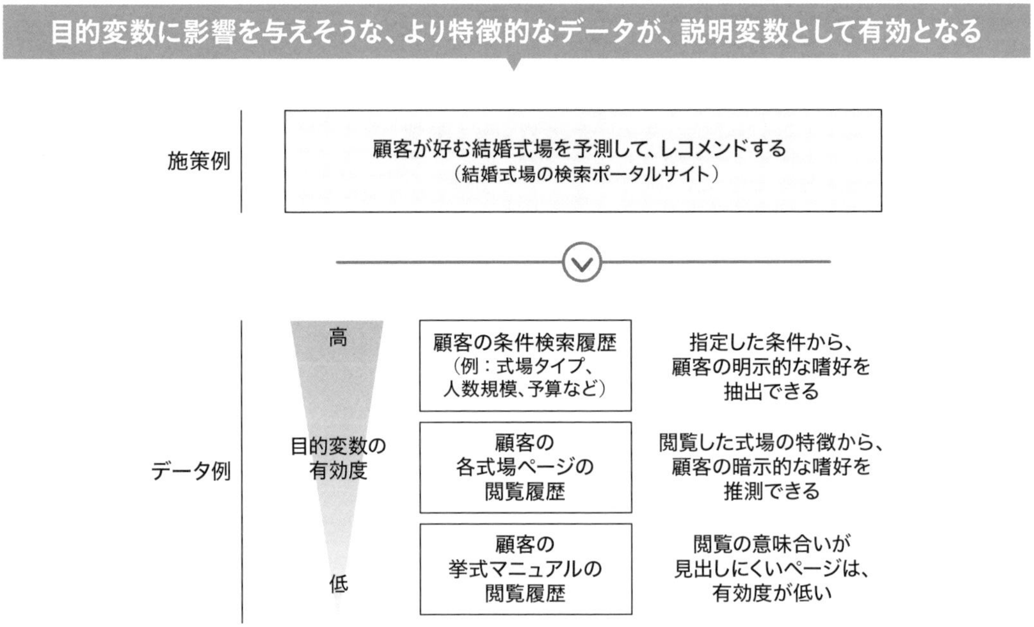

だ。式場タイプ、人数規模、予算など、顧客が求める条件をずばり絞り込むことができる。

顧客の「各式場ページの閲覧履歴」は、やや有効度が下がる。必ずしも好きな式場だけではなく、比較のための式場も閲覧するからだ。顧客の暗示的な嗜好を推測するためのデータとなる。

顧客の「挙式マニュアルの閲覧履歴」は、おそらく説明変数に入れても意味がない。結婚を考え始めていて、挙式の一般的な流れを知りたい、ということは推測できるが、どの式場を選ぼうとしているか、という観点での意味合いを見出しにくいからだ。

説明変数用のデータを集め始める前に、「こんな変数が予測に影響するはずだ」という有効な説明変数の仮説を洗い出すことが重要だ。その際、データが実際に取得できるかは無視する。最初からデータを見てしまうと、発想の範囲が狭くなってしまうからだ。

仮説を洗い出した後に、実際に使えそうなデータを見て、見落としていた説明変数を補完する、という順番にする。

また、明らかに予測に影響がないと思われるデータ、たとえば、顧客を識別するためのIDや、細かすぎる住所、氏名などは、最初から説明変数から除外してよい。

予測に影響を与えるかもしれないし、与えないかもしれない微妙なデータは、取得するのが簡単であれば、とりあえず入れておくのがよい。

たとえば、顧客単位での予測のため、顧客属性テーブルを紐づける際は、とりあえずテーブル内の変数をすべて紐づけておく。年齢や性別は予測に効きそうだが、住むエリアは効くかが分からないという場合でも、とりあえず入れてみる。

実際にモデルを作ってみて、意味がない変数であると分かった段階で、除外すればよい。

▶ 予測したい単位で、データを集計する

データは、予測したい単位に揃っているものだけとは限らない。

たとえば、顧客単位の予測をする際に、説明変数として、顧客の行動データを紐づけたいとする。しかし、顧客の行動データは、顧客単位ではなく、トランザクション単位で管理されているので、そのままでは紐づけることができない。

学習用データは、予測したい目的変数の単位に集計して、揃える必要がある。図表4-10に、「予測単位でのローデータ集計の例」を記載する。

ECサイトの運営会社が、商品Xの購買可能性を予測して、販促対象を特定したいとする。

Webアクセスログのローデータが有用であることは分かるが、各顧客がホームページを閲覧したトランザクションデータが並んでいるだけなので、そのままでは顧客単位の予測に使うことはできない。

顧客単位で予測するためには、顧客単位のデータに集計する必要がある。そして、ローデータを顧客単位に集計する方法は、人間が決める。

この場合だと、「総PV数」「訪問数」「購買回数」「商品Xカテゴリ一覧PV数」などが考えられる。更に、これらの集計値の前月からの変化を入れる、という考

▶ 図表4-10　予測単位でのローデータ集計の例

予測したい単位でローデータを集計し、学習用データとして利用する

え方もあり、集計方法は無限にある。

すべてのパターンを網羅した集計データを作ることはできないので、人間が仮説を持って、もっとも予測対象に影響を与えそうな集計方法を選ばなければならない。

▶ 分散したデータベースから、予測単位のデータを統合する

もともと、データは業務のために、各ビジネス部門が各システムで管理しているものである。予測などの分析をするためには管理されていないので、通常、予測のためのデータは、会社内の各データベースに分散している。

機械学習による予測を行うためには、各データベースから必要な変数を抽出し、統合したテーブルを作る必要がある。図表4-11に「分析のための統合テー

▶ 図表4-11　**分析のための統合テーブルの例**

変数の種類が増えると、データの指数関数的な価値向上が期待できるため、負荷を要しても、分散したデータベースは統合すべき

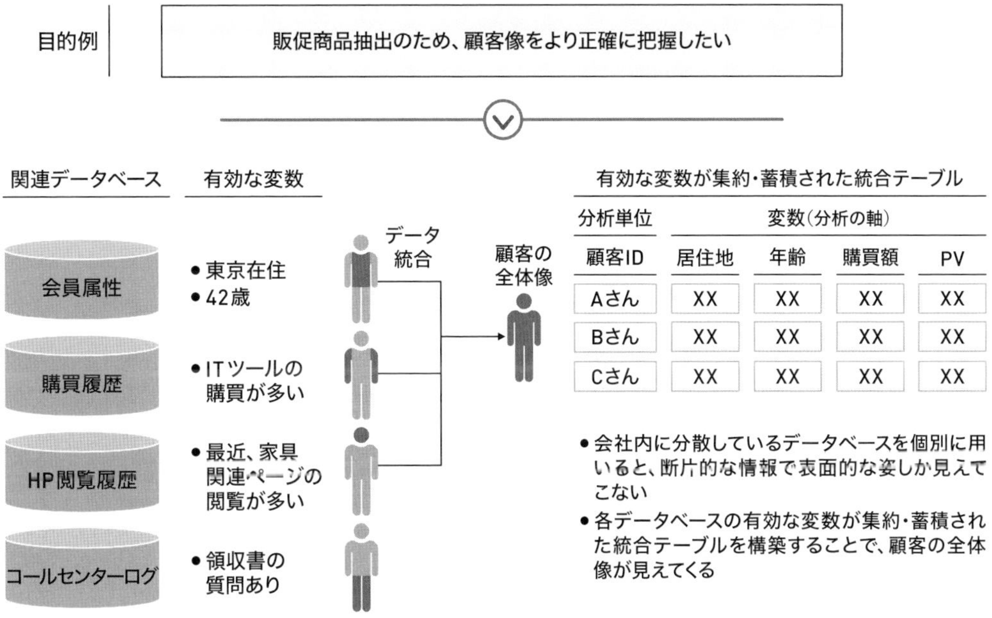

分析単位	変数(分析の軸)			
顧客ID	居住地	年齢	購買額	PV
Aさん	XX	XX	XX	XX
Bさん	XX	XX	XX	XX
Cさん	XX	XX	XX	XX

ブルの例」を示す。

販促商品抽出のため、顧客像をより正確に把握したいとする。

顧客を理解するために必要なデータは、「会員属性」「購買履歴」「HP閲覧履歴」「コールセンターログ」など、会社内に分散している。各データベース単体では、「東京在住の42歳」「ITツールの購買が多い」「最近、家具関連ページの閲覧が多い」「コールセンターに領収書の質問があった」などの、断片的な情報しか分からない。

それらを顧客単位で統合し、有効な変数が集約・蓄積された統合テーブルにすることではじめて、顧客の全体像が見えてくる。

各データベースの統合は、データの収集から、名寄せ、紐づけ、集計まで、非常に手間がかかる。しかし、前に述べた通り、分析したい単位で紐づいた有効な変数の種類数が増えると、データの価値は指数関数的に高まる。

たとえ負荷を要しても、データを統合する意味はあるので、各部門任せにするのではなく、会社全体の課題として認識し、全社で取り組むようにしたい。

▶ クレンジングが必要なデータの扱い方

説明変数のすべてが綺麗で、そのまま使える状態であることは少ない。大抵はクレンジングが必要なデータが混じっているものだ。

クレンジングが必要なデータの代表例には、「表記ゆれ」「欠損」「異常値」がある。

《表記ゆれ》

「表記ゆれ」は、データの入り方を見ながら、ひたすら愚直に直していく以外に方法はない。まずは、全角半角、ひらがなカタカナ、スペースなど、規則的な方法で対応できるものはコーディングで自動的に揃える。次に、得意先名が表記ゆれしているのであれば、売上など、重要度順にデータを並べる。最後に、この1時間は表記ゆれを直すことに集中すると覚悟を決めて、重要度の高いものから脇目もふらずに直していく。

この作業は非常に辛い。しかし、隙間の時間が空いてしまうと、前に見た表記のパターンをどんどん忘れていってしまうので、一定の時間は表記ゆれ対応に没頭することが必要だ。

《欠損》

「欠損」があるデータは、レコードごと取り除かない方がよい。欠損していること自体が、予測に有益な情報となる可能性があるからだ。なので、欠損していたことが分かるように、学習用データを加工する。

図表4-12に、「欠損している説明変数の扱い」を記載する。

欠損は、「カテゴリ変数」と「数値変数」で扱いが異なる。

「カテゴリ変数」とは、業種、性別、商品など、テキストデータで情報が分類されているものである。一見、0、1、2という数値が入っていても、実態は0がX区分、1がY区分などのカテゴリを表すものもある。

▶ 図表4-12　欠損している説明変数の扱い

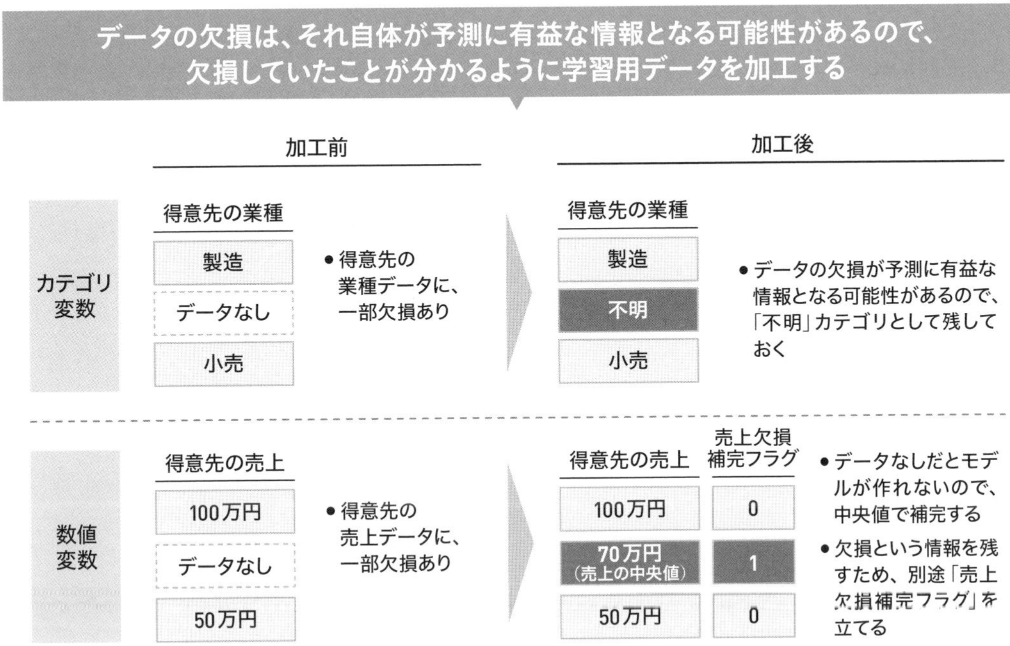

カテゴリ変数の欠損は、新しく「不明」というラベルを貼って、データに入れておくのがよい。

「数値変数」が欠損している場合、そのままではアルゴリズムの都合上、予測モデルを構築できないので、何らかの数字を入れなければならない。その際は通常、欠損している変数の中央値を入れる。中央値を入れておけば、基本的には欠損している変数以外の変数の情報から、予測することができる。

ただし、欠損しているという情報が、たとえば「売上が非常に小さいので入力するまでもない」という予測に有益な情報である可能性もある。よって、中央値を入れるのとは別途、「欠損補完フラグ」を立てておくのがよい。

《異常値》

「異常値」を含むレコードは、予測する際に異常値に引っ張られてしまうことがあるので、除外しておくのが無難だ。たとえば、線形の予測モデルを使った場合には、一つのレコードに引っ張られて、全体の予測が偏ってしまう可能性がある。

一般的には、各変数の平均値±3標準偏差の範囲から外れたレコードを除外することが多い。数値の分布を見てみて、明らかに異常な値がいくつかあるだけなら、目検で除外するだけでよい。

ここで注意したいのは、数値変数の分布形状（ヒストグラム）だ。平均値を真ん中にして、左右対称に釣鐘型に分布している場合は、平均値±3標準偏差で問題ない。しかし、平均値を超えた後に、だらだらとロングテールが続く場合には、3標準偏差で切ると学習すべきパターンを除外しすぎてしまっている可能性があるので、個別の変数の分布を見て、除外基準を判断したい。

9 《モデル構築》
——アルゴリズムを選択する

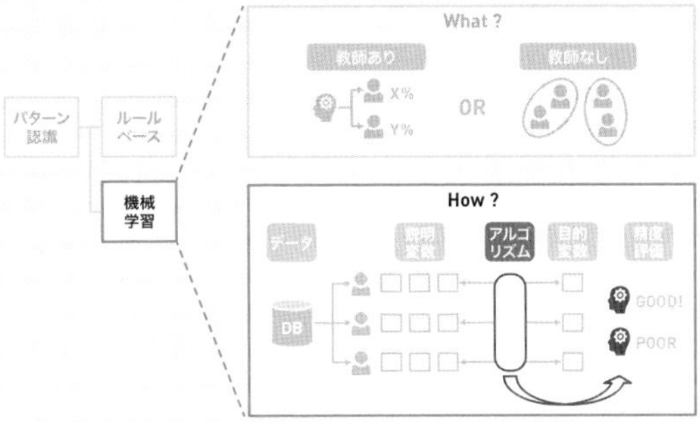

▶ アルゴリズムを選ぶ基準は「予測精度」と「解釈性」

「目的変数」と「説明変数」が決まれば、それらの関係性を「アルゴリズム」により学習し、モデルを構築する段階に入る。

「教師あり機械学習」のアルゴリズムを選ぶ評価軸は「予測精度」と「解釈性」である。

「予測精度」は、高ければ高いほどよい。しかし、予測精度を高めるためには、複雑なパターンを学習することが可能な、複雑なモデルを構築する必要がある。その結果、モデルがなぜその予測をしたのか、人間には理解・説明できないレベルになってしまう（＝解釈性が下がる）。

誰にも予測の根拠を説明する必要がないなら、ただひたすらに複雑で精度の高いモデルを追求すればよい。しかし、一般的なビジネスでは、顧客や社内に対する説明責任がある。よって、予測精度と解釈性の両方を評価軸として、落としどころを探ることになる。

▶「教師あり機械学習」アルゴリズムの代表例

図表4-13に、「代表的な教師あり機械学習アルゴリズム」を記載する。

代表的なアルゴリズムはまず、解釈性が高いものと、低いものに分かれる。そのうえで、解釈性が高いモデルは、「線形型」と「決定木型」に分かれる。

《解釈性が高いアルゴリズム》

「線形型」の代表例は、「線形回帰」と「ロジスティック回帰」だ。線形回帰は

▶ 図表4-13　**代表的な教師あり機械学習アルゴリズム**

教師あり機械学習のアルゴリズムは多数あるが、ビジネスで使われるのは、精度も解釈性も高い「ランダムフォレスト」や「勾配ブースティング」が主流

代表的なアルゴリズム			概要	メリット	デメリット
解釈性が高い	線形型	線形回帰	● 予測資産額＝年齢×1万＋年収×3といった数式を作り出す －線形回帰：数値予測（例：年収） －ロジスティック回帰：分類予測（例：解約する／しない）	● 予測結果に至る経緯が理解しやすい ● 予測結果が安定しやすい ● 少量のデータでも精度が出やすい	● 直線的な傾向以外は見つけにくい ● 大規模データになっても精度が向上しにくい
		ロジスティック回帰			
	決定木型（非線形型）	決定木	● 質問回答の枝分かれの樹形図を描き、分岐のゴール位置で予測する －決定木：1本の樹形図で予測 －ランダムフォレスト：複数の樹形図を作成して、平均値で予測 －勾配ブースティング：決定木を作った後、予測と実績の誤差を別の決定木で学習することを繰り返し、誤差を小さくして予測	● 予測結果に至る経緯が理解しやすい ● 計算負荷が小さい	● たまたま起きた少数特定パターンに惑わされやすい（過学習しやすい）
		ランダムフォレスト		● 高精度が出やすい ● たまたま起きた少数特定パターンに惑わされにくい	● 計算負荷が大きい
		勾配ブースティング			
解釈性が低い（ブラックボックス）	ニューラルネットワーク（ディープラーニング）		● 脳の神経回路を模してパターン判定する ● 神経の階層が深い（多い）モデルはディープラーニングと呼ばれる	● 画像等の非構造化データで精度が出やすい	● 計算負荷が大きい ● 予測結果が変動しやすい
	サポートベクターマシン		● データを空間に配置し、もっとも綺麗に分類する平面を見つける（線形でも非線形でもパターン認識可能）	● 高精度が出やすい ● たまたま起きた少数特定パターンに惑わされにくい	● 計算負荷が大きい

数値の予測、ロジスティック回帰は分類の予測（解約する／しない等）に用いられる。

「線形型」は、説明変数がどのような重みで予測に効いていて、説明変数がどれくらい変わると、予測値がどれくらい変わるかが計算できるので、理解しやすいことがメリットだ。

デメリットは、線形型なので直線的な傾向以外は見つけづらいことだ。たとえば「年収が中間である場合に生命保険に入りやすい」などは学習できない。年収を低・中・高に区分したカテゴリ変数化すれば、線形型でも学習することは可能だが、人間が仮説を持って変数を作り出す必要がある。

「非線形型」の代表例は、決定木型アルゴリズムだ。質問回答の枝分かれの樹形図を描き、分岐のゴール位置で予測する。

決定木型アルゴリズムには、「決定木」「ランダムフォレスト」「勾配ブースティング」などがある。うち「ランダムフォレスト」と「勾配ブースティング」は、「決定木」アルゴリズムで作った複数の決定木モデルを組み合わせたものである。解釈性の高さを保ったまま、高精度も出やすい特徴があるため、ビジネスで活用される機械学習モデルの主流となっている。

「線形回帰」「ロジスティック回帰」「決定木」は精度が出にくいが、事象のパターンを人間が理解するには、非常に有益である。

最終的にビジネス適用時に使うのは「ランダムフォレスト」や「勾配ブースティング」でもよい。しかし、一度はそれ以外のアルゴリズムでモデルを構築して、線形の重み付けや樹形図を眺めることで、どの変数がどのように予測に効きやすい構造となっているかを、理解しておきたい。

《解釈性が低いアルゴリズム》

解釈性が低いアルゴリズムの代表例は、「ニューラルネットワーク」と「サポートベクターマシン」だ。

「ニューラルネットワーク」は、脳の神経回路を模してパターン判定するアルゴリズムだ。神経の階層が深い（多い）モデルはディープラーニングと呼ばれる。画像認識や音声認識など、非構造化データからパターンを認識することに強い。

たとえば画像認識を用いた顔認証は、人が認識する場合でも、AさんとBさんの違いを言語化することは、そもそも不可能である。解釈性を気にしなくてよいので、精度は高いが、根拠がブラックボックスなディープラーニングを用いても、問題は起きない。

また、将棋や囲碁のソフトにも用いられるが、将棋や囲碁は、そもそも人間でも直観的な手を指す。解釈性は二の次であり、強ければよいので問題ない。ソフトがなぜその手を指したのか、人間が解釈を試み、理論化して、新たな戦術を生み出すために使われており、将棋界や囲碁界は、ソフトを利用して急速な進化を遂げている。

「サポートベクターマシン」は、データを空間に配置し、もっとも綺麗に分類する平面を見つけるアルゴリズムだ。平面で正解と不正解を切り分けるのだが、データに特別な座標変換を施すことで、もとが非線形のパターンでも、切り分けることが可能だ。

サポートベクターマシンの理論は相当にスマートで格好いいのだが、他のアルゴリズムと比べて、あえてこのアルゴリズムを使う理由が乏しく、ビジネスへの適用には、筆者はあまり使わない。

▶ ビジネスで使いやすい「決定木型アルゴリズム」

予測精度と解釈性のバランスを考えると、決定木型の「ランダムフォレスト」や「勾配ブースティング」を使うことがビジネスでは主流である。よって、ここでは決定木型アルゴリズムの仕組みを解説する。

厳密な数式ではなく、ビジネスで使うために最低限知っておくべきイメージを伝えるので、詳細が知りたい場合は、他の書籍を参照していただきたい。

「ランダムフォレスト」や「勾配ブースティング」の説明に入る前に、まずは基本となる「決定木」の仕組みを知る必要がある。**図表4-14**に「決定木の仕組み」を記載する。

決定木アルゴリズムは、予測対象のグループをもっとも綺麗に分類する変数の条件を、段階的に探して樹形図を構築するものである。

最初に、すべての説明変数でグループを分類してみて、もっとも分類力の高い変数と条件を見つける。もっとも分類力が高いとは、その特定の変数の条件でグループを切り分けた時に、正解と不正解をもっとも綺麗に分けられる、というこ

▸ 図表4-14　**決定木の仕組み**

グループをもっとも綺麗に分類する変数の条件を段階的に探し、樹形図を構築する

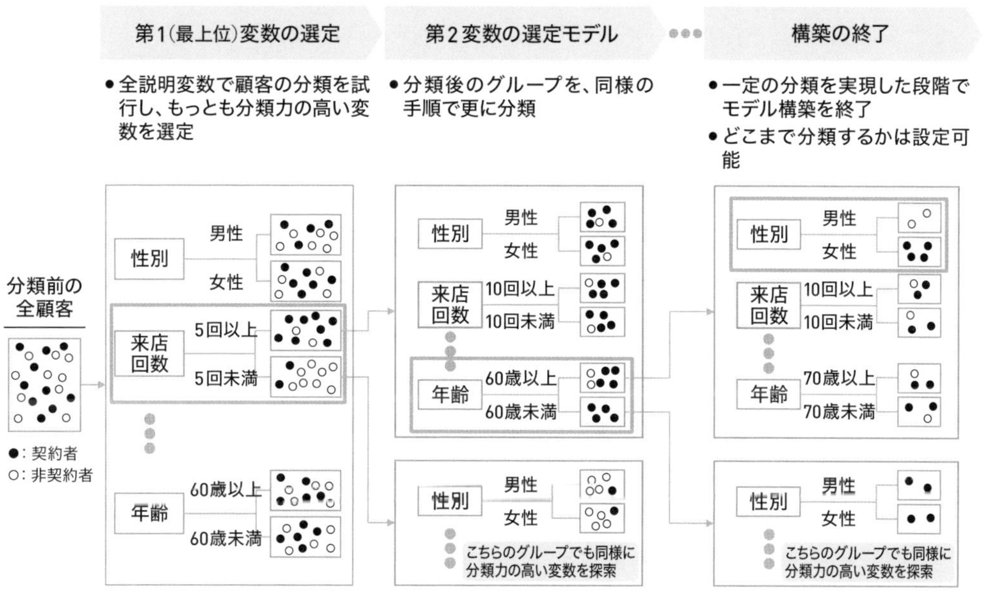

とである。

たとえば、来店回数が5回以上と、5回未満の顧客に分けた場合、契約者の割合はそれぞれ80%と20%になる。この割合は、他の変数である性別や年齢で分けた場合とくらべて、もっとも差が出る条件となっている。

次に、第1の変数で二つに分けたグループのそれぞれを、同様の手順でまた分けていく。第1の変数では、来店回数が5回以上と、5回未満の顧客に分けたので、それぞれのグループで、また全変数での分類を試行し、もっとも綺麗に分けられる変数を探す。

この際に、もう一度来店回数が選ばれ、5回以上のグループ内で更に、10回以上と10回未満で分けるのが良い、ということもあり得る。この分類により、来店回数が5回〜9回の顧客の契約率が高く、それ以上の回数だと決められない（または冷やかし？）顧客だということも分かる。よって、数値が大きければ予測値も大きくなる、という線形のパターンだけではなく、中間だと予測値が大きくなる、という非線形のパターンも学習することができる。

同様の手順を繰り返し、一定の分類に達した段階で、樹形図、すなわち決定木モデルの構築は完了する。アルゴリズムのパラメータで枝分かれの数を設定することができるので、どこまで樹形図を深くするかは、調整可能だ。

でき上がった樹形図を眺めて、どのような変数・条件の順番でグループが分けられているかを追っていくことで、どんな人が契約しやすいかなど、その事象の構造を理解することができる。

▶ 小さな決定木モデルを大量に組み合わせることで、精度と解釈性の両方が高いモデルを構築する

「決定木」モデルを複数構築して組み合わせるのが、「ランダムフォレスト」や「勾配ブースティング」だ。

《ランダムフォレスト》

図表4-15に、「ランダムフォレストの仕組み」を記載する。

まず、学習用データをランダムサンプリング（無作為抽出）して分割する。そして、それぞれの分割されたデータに対して、少数の説明変数を選んだ決定木アルゴリズムを適用し、小さな決定木モデルをたくさん構築する。

予測の際は、小さな決定木モデルがそれぞれの予測を実行し、全体の結果を平均することで、最終的な予測値を算出する。

決定木モデルは通常、数百個程度を構築し、ランダムに選んだデータから森（フォレスト）を作るイメージになるので、「ランダムフォレスト」という名称になっている。

決定木は分かりやすいという利点があるが、学習用データに過度にフィットする木を成長させてしまい、そのデータでたまたま起こったことを過大評価する傾向がある。このことを、過学習、またはオーバーフィッティングと呼ぶ。

▶ 図表4-15 **ランダムフォレストの仕組み**

複数の決定木の予測結果を統合することで、高い予測精度と解釈性を実現する

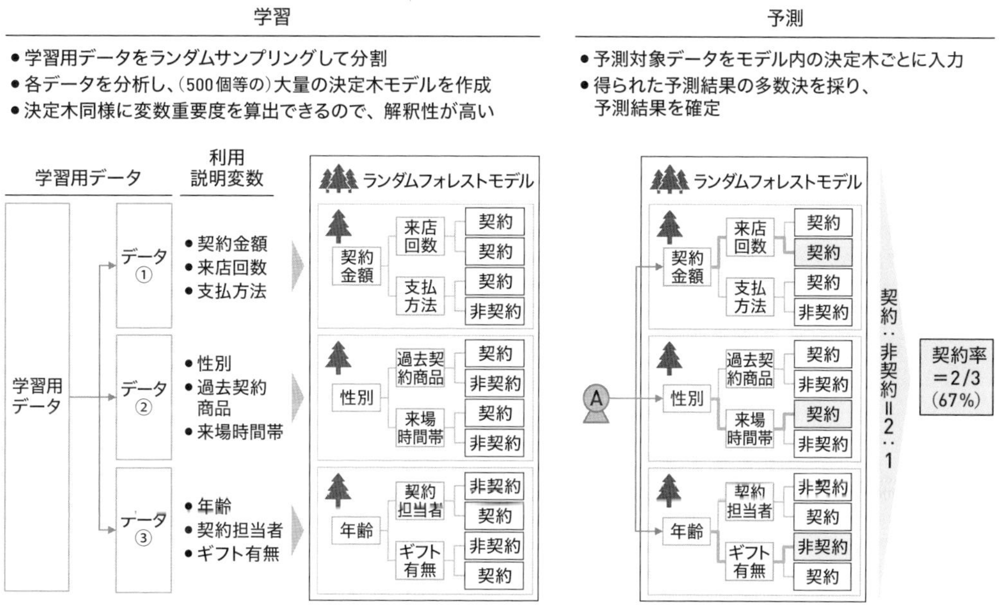

ランダムフォレストは、木をあえて小さくして、過度に成長させないことで、過学習を減らす。同時に、複数の木を作り、様々なパターンを学習させることで、対応できる幅も増やす。その結果、たまたま起きたことにバイアスがかからないようにしながら、多くのパターンを学習し、精度を向上させることができる。

また、決定木型のアルゴリズムは、どの変数がどのくらいグループを綺麗に分けたかという情報、すなわち「変数重要度」を算出することができる。変数重要度は、その変数が予測に影響を与える度合いを表している。

ランダムフォレストは小さい決定木の集合・平均であり、一つの決定木からできているものではないので、決定木のように樹形図を眺めることはできない。しかし、変数重要度が大きな変数を確認することで、どの変数が予測の根拠となっているのか、という解釈性を得ることができる。

このように、精度が高く、解釈性も比較的高いので、ランダムフォレストはビジネスでよく用いられる。

《勾配ブースティング》

「勾配ブースティング」は、決定木を複数組み合わせるところは「ランダムフォレスト」と同じだが、どのデータをもとに決定木を作るかが異なる。

ランダムフォレストは、最初にデータを分割して、それぞれで小さな決定木モデルを作り、平均値をとる。対して勾配ブースティングは、最初に普通の決定木モデルを作り、上手く予測できなかったデータに対して、別の決定木モデルを作る。この手順を、上手く予測できなかったデータが十分少なくなるまで繰り返すことで、高い精度を得ることができる。

勾配ブースティングも決定木型アルゴリズムなので、変数重要度を出すことが可能である。ランダムフォレストと解釈性は変わらないので、両方のアルゴリズムでモデルを作ってみて、精度の高い方を選べばよい。

10 《評価》——モデルの精度を評価する

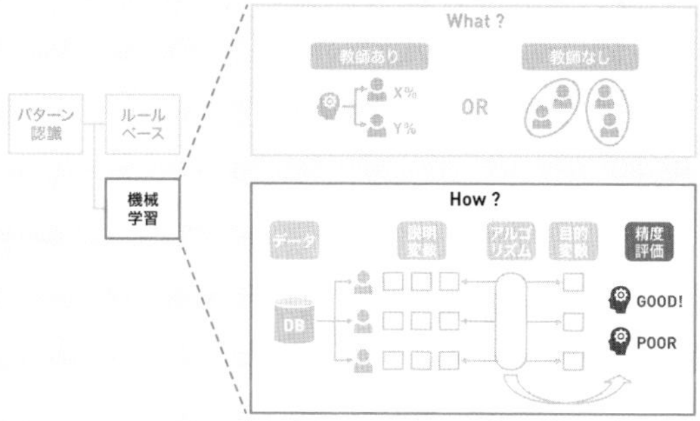

▶ 機械学習モデルの予測には「分類」と「回帰」の2種類がある

モデルを構築したら、その良し悪しを判断する必要がある。モデルを選ぶ基準は「予測精度」と「解釈性」だが、「解釈性」はアルゴリズムを選んだ時点で決まることは、前節で述べた。

モデルを選ぶもう一つの基準である「予測精度」は、アルゴリズムを選んでモデルを構築した後に決まり、本節ではこちらを解説する。

いきなり「予測精度」の話に入る前に、まずは機械学習の予測の種類について説明する。「教師あり機械学習」の予測には、「分類」と「回帰」の2種類がある。

「分類」とは、正解／不正解の予測のことだ。契約をする／しない、解約をする／しない、機械が故障する／しないなど、正解を定義して、正解が起こる確率を予測する。

「回帰」とは、数値の予測のことだ。契約した場合の売上、故障した場合の損失、気温など、事象が起こるとした場合、その数値はどれくらいになるかを予測する。

契約する／しない、故障する／しないなど、事象が起こらないことがある場合は、ノイズを除外するため、起こったデータだけを抜き出して回帰をした方がよい。

「分類」と「回帰」は、それぞれ異なる概念の数値を予測するため、異なる精度指標を用いる必要がある。

分類の精度評価①
——「AUC」で、一般的な基準で見た分類の精度を評価する

最初に、分類予測の評価で重要な「AUC（Area Under the Curve）」を解説する。**図表4-16**を見ていただきたい。

まず、モデルが予測した確率の高い順に、テストの出力結果を並べる。図表の例では顧客単位で並べている。モデルが高い予測率とした顧客は、正解が出る割合も高いはずだ。

この予測率の高い順にデータを抽出して、「不正解のカバー率（FP率）」を横軸、「正解のカバー率（TP率）」を縦軸として算出し、プロットしていく。

ここで、予測精度が高いモデルだと、最初の方は不正解がほとんど出ずに、正解ばかりが出るので、曲線は急激に立ち上がる。逆に予測精度がゼロ、つまりランダムに予測するのと同じモデルだと、不正解のカバー率と正解のカバー率は同じ割合で上がっていくので、傾き1の直線となる。

この曲線をROC曲線（Receiver Operatorating Characteristic Curve：受信者動作特性曲線）と呼ぶ。ちなみに、この名称はレーダー研究が由来とのことで、名称だけを見ても、まったく意味は掴めない。

ROC曲線の下側の面積が、AUCの定義だ。0.5～1.0の間の値を取り、大きいほど高い精度である。

もともとの正解率の水準が異なるモデルでも、不正解と正解の「カバー率」から算出されたAUCを用いることで、同じ指標で精度を比べることができる。こ

▸ 図表4-16 **ROC曲線・AUCの定義と見方**

予測テスト結果をROC曲線で表し、AUCを算出することで、個別のデータによらない、一般的な基準から見たモデル精度を評価できる

予測モデルのテスト結果

顧客	予測率	実績
顧客1	70%	○
顧客2	60%	×
顧客3	50%	○
顧客4	45%	×
顧客5	40%	×
顧客6	38%	×
顧客7	36%	○
顧客8	34%	○
顧客9	32%	×
顧客10	31%	○
顧客11	29%	×

全60件 ○＝全10件 ×＝全50件
→ 平均正解率は10/60＝17%

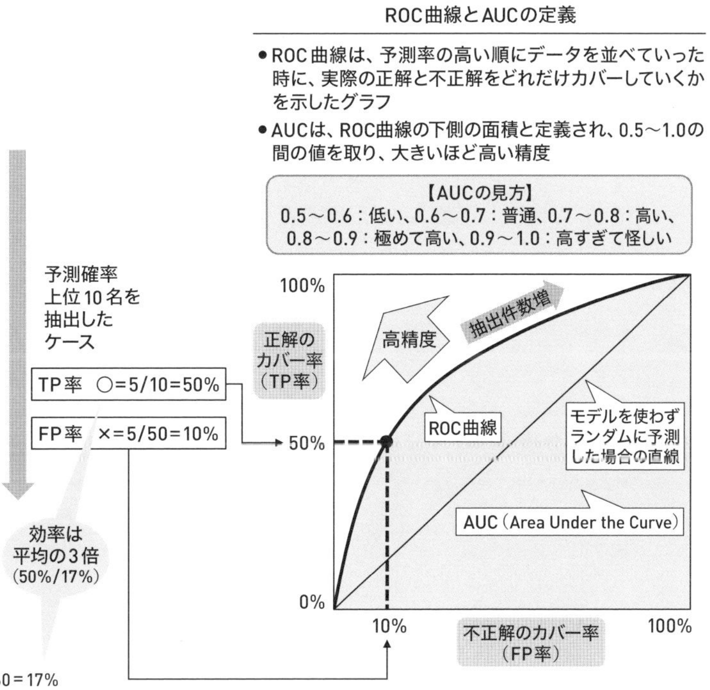

の「一般性」が、AUCの大きな特徴だ。一般的な基準での精度評価は、「0.5〜0.6が低い」「0.6〜0.7が普通」「0.7〜0.8が高い」「0.8〜0.9が極めて高い」「0.9〜1.0が高すぎて怪しい」となる。

あまりに高い精度が出ている場合は、説明変数に未来の情報を含んでしまっている場合がある。変数重要度の高い変数の詳細をチェックした方がよい。

また、図表の左に示したテスト結果からは、ROC曲線だけでなく、この「一般性」が、AUCの大きな特徴だ。モデルを用いることで業務効率がどれくらい上がるかを見積もることもできる。

図表の例では、予測率の高い顧客10名を選定したところ、正解人数は5名含まれており、正解のカバー率は50%となった。ここで、モデルを使わずにランダムに10名を選ぶとすると、正解率は平均して17%なので、正解人数も平均して1.7人となる。

これがたとえば契約率の予測だったとすると、どこを訪問するべきかをモデルを使って選定することで、同じ10人に対する訪問が、モデルを使わない場合の3倍（契約人数が5人÷1.7人=2.9倍）の業務効率となることが見積もれる。

▶ 分類の精度評価②——まず「AUC」で評価する

ここからは、「分類」の精度評価の全体像を説明していく。図表4-17に、「分類（正解／不正解予測）精度指標の種類と使い方」を記載する。

▶ 図表4-17　分類（正解／不正解予測）精度指標の種類と使い方

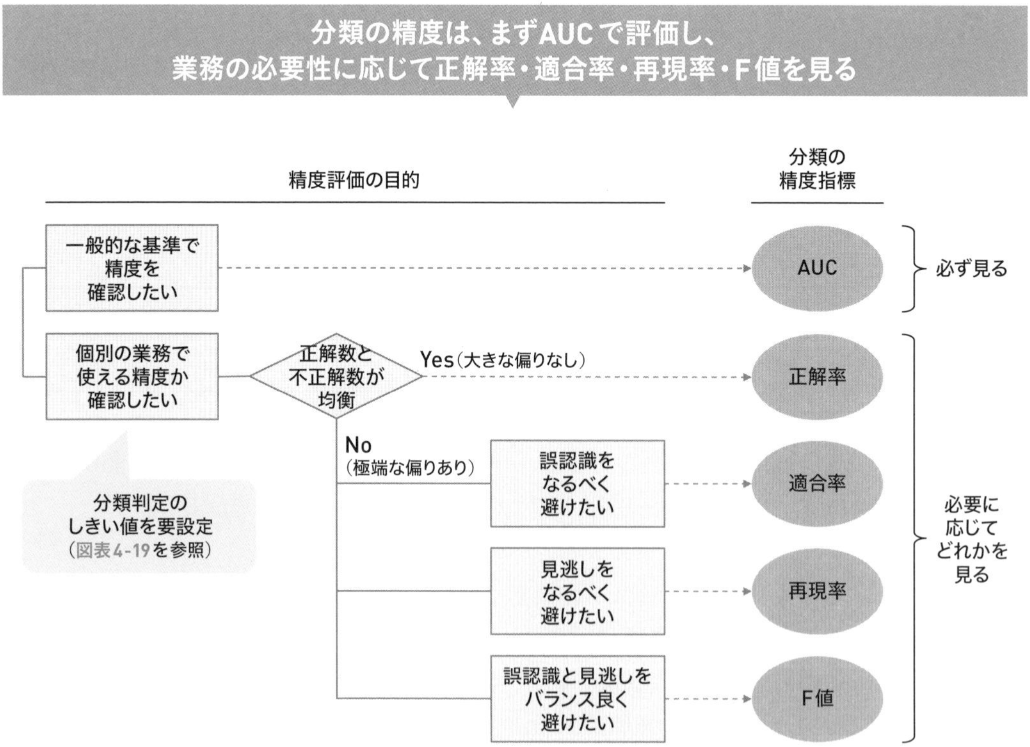

一般的な基準で精度を確認したい場合は、「AUC」を用いる。これは、分類予測モデルを構築した場合に必ず見る指標である。

分類を行う機械学習モデルは、分類の確率を出力する。たとえば顧客の解約有無を予測するモデルの場合、「A社の解約率は10%」という数値を返す。平均の解約率が2%だった場合、10%の顧客は非常にリスクが高い状態だ。

この分類の確率（ここでは解約率）を「予測率」と呼ぶことにする。

予測率から正解と不正解の分類を判定して、「正解の精度が何％以上必要」という業務上の要件がない場合は、この指標を見るだけでよい。

たとえば、顧客の解約率を予測し、解約率の高い一部の顧客を優先してフォローしたい場合、解約率の高い顧客の順番を知るだけでよく、正解・不正解の判定をあえてする必要はない。全体の平均解約率が2%で、ある顧客の予測解約率が10%だとして、10%の顧客を解約の正解とするか不正解とするかに意味はなく、優先してフォローすればよいだけである。

▶ 分類の精度評価③――業務の必要性に応じて「率の指標」を見る

個別の業務で使える精度か確認したい場合は、率を示す指標を用いる。予測率から正解と不正解の分類を判定して、「正解の精度が何％以上必要」という業務上の要件がある場合だ。正解と不正解の分類判定には、どの予測値以上を正解にするかという「しきい値」を決める必要があり、後ほど解説する。

率を示す指標には、「正解率」「適合率」「再現率」「F値」の４種類があるが、そのうちどれを用いるかは、業務の特性で選ぶ。

まず、正解数と不正解数が均衡しているかで、どの指標を使うかが異なる。

正解数と不正解数の数に大きな偏りがない場合は、「正解率」を用いる。

《正解率》

「正解率」とは、正しく正解とした数と、正しく不正解とした数の合計値を、予測したすべての数で割ったものだ。

たとえば、画像認識で駅を利用する人の性別を判定する際は、男性か女性かで、通常大きな偏りは起こらない。正解率が高いほどよいと言える。

しかし、工場で商品の異常を判定したいとして、異常の発生率が1%だった場合は、正解（異常）と不正解（正常）の数に大きな偏りがある。仮にモデルがすべて正常と判定したとしても正解率は99%となってしまい、意味がないモデルなのに非常に高い精度となってしまう。少ししか発生しない異常を、いかに捉えるかが重要になるので、他の指標を用いた方がよい。

正解と不正解の数に極端な偏りがある場合は、「適合率」「再現率」「F値」のどれかを用いる。

《適合率》

誤認識をなるべく避けたい場合は「適合率」を見る。適合率とは、正解と予測したなかに、どれくらい実際の正解が含まれているか、という割合である。誤って正解とした数が多くなると、適合率は低くなる。

たとえば、迷惑メールを判定したい場合に用いられる。通常のメールを誤って迷惑メールとして、確認しないフォルダに入れてしまうと、ユーザーが困るからだ。

《再現率》

見逃しをなるべく避けたい場合は「再現率」を見る。再現率とは、実際の正解のなかで、どれくらい正解を予測できたか、という割合である。予測で見逃した正解が多くなると、再現率は低くなる。

前述した工場の商品異常判定の例では、異常を見逃さない必要があるので、この指標を用いるとよい。

《F値》

誤認識と見逃しのどちらも重要で、バランス良く避けたい場合は、「F値」を見る。F値とは、「適合率」と「再現率」の調和平均である。調和平均とは、率を平均する場合に用いる概念だ。

たとえば、適切に育った野菜を自動収穫するロボットを開発しているとする。育ち切っていない野菜を誤って正解として収穫してしまうと、将来の売上が減ってしまう。逆に、収穫期の野菜を見逃してしまうと、収穫期を過ぎて売り物にならなくなる。この場合は、適合率と再現率のどちらも重要なので、F値を使うのが適切だ。

▶ 図表4-18　率を示す分類精度指標の定義イメージ

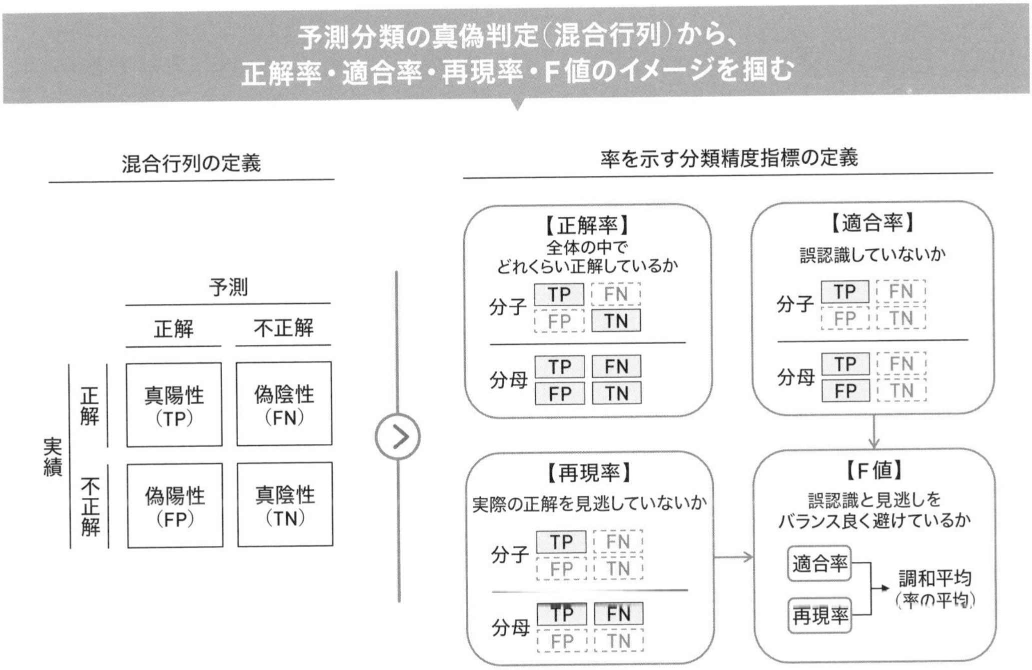

ここまで、「正解率」「適合率」「再現率」「F値」の話をしてきたが、これらは名称から特徴を掴みづらいこともあり、混乱しやすい。

図表4-18に、「率を示す分類精度指標の定義イメージ」を記載する。

予測による陽性・陰性判定が、実績で真と偽のどちらだったかを示す「混合行列」から考えると、「正解率」「適合率」「再現率」「F値」が頭に入ってきやすいので、イメージを掴んでいただきたい。

▶ 適合率と再現率のどちらを重視するかで、正解と不正解を分類する「しきい値」を調整する

業務用途に合った精度を評価する場合は、予測率から正解と不正解を分類する「しきい値」を決めて、何を正解とするかを判定する必要がある。

図表4-19に「予測率としきい値による分類」を記載する。

▶ 図表4-19　予測率としきい値による分類

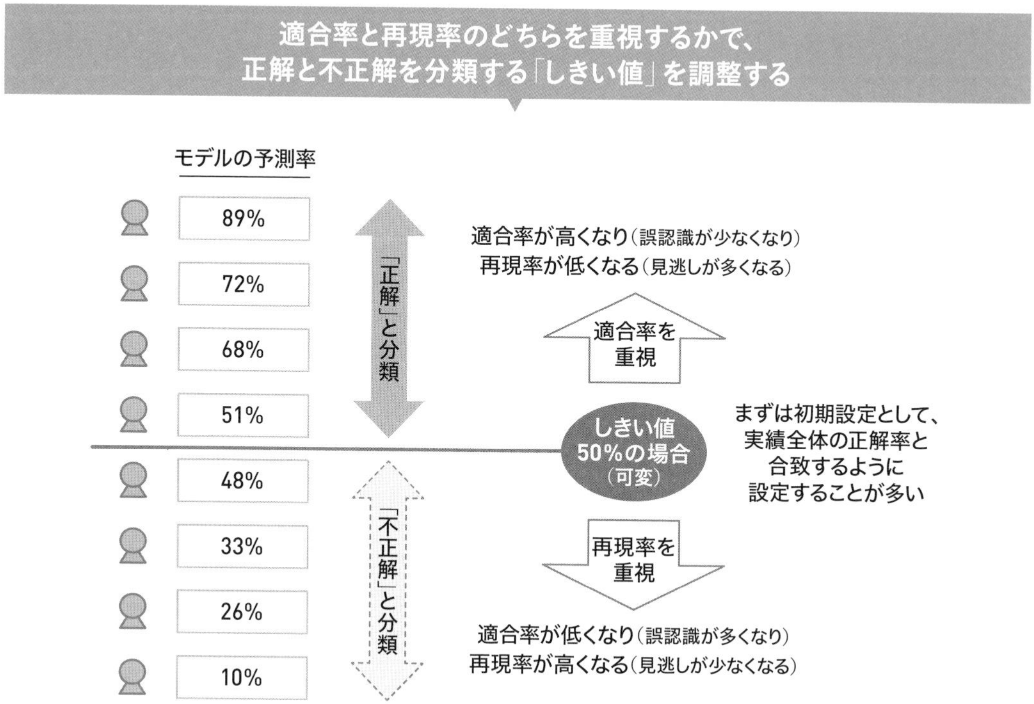

しきい値は変えることができるが、仮に50%とすると、予測率が50%以上を正解、50%未満を不正解と分類することになる。

しきい値は、まずは、もともとの学習データでの実績全体の正解率と合致するように設定することが多い。仮に購買率を予測していて、学習したデータ全体の購買率が10%であれば、しきい値も10%とする。

しきい値を上げると、より正解する確率が高い集団を正解と判定するので、適合率が高くなり、再現率が低くなる。言い換えると、誤認識が少なくなり、見逃しが多くなる。

逆にしきい値を下げると、より正解する確率が低い集団を正解と判定するので、適合率が低くなり、再現率が高くなる。言い換えると、誤認識が多くなり、見逃しが少なくなる。

しきい値には「絶対にこの値にするべき」というルールはなく、ビジネス判断で上下させてよい。モデルを適用する業務で、適合率（誤認識）と再現率（見逃し）のどちらを重視するべきなのかを検討し、精度指標が業務要件を満たすように、しきい値を調整する。

▶ 回帰の精度評価
——特定の指標を見るのではなく、複数の指標を総合的に評価する

「教師あり機械学習」の予測には、「分類」と「回帰」の2種類があり、今までは「分類」の話をしてきたので、ここでは「回帰」の精度評価を説明する。

図表4-20に、「回帰（数値予測）精度指標の種類と使い方」を記載する。

結論から言うと、回帰の精度は、分類のように「この業務ではこの指標を使うべき」という選定がしづらい。複数の指標を並行して見て、総合的に評価するのが現実的である。よって、それぞれの指標に対応する具体例は示さず、指標そのものが何を意味しているかを説明する。

《R^2（決定係数）》

まず、一般的な基準でモデルの精度を見るのに「R^2」を用いる。決定係数は、相関係数の二乗と同義だ。予想する数値の大小にかかわらず、異なるモデルの間でも、同じ基準で精度を比較することができる。

一般的な基準での精度評価は、0.3未満が低い、0.3～0.5が普通、0.5～0.7が高い、0.7～0.9がきわめて高い、0.9～1.0が高すぎて怪しい、となる。

《RMSE（二乗平均平方根誤差）／MAE（平均絶対誤差）》

決定係数だけでは、実績から予測がどのくらい外れるか、具体的な値が分からない。外れる平均的な絶対値を知るには、「RMSE（二乗平均平方根誤差）」と「MAE（平均絶対誤差）」を用いる。

RMSEは、各予測値で実績から外れた値の二乗を平均して、平方根を取ったものだ。この先の話は、言葉で書くより、数式の方が分かりやすいので、数式も示すことにする。

▶ 図表4-20　回帰（数値予測）精度指標の種類と使い方

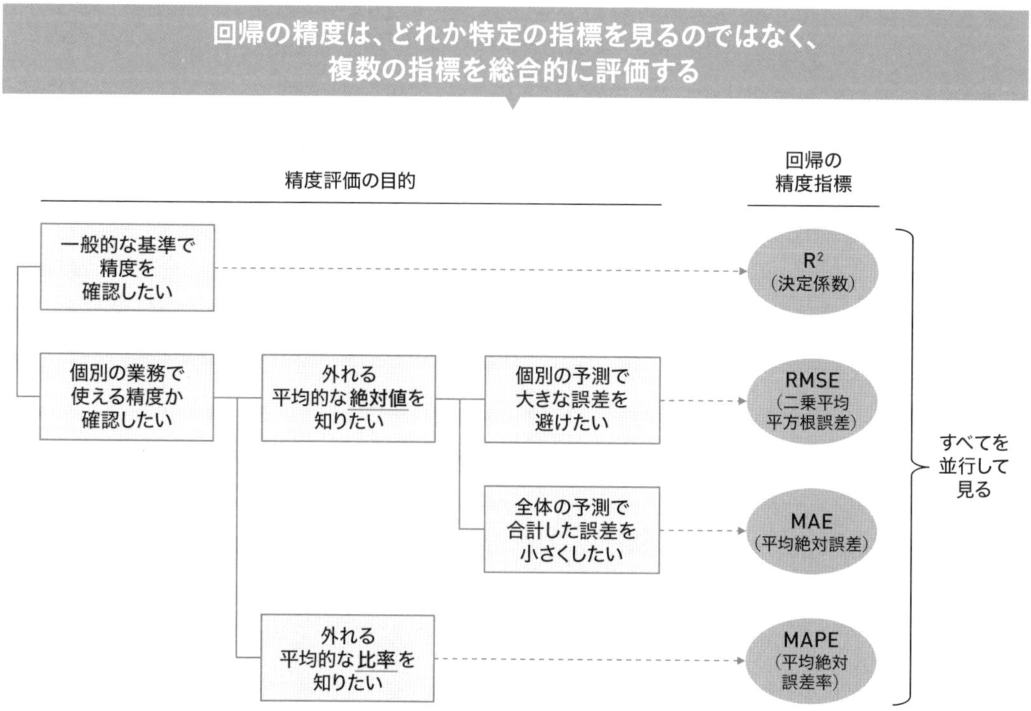

$$\mathrm{RMSE}=\sqrt{\frac{1}{N}\sum(y_i-\hat{y}_i)^2}$$

ここで、y_iは各実績値、$\hat{y}_i$は各予測値、Nは予測したデータ件数とする。誤差を二乗しているので、大きな誤差は増幅され、大きな重みを持つ。よって、個別の予測で大きな誤差を出したくない場合は、この指標を最小化するとよい。

《MAE》

MAEは、各予測値で実績から外れた値の絶対値を平均したものだ。

$$\mathrm{MAE}=\frac{1}{N}\sum|y_i-\hat{y}_i|$$

ここで、y_iは各実績値、$\hat{y}_i$は各予測値、Nは予測したデータ件数とする。

RMSEとは異なり、誤差を二乗せずに絶対値として足し合わせているので、大きな誤差が増幅して重み付けされることはない。よって、個別の誤差よりも、全体を合計した誤差を重視したい場合は、この指標を最小化するとよい。

人によって異なるとは思うが、筆者の個人的な意見を言うなら、ビジネス全体に与える誤差影響の量を示すMAEの最小化を重視することが多い。

《MAPE（平均絶対誤差率）》

いっぽうで、外れる平均的な比率を知るには、「MAPE（平均絶対誤差率）」を用いる。

MAPEは、各予測値で実績から外れた比率の絶対値を平均したものだ。

$$\mathrm{MAPE} = \frac{1}{N}\sum\frac{|y_i - \hat{y}_i|}{|y_i|} \times 100$$

ここで、y_iは各実績値、$\hat{y}_i$は各予測値、Nは予測したデータ件数とする。平均して何％外れる、という感覚的に分かりやすい表現になるので、ビジネス上使いやすい。ただし、小さな値の予測は比率で見たブレが大きくなりやすいので、注意が必要だ。

▶ 第4章のまとめ

- 機械学習は、業務の「自動化」と「高度化」を行ううえで、非常に強力な施策であり、機械学習をいかに使いこなせるかが、DXの成否を分ける
- 機械学習には、過去のパターンをもとに正解の確率や値を予測する「教師あり」と、パターンを見たい変数から傾向の近いグループを見つけ出す「教師なし」に大別される
- 機械学習モデルは、「データ」を収集し、「目的変数」と「説明変数」を設定して、「アルゴリズム」でモデルを構築し、構築したモデルの「精度評価」をする、というプロセスで構築する
- 「データ」を収集する際、より重要なのはサンプル数ではなく、有効な変数の種類数
- 「目的変数」は、モデルを活用した施策に沿ったものでないと意味がないので、細心の注意を払って設計する
- 「説明変数」は、予測に影響を与えそうなデータを、あらゆるデータソースから集め、予測したい単位に合わせて作る
- 「アルゴリズム」は、施策に必要な予測精度と解釈性を考慮して選ぶが、迷ったら両者のバランスが良い「決定木型」を選んでおけばよい
- 「精度評価」は、見るべき指標が複数あるので、施策に応じて使い分ける

本章で、DX実務担当者が知っておくべき基本を扱った第Ⅰ部は終わりだ。

第Ⅱ部では、これまでの基本をふまえて、実際にDXを行った実務事例を解説する。基本を知るだけでは、実際にDXを始めることは難しいため、解像度の高い実例で、具体イメージを掴んでいただきたい。

第Ⅱ部

DX実装の実務

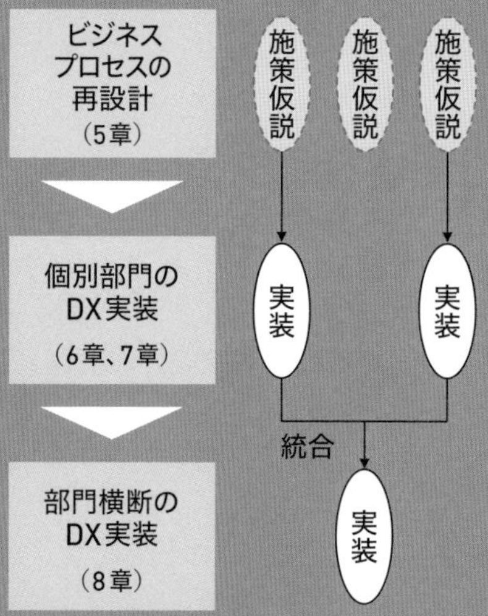
ビジネスプロセスの再設計（5章）
個別部門のDX実装（6章、7章）
部門横断のDX実装（8章）
施策仮説
施策仮説
施策仮説
実装
実装
統合
実装

第5章

ビジネスプロセスの再設計

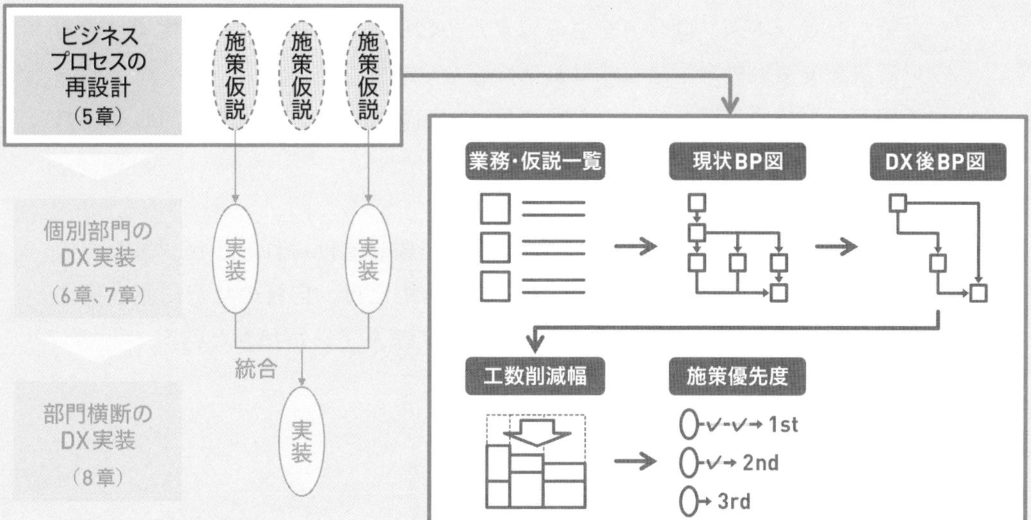

introduction

どのレベル感でビジネスプロセスを描く必要があるかを押さえ、自社をイメージしながら読む

第2章で、DX実装は「ビジネスプロセスの再設計」「個別部門のDX実装」「部門横断のDX実装」の順で行う、と述べた。

本章では、その最初のステップである「ビジネスプロセスの再設計」の具体例を解説する。

特に注目してほしいのは、ビジネスプロセスを再設計するために必要なアウトプットと、そのレベル感である。

- DXを検討できるレベルまで現状の業務を理解し、ビジネスプロセスを描くことができたとは、どの粒度で業務を整理・可視化できた時に言えるのか？
- 新たなビジネスプロセスを生み出すためには、どの程度の解像度で、課題仮説と施策仮説を記述しなければならないのか？
- 施策仮説の優先度を付けるためには、どの範囲まで評価軸を検討しなければならないのか？

「ビジネスプロセスの再設計」をどのレベルで成し遂げられるかが、あなたの会社のDXの成果を大きく左右する。本章を読む際には、自社の状況に置き換えて、アウトプットを作り変えるイメージを持って読んでいただきたい。

1 課題仮説と施策仮説を洗い出し、DX後のあるべきビジネスプロセスを再設計した事例

▶ 会社の何をDXすべきかを決めるため、現状業務の全体像を掴み、あるべき業務を再設計する

DXを実装する際、他社事例やベンダーからの助言を鵜呑みにして、いきなり個別のDX施策に飛びついても、成功する可能性は低い。あなたの会社のビジネスプロセスは、競争力を生む唯一無二のものであり、他社で上手くいった事例がそのまま使えるとは限らない。

また、顧客に価値を届けるまでのビジネスプロセスは長く、複雑に関係している。目に見えた課題の真の原因は、別部門が担当する前工程にあるかもしれない。

では、何から始めればよいのだろうか？

まずは、自社のビジネスプロセスを把握しないと、DX実装のスタート地点に立てない。自社のビジネスプロセス全体を理解して、どこに課題があるかを見極める。

その上で、DX後のあるべきビジネスプロセスを再設計し、施策の優先順位を付けて、DX実装に取り組まなくてはならない。

▶ DXによる数十％もの生産性向上が待ったなしの状況

本章では、建設会社を事例として、課題仮説と施策仮説を洗い出し、ビジネスプロセスを再設計する方法を解説する。

事例とする建設会社は、施工だけではなく設計も自社で行い、設計施工一括のプロジェクトを多く手掛けている。

近年は、少子高齢化による人手不足に加えて、法律改正により業界特有であっ

た長時間労働の是正を迫られており、労働力の減少が見込まれている。また、資材費や人材費も高騰しており、生産性を高めなければ生き残れない状況だ。それも、数％程度ではなく、数十％もの劇的な向上が必要とされる。

よって、今まで行ってきたアナログな改善ではなく、デジタルを用いた既存業務の変革を試みている。しかし、デジタルをどの業務にどのように適用すればよいか、その結果、どの程度の生産性向上が見込めるかが分からず、動き出すことができない。

答えるべき問いは、「生産性を上げるため、当社のどの業務に、どのようにデジタルを用いればよいのか？」「デジタルを用いることで、当社の生産性はどの程度まで向上可能なのか？」だ。

2 ビジネスプロセスの再設計に必要な5つのアウトプット

▶ 現状業務を把握した上でDX後の業務全体像を設計し、取り組むべき施策を決めるためのアウトプット

本章では、「生産性を上げるため、当社のどの業務に、どのようにデジタルを用いればよいのか？」「デジタルを用いることで、当社の生産性はどの程度まで向上可能なのか？」という問いに答えなければならない。

問いに答えるためには、以下の5つのアウトプットが必要だ。

- 業務・課題仮説・施策仮説一覧
- 現状のビジネスプロセス図
- DX後のビジネスプロセス図
- 施策仮説による工数削減幅
- 施策仮説の優先度一覧

図表5-1に、各アウトプットの概要を記載する。

《業務・課題仮説・施策仮説一覧》

「業務・課題仮説・施策仮説一覧」は、顧客へ価値提供するまでの、会社の業務の起点から終点までの内容と、各業務の課題仮説・施策仮説を記載したものだ。この一覧がDX実装の出発点であり、他のアウトプットを作成するための材料となる。

「DX施策仮説」ではなく「施策仮説」としたのは、施策がデジタルに限らないからである。課題の解決策には、そもそも業務廃止やプロセス変更などの多くの選択肢があり、デジタル化ありきではない。

▸ 図表5-1　ビジネスプロセス再設計のためのアウトプット

現状の業務を把握した上で、DX後の業務の全体像を設計し、取り組むべき施策を決める

アウトプット	概要
業務・課題仮説・施策仮説一覧	●顧客へ価値提供するまでの、各業務の内容・課題仮説・施策仮説を記載したもの ●DX実装の出発点であり、他のアウトプットを作成するための材料となる
現状のビジネスプロセス図	●各部門のビジネスプロセスを図示して、業務の流れと課題が一目で分かるようにしたもの ●この図をもとに関係部門と議論を重ね、「施策後のビジネスプロセス図」を作成する
DX後のビジネスプロセス図	●すべての施策を実行した場合のビジネスプロセスを図示したもの ●DXを実装した後の理想的なビジネスプロセスであり、現時点で会社が目指すゴールとなる
施策仮説による工数削減幅	●すべての施策を実行した場合に、各部門の工数がどのくらい減るかを算出したもの ●DX実装により会社の生産性がどのくらい上がるかを示し、DX推進を定量的にサポートする
施策仮説の優先度一覧	●各施策仮説を多角的に評価し、優先度を付けたもの ●限られたリソースを有効に使うため、優先度の高い施策仮説から実行していく

《現状のビジネスプロセス図》

「現状のビジネスプロセス図」は、業務・課題仮説・施策仮説一覧をもとに、各部門のビジネスプロセスを図示したものである。業務がどのように流れていて、どこに課題があるかが一目で分かるので、施策の議論がしやすくなる。

この図をもとに関係部門と議論を重ね、「DX後のビジネスプロセス図」を作成する。

《DX後のビジネスプロセス図》

「DX後のビジネスプロセス図」は、現状のビジネスプロセス図をもとに、課題を解決するための施策仮説を洗い出し、仮にすべての施策を実行した場合のビジネスプロセスを図示したものである。このアウトプットが、「生産性を上げるため、当社のどの業務に、どのようにデジタルを用いればよいのか？」という問いの答えだ。

DXを実装した後の理想的なビジネスプロセスであり、現時点で会社が目指すゴールとなる。「現時点」と書いたのは、今後マーケットや会社の状況が変化することにより課題仮説は変わり、技術が発展することで適切な施策も変わるからだ。

《施策仮説による工数削減幅》

「施策仮説による工数削減幅」は、仮にすべての施策を実行した場合に、各部門の工数がどのくらい減るかを算出したものである。このアウトプットが、「デジタルを用いることで、当社の生産性はどの程度まで向上可能なのか？」という問いの答えだ。

成し遂げる価値があることが示されなければ、DX推進は続かない。このアウトプットは、DXを実装した後、会社の生産性がどのくらい上がるかを定量的に示し、DX推進をサポートする。

《施策仮説の優先度一覧》

「施策仮説の優先度一覧」は、各施策仮説を多面的に評価し、優先度を付けたものである。

リソースが限られているので、すべての施策を同時に実行することは不可能だ。リソースを有効に使うため、優先度の高い施策から実行していく。

▶ 最初から完成させるのではなく、粗く全体をとらえた初期版を何度もブラッシュアップする

ビジネスプロセスは長くて複雑であり、アウトプットは一度には完成しない。全体像をとらえた粗い初期版を作った上で、何度も議論を重ねて詳細化・具体化することで、施策のインパクトや実現性を検討できるクオリティに上げていく。図表5-2に、「アウトプットの作成プロセス」を示した。

《業務の大枠把握》

まず、「業務の大枠把握」をプロジェクト開始後の3日〜1週間程度で行う。業務の起点から終点までの大まかなプロセスを把握した上で、より詳細を知るた

▶ 図表5-2 アウトプットの作成プロセス

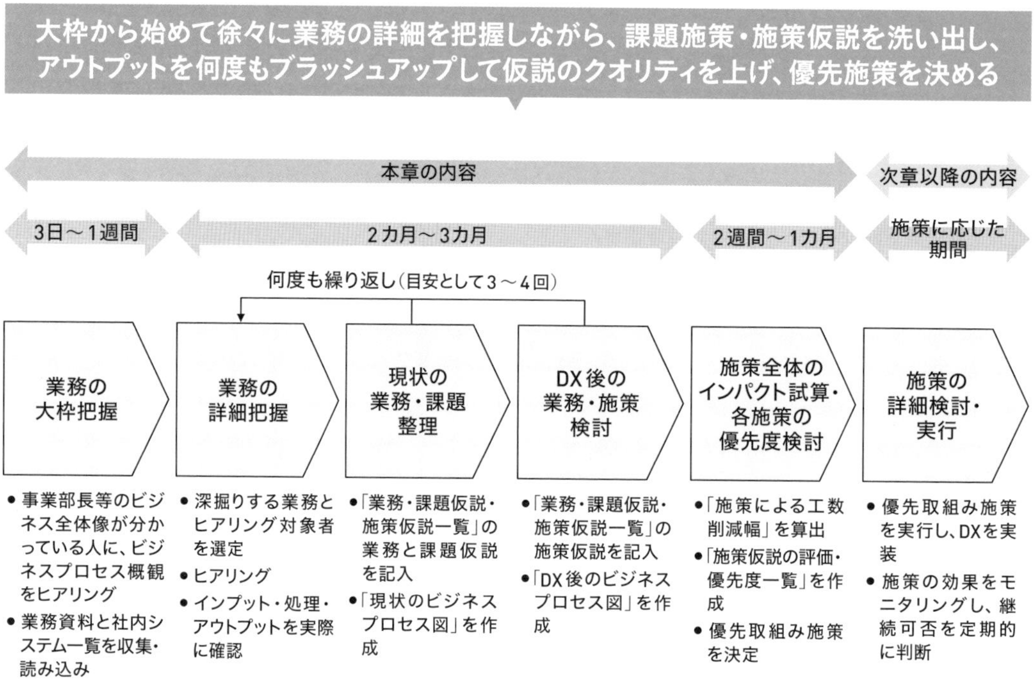

めに、誰に何を聞けば良いかが分かるようになるのが目的である。

やり方としては、事業部長など、ビジネスの全体を理解している人にヒアリングし、高いレイヤーからビジネスプロセスの概観や課題感を理解していく。

この後の検討をスピードアップするために、詳細や具体的な内容は、各ビジネス部門から業務の内容を簡単に説明した資料をもらって、事前に読み込んでおく。新入社員になったつもりで、最新版の業界本をもう一度読み直すことも有用だ。詳細検討時には、業務で使っているシステムの固有名詞が多く出てくる。話についていけるように、IT部門から社内システム一覧をもらい、主要なシステム名と内容は押さえておく。

《業務の詳細把握／現状の業務・課題整理／DX後の業務・施策検討》

この後の「業務の詳細把握」「現状の業務・課題整理」「DX後の業務・施策検討」はセットである。2〜3カ月程度をかけて、何度も繰り返し、アウトプットをブラッシュアップする。

やり方としては、ビジネスプロセスの頭から順番に、主要なビジネス部門の実務担当者を選定して、話を聞いていく。業務のインプットやアウトプットは現物を実際に確認し、業務で不明瞭な点があれば実際に横で作業しているところを見せてもらう。

全体の話を一通り聞いた後に、「業務・課題仮説・施策仮説一覧」の業務と課題仮説を記入し、「現状のビジネスプロセス図」の初期版を作成する。この時点で、ヒアリングしたビジネス部門に、作成したアウトプットの内容を確認する必要がある。業務や課題の理解が不正確だと、この後の施策検討のピントもずれてしまうからだ。

業務と課題仮説を把握したら、施策仮説を思いつく限り挙げて、「業務・課題仮説・施策仮説一覧」に記入していく。一覧の初期版が完成したら、施策をすべて実行できたと仮定した場合のビジネスプロセス図を構想し、「DX後のビジネスプロセス図」の初期版を作成する。

そして、初期版を叩き台として、ビジネス部門と内容を議論する。具体的な施策を適用することを考えてみると、実際は課題が解決されないことが分かり、業務内容や課題仮説を捉え違えていた、ということは頻繁に起こる。より正確に把握した実態に合わせて、「業務・課題仮説・施策仮説一覧」や「現状のビジネスプロセス図」を更新していく。

ちなみに、施策仮説を議論する際、ビジネス部門ができない理由ばかりを挙げて、消極的な議論に終始してしまうことがある。本当に施策仮説が無理筋のこともあるが、今の業務のやり方を変えたくないだけの可能性もあるので、その場合はできない理由を丁寧につぶしていく。

理詰めで話しても抵抗が強い場合、現場の協力が得られないと施策仮説の実現性が下がるので、インパクトがさほど大きくない施策は見送るのが無難だ。しかし、インパクトの大きな施策は、いわゆるダークサイド・スキル（正しいことをやるために上役を利用するなど、多少強引な方法でも躊躇せずに目的を達成するスキル）を使ってでもやり通さなくてはならない。その場合、議論は適当なところで打ち切り、エスカレーションして異なるアプローチを取った方がよい。

《施策全体のインパクト試算・各施策の優先度検討》

施策を洗い出して、目指すべきビジネスプロセス図が描けたら、「施策全体のインパクト試算・各施策の優先度検討」に入る。

施策全体のインパクトは、施策により各工数がどれくらい下がりそうかを、ざっくりと計算して合計し、「施策仮説による工数削減幅」として定量化する。

また、各施策を多面的な観点から評価し、「施策仮説の優先度一覧」を作成する。そのうえで、優先度の高い施策から詳細検討・実行するものを選び、責任者を割り当てる。この段階は、詳細な検討をしていたらキリがなく、施策はやってみないと分からない部分も多い。議論を長引かせず、不明瞭な部分は仮定を置いて、数週間で優先施策を決めきることが重要だ。

《施策の詳細検討・実行》

やるべき施策が分かったら、「施策の詳細検討・実行」に入るが、この段階は第６章、第７章、第８章で具体例を解説する。

▶ ビジネスプロセス再設計は、序盤と終盤の２段階でアウトプットの質が上がる

一般的な戦略策定や問題解決は、最初に筋の良い仮説を出せるかが勝負で、後はその検証とブラッシュアップに時間をかける。つまり、検討を粗く行って方向性を定めた初期の段階で、アウトプットの質が大方決まってしまう。

いっぽうで、ビジネスプロセスの再設計は、検討を粗く行って方向性を定める序盤だけでなく、業務の詳細を把握する終盤でも、アウトプットの質が急激に伸びる。

図表5-3に、「検討の細かさとアウトプットの質の関係」を記載する。

最初のうちは、会社全体の業務の概観が分かり、アウトプット作成がサクサク進む。課題仮説のアイディアも色々出てきて、楽しい段階だ。

そのうち、手間をかけてもアウトプットの質が上がらない、苦しい時期が来る。理解できない業務を何度もヒアリングし、課題仮説を作っては壊し続ける。ここが勝負の分かれ目だ。ここを乗り越えれば、課題仮説が具体的にイメージできるようになり、実現性のある施策仮説を検討できるようになる。粘り強く、あきらめずに業務と課題仮説を理解していく姿勢が重要だ。

▶ 図表5-3　**検討の細かさとアウトプットの質の関係**

既存事業を磨き込むDX検討は、序盤と終盤の2段階でアウトプットの質が上がる

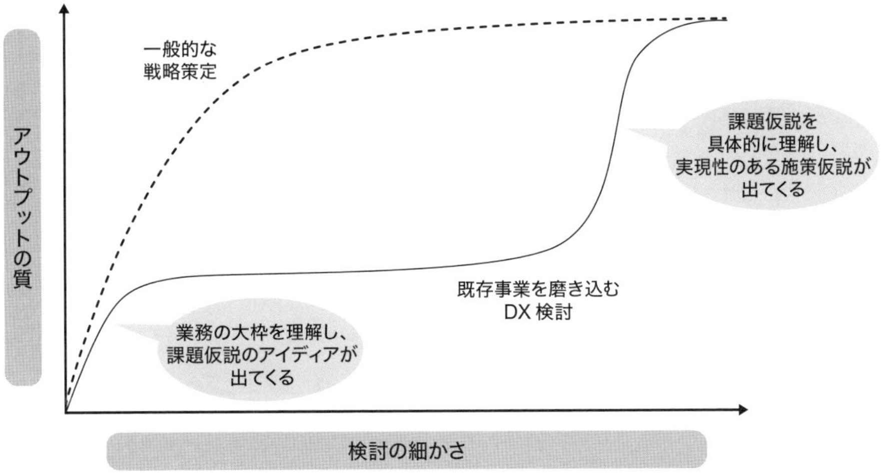

以降の節では、本節で定義した5つのアウトプットについて、詳細な内容と作り方を述べていく。

3 Step1《「業務・課題仮説・施策仮説一覧」の作成》現状の業務と課題仮説を把握する

▶ 各部門をまたがる業務のインプット・処理・アウトプットのつながりと、課題仮説・施策仮説を漏れなく記載

前節で、ビジネスプロセスの再設計には5つのアウトプットが必要なことを述べた。

本節では、その最初のアウトプットであり、DX実装のスタート地点となる「業務・課題仮説・施策仮説一覧」について解説する。

「業務・課題仮説・施策仮説一覧」とは、現状の各業務のインプット・処理・アウトプット・工数と、該当する業務の課題仮説・施策仮説を記載したものだ。図表5-4を参照いただきたい。

本章で紹介する事例の舞台である建築業界では、営業→設計→施工→アフターフォローと、ビジネスプロセスのフェーズが分けられている。図表5-4は、そのうち営業フェーズの一部を抜き出したものだ。5つの業務のみ抜粋しているが、全体では数百個程度の業務が一覧化されることになる。

《「業務」の書き方》

業務は「インプット」「処理」「アウトプット」の連続である。価値を創って顧客へ届ける起点から終点まで、各業務の「インプット」「処理」「アウトプット」が具体的にどのようなもので、どの部門からどの部門へとビジネスプロセスが流れているかを調査し、漏れなく記載しなければならない。

処理でシステムやツールを利用している場合は、データが得られることが多いので、具体的なシステム名・ツール名も記載する。

処理にかかる「工数」は、作業者の人数と一人当りの年間作業時間を掛けた、年間の総作業時間だ。作業を外注している場合は、できる限り外注の人数と作業時間も把握・推測して、工数に含めなければならない。自社では工数が全くかかっていないように見えても、業務を外注して多くのコストを掛けている場合があり、課題仮説や施策仮説の検討対象に含めるべきだからだ。

ここで算出された工数の多い業務が、真っ先にDXの検討対象になる。

《「課題仮説」の書き方》

各業務のうち、該当するものには、課題仮説と施策仮説も記載する。

課題仮説の例は、以下のようなものだ。

- 工数がかかる
- 業務の重複がある
- 手戻りが発生しやすい
- 必要なインプットが足りていない
- 必要なインプットを安定して取得できていない
- アウトプットの品質がバラつく
- アウトプットの精度が低い

また、目の前に見えている課題が、その業務ではなく、前の業務に起因している可能性もあるので、入念にチェックする必要がある。

《「施策仮説」の書き方》

課題仮説を記載したら、課題解決のための施策仮説を書き出していく。施策仮説はデジタル化だけとは限らない。デジタル化であるデータ化・自動化・高度化以外にも、そもそもの業務廃止・プロセス変更も含めて、下記のような問いを発しながら、あるべき姿を模索していく。

- この業務は必要か？
- この業務のやり方を変えられないか？

▶ 図表5-4 **業務・課題仮説・施策仮説一覧**（営業フェーズの一部）

各部門をまたがる業務のインプット・処理・アウトプットの

※工数は、プロジェクトに直接関わる

フェーズ	業務								
	業務No.	概要	ビジネス部門	インプット	処理		アウトプット		工数※
				ファイル（前工程部門）	処理内容	使用システム	ファイル	後工程部門・業務	
営業	1	営業活動・営業報告書の入力	営業部	ー	●顧客とコンタクトを取り、事業計画や建築への要求事項・納期・予算をヒアリング ●営業報告書にヒアリング内容を入力	●営業報告システム「XXX」	●営業報告書	●営業部：見込プロジェクトの登録	X
	2	見込プロジェクトの登録		●営業報告書（営業部）	●営業報告書を確認し、取組みを検討すべきプロジェクトを選定 ●見込プロジェクト登録用に詳細なヒアリングを実施 ●ヒアリング内容を営業報告書に入力 ●顧客の要求事項をまとめ、見込プロジェクトとして登録	●見込・受注プロジェクト管理システム「XXX」	●見込プロジェクト報告書	●営業部・A/B/C設計部・F計画部：キックオフ会議	X
	3	キックオフ会議	営業部・A/B/C設計部・F計画部	●見込プロジェクト報告書（営業部）	●営業部が、取得した情報をA/B/C設計部とF計画部に伝達し、各部の認識を擦合せ ●見込プロジェクト報告書に書かれていない情報は、営業部が口頭で補足	ー	ー	●A設計部：スケッチ図の作成	X
	4	スケッチ図の作成	A設計部	●見込プロジェクト報告書（営業部） ●建築基準法・条例（役所）	●役所から敷地条件を入手し、建築可能な大きさを確認 ●顧客要望に合致した外装・内装の類似物件を調査 ●類似物件を参考として、スケッチ図を作成 ●顧客と打合せし、建築可能な大きさ・外装・内装の設計イメージを擦合せ ●D管理部と打合せし、外装・内装のグレードを擦合せ	●過去プロジェクト検索システム「XXX」 ●設計ツール（各人が自由に選択）	●スケッチ図 ●外装・内装の類似物件	●B設計部：構造コスト試算の支援 ●D管理部：内装・外装コストの試算 ●F計画部：施工コスト試算の支援	X
	5	構造コスト試算の支援	B設計部	●見込プロジェクト報告書（営業部） ●スケッチ図（A設計部） ●建築基準法・条例（役所） ●地盤調査結果（社内DB）	●営業部・A設計部と設計イメージを擦合せ ●構造条件の類似した物件を検索 ●類似物件の躯体部材・歩掛りを参照 ●類似物件の歩掛りを、当物件の敷地固有性で補正し、当物件の面積を掛けて、躯体部材の数量概算を算出	●過去プロジェクト検索システム「XXX」 ●構造計算システム「XXX」	●躯体部材・数量の概算	●D管理部：躯体コストの試算	X

つながりと、課題仮説・施策仮説を漏れなく記載する

社員・外注の合計作業人数×1人当り年間作業時間を、組織表とヒアリングから推定

課題仮説	施策仮説			
	施策No.	施策種類	施策サマリ	施策内容
●担当者ごとに、顧客ヒアリング項目と、各ヒアリング項目の内容がばらつき、顧客ニーズや設計与件の取得内容に過不足がある	1	データ化＆高度化（見える化）	ヒアリング項目のフォーマット化	●受注可否の判断に必要な顧客ニーズを明確化するための論点や設計与件等、顧客にヒアリングすべき項目と内容の具体度を社内有識者にヒアリングし、建物の種類・規模等のパターン別に整理して、考え方をまとめたガイドラインや具体的なヒアリング項目フォーマットを作成 ●営業担当者は上記のガイドラインに基づいて情報収集し、定義されたフォーマットにしたがって、プルダウンで内容を選択。特記事項のみフリーテキストで記入
●担当者ごとに、顧客ヒアリング項目と、各ヒアリング項目の内容がばらつき、顧客ニーズや設計与件の取得内容に過不足がある	2	データ化＆高度化（見える化）	ヒアリング項目のフォーマット化	●施策No.1「ヒアリング項目のフォーマット化」と同様
●営業報告書と見込プロジェクト登録で重複入力がある	3	自動化（システム化）	営業報告書と見込プロジェクトのデータ連携	●施策No.1「ヒアリング項目のフォーマット化」の実施を前提に、営業報告書に入力されているデータを見込プロジェクト登録へ連携
●見込プロジェクト報告書に書かれていない情報の質疑応答に工数がかかる	4	データ化＆高度化（見える化）	ヒアリング項目のフォーマット化	●施策No.1「ヒアリング項目のフォーマット化」により抜けもれなく収集された情報を伝達
●建築可能な大きさの法的確認を間違えると、大きな手戻りになるため、綿密な調査に工数がかかる	5	自動化（システム化）	建築可能な大きさ算出ツールの導入	●法的与条件に関係する近隣情報を、XXXベンダーが開発したシステム「XXX」に入力することで、建蔽率、容積率、天空率を考慮した建築可能な大きさを自動で算出 参考URL: xxx.co.jp
●顧客要望に類似した自社物件を検索する際、現状システムでは規模や建種等の属性データからしか検索することができないため、デザインまで類似した自社物件を見つけるまでに工数がかかる ●デザインが類似した自社物件を適切に選択できていない	6	自動化（AI識別）	外装・内装レコメンド	●顧客要望イメージをもとに、GoogleやXXX等の社外ツールで検索した画像、もしくは建築担当が作成したイメージ図と、社内に蓄積されている自社物件画像とのデザイン類似度を計算し、類似度が高い自社物件の外装・内装を検索可能なシステムを構築 －社内物件にデザインの特徴をタグ付け（伝統的／前衛的等） －外装・内装それぞれで別々の物件を提示 －アイディアを広げるため、複数のバリエーションを提示
●スケッチ図作成前の顧客要望ヒアリングに抜けもれがあるため、新たに認識した顧客要望をスケッチ図に反映させるのに工数がかかる	7	データ化＆高度化（見える化）	ヒアリング項目のフォーマット化	●施策No.1「ヒアリング項目のフォーマット化」の実施により、顧客との設計イメージ摺合せを簡素化
●躯体部材・数量は、建物の種類・規模・構造の種類・地盤情報等をもとに概算しているが、経験がない担当者には試算が難しく、現実的な数値との乖離に気付かないため、精度が低く、手戻りが発生しやすい	8	高度化（予測）	躯体部材・数量の予測	●過去に概算した建種・規模・構造種別・地盤情報等の物件属性と躯体部材・数量の関係を機械学習したAIを構築し、躯体部材・数量の予測値を算出する

● どのような情報の流れとするか？
● 集まる情報から業務をどのように改善するか？

第1章で述べたように、デジタル化施策である自動化は、「システム化」「AI識別」「AI実行」を分けて考えた方がよい。同様に高度化も、「見える化」「予測」「最適化」に分け、施策種類の欄に記載する。具体性が増し、実現性の検討もしやすくなるからだ。データ化は、それ自体では価値を生まないため、作成したデータを使って業務を自動化したいのか、高度化したいのかを合わせて書く必要がある。

参考のため、図表1-2「DXのデジタル化パターン」を再掲する。

▶ 図表1-2　DXのデジタル化パターン（再掲）

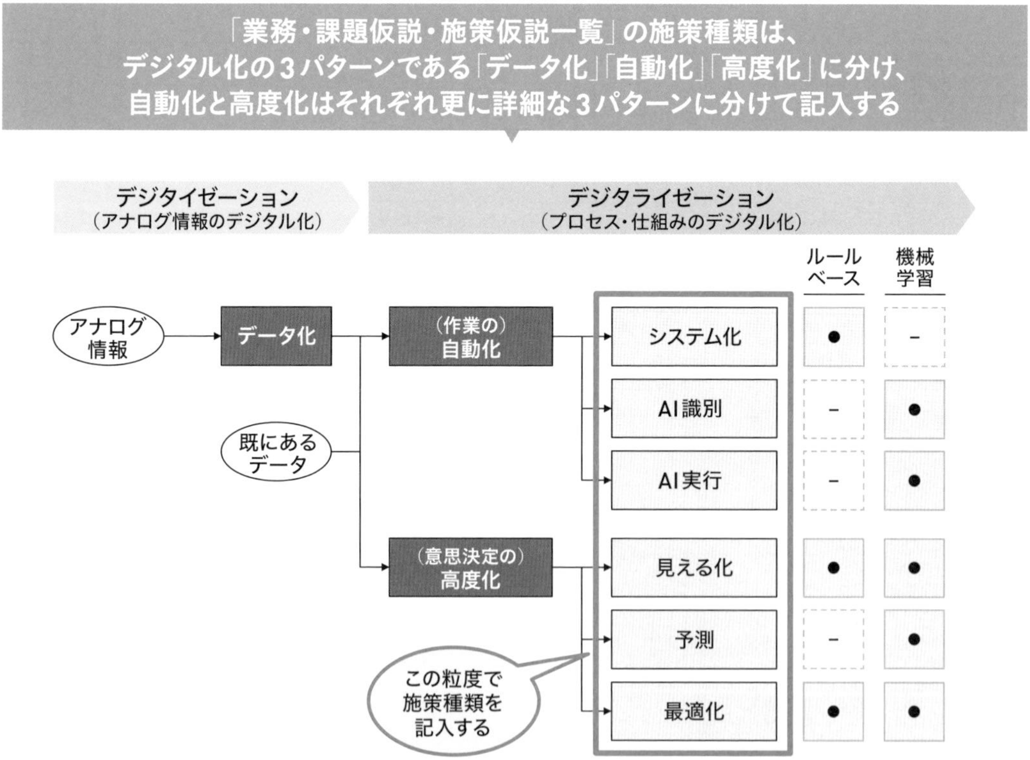

▶ 仮説のブラッシュアップと書き進める順序

課題仮説と施策仮説の両方とも「仮説」という文言を付けているが、これは、検証前の案の段階だからだ。より詳細に検討する中で、実は課題に見えていたものが課題ではなかった、別の施策による解決方法を見つけた、ということはよく起こる。

スピード感を持って検討するために、あいまいな情報しかなくても仮説を立てて進めているので、検証した後に仮説を変える（ブラッシュアップする）のを恐れないようにしたい。

この一覧のうち、最初は「業務」と「課題仮説」を記入していく。「施策仮説」を洗い出して記入するのは、「業務」と「課題仮説」の一覧、およびそれらのフローを可視化したビジネスプロセス図を作成し、ビジネス部門に内容を確認した後である。

前節の**図表5-2**「アウトプットの作成プロセス」で述べた通り、「業務・課題仮説・施策仮説一覧」と「現状のビジネスプロセス図」の作成は、何度も往復することになる。全体感を持たないまま進んでしまうと、深掘りすべき箇所を見誤り、無駄な時間を使うことになるからだ。

往復していても、停滞しているわけではないので、粗いアウトプットを磨いていく意味のあるプロセスであることを意識してほしい。

▶ 業務の理解は大枠から始め、課題仮説を具体的にイメージできるレベルまで細かくする

「業務・課題仮説・施策仮説一覧」は、いきなり完成版を作ることは難しい。

ポイントは、いきなり細かく作りすぎないことだ。業務はまず大枠を把握した後に、詳細を把握し、アウトプットとして言語化して、徐々にブラッシュアップしていく。

では、最終的に、どこまで細かく作ればいいのか？

課題仮説が具体的にイメージできるまでだ。

たとえば、図表5-4「業務・課題仮説・施策仮説一覧」の業務No.4「スケッチ図の作成」では、ビジネス部門へのヒアリングで、建築可能な大きさの見積りと、類似物件検索に課題仮説が出てきた。

ここで、「スケッチ図の作成」と一括りにしたままでは、それぞれの課題仮説を具体的にイメージすることはできない。スケッチ図の作成は、どのような順序で作業が進み、建築可能な大きさの見積りや類似物件検索は、スケッチ図の作成のなかで、どのような位置付けになっているのか？　具体的にどのような作業をやっていて、どの部分が大変なのか？　実際のインプットファイルや作業の内容も示してもらいながら、もう一段粒度を細かくして業務を把握することで、課題仮説を理解することができる。

まずは、課題仮説が具体的にイメージできるようになるまで、業務を理解できていれば問題ない。次のステップで課題仮説に対する施策仮説を洗い出す際に、施策仮説の実現性を検討するため、改めて確認すべきことが出てくるはずだ。必要に応じて、そこでもう一段階詳細を把握すればよい。

▶ ヒアリング前に、組織・業務・システムの全体感が分かる資料を集める

業務の詳細はヒアリングで把握するが、ヒアリングに応じてくれるビジネス部門の人に、すべてを聞くのは非効率だ。事前にできる限り資料を収集して、読み込む必要がある。

図表5-5に、「ヒアリングの事前準備のための収集資料」を記載する。

集めるべき資料は、「組織」「業務」「システム」の全体感が分かるものだ。

《組織》

組織関連は、各部門の組織図と人員数に関する資料を、人事部門に問い合わせて収集する。工数計算の際に必要となるので、各部門の詳細なグループ単位や、可能であれば職種ごとの人員数まで把握できるものが望ましい。

▶ 図表5-5　ヒアリングの事前準備のための収集資料

**各部門に問い合わせて、
組織・業務・システムの全体感を把握するための資料を集める**

分類	依頼先	資料	内容
組織	人事部門	組織図	● 各部門の詳細なグループ単位まで把握可能な組織図
		各部門の人員数	● 各部門／グループ単位での人員数が把握可能な資料 ● 職種ごとの人員数まで把握できるものが望ましい
業務	各ビジネス部門	エントリー研修資料	● 各部門に入った新入・異動・中途社員に対して、業務の概要を説明するための研修資料
		ビジネスプロセス資料	● 各部門で利用されているビジネスプロセス図、業務マニュアル等、業務の流れや詳細が分かる資料
システム	IT部門	システム全体図	● 会社で利用されているシステムの一覧や、全体像が分かる資料
		ER図	● 各システム内のテーブル構造を俯瞰する資料
		テーブル定義書	● 各テーブルの項目を定義した資料 ● テーブルのデータ期間や件数まで把握できるものが望ましい

《業務》

業務関連は、エントリー研修資料とビジネスプロセス資料を、各ビジネス部門に問い合わせて収集する。どこの部門でも、最初にその部門に入ってくる社員に対して業務を説明する機会があるので、その際に使用しているエントリー資料をもらって、業務の概要を把握する。もし整備されていれば、より詳細なビジネスプロセス図や業務マニュアル等も収集して、事前に読み込んでおく。

《システム》

システム関連は、システム全体図と、より詳細なER図やテーブル定義書を、IT部門に問い合わせて収集する。これらの資料は、大きな分量になることが多い。システム全体図には目を通して、主要な業務システムを押さえておくべきだが、ER図とテーブル定義書は現時点で読む必要はなく、各部門へのヒアリングの際、必要に応じて参照する。テーブル定義書は、テーブルのデータ期間や件数まで把握できるものが望ましい。

▶ ヒアリングでは業務の「インプット」「処理」「アウトプット」の流れを丹念に聞き、課題仮説をぶつける

収集した資料に欲しい情報がすべて記載されていることはあり得ないので、情報収集の軸となるのはヒアリングである。各ビジネス部門に協力してもらい、いかに情報を引き出せるかが、アウトプットの質を左右する。

まずは、ヒアリングを始める前に、DX検討のためのヒアリングに協力してもらうよう、各ビジネス部門長が集まる場で了承を取り付けて、ヒアリング対象者を選定してもらう。

ヒアリング対象者は、各ビジネス部門のビジネスプロセス全体を理解している人である。実際のインプット・アウトプットのサンプルファイルも用意してもらう。1回目のヒアリングで全体の流れを理解したら、確認したい作業の担当者に、更にヒアリングをする。人によっては何度もヒアリングを依頼して大きな負担をかけることになるので、ビジネス部門長に、事前に協力の了承を得ておくことが重要だ。

ヒアリングは、ビジネスプロセスの頭から、順番に実施していく。一度最後までヒアリングを進めて情報を整理した後、深掘りすべき業務を選んで再度ヒアリングする。

ヒアリング時間は、1回につき1時間～1時間半を確保する。聞くべき基本的な項目は下記の通りだが、事前に資料を読んで出てきた疑問点や、ヒアリングを進めるなかで出てきた疑問点も加えていく。

1. 組織構成
   (ア)部門内はどのようなグループに分かれており、それぞれの役割は何か？
   (イ)各グループの人数はどれくらいか？
   (ウ)仕事を外部人材に発注しているものはあるか？
   (エ)仕事を発注している外部人材の人数はどれくらいか？

2. 業務

(ア)業務の流れ

① 部門内の業務を大きく分けると、どのように流れているのか？

(イ)各業務の内容(それぞれの業務で同じことを聞く)

① 業務の前工程

- 前工程として、どの業務プロセスから渡される、どのようなインプットを使うのか？
  - 複数ある場合は、それぞれを把握する
  - 前工程にないインプット情報もある場合は、それも把握する

② 具体的な業務内容(可能であれば、実際に業務をしているところを、ビデオで撮影する)

- 各工程は具体的にどのようなものか？
- どのインプットから、
- どのような判断をして、
- 何をアウトプットしているのか？

③ 業務の後工程

- その業務で作成したアウトプットは、後のどの工程で使うのか？
  - 複数ある場合は、それぞれを把握する

④ 業務システム・ツール

- どのような業務システムやツールを使っているのか？
  - 該当するシステムとツールは、他のどの業務プロセスまでカバーしているものなのか？(他部門含めて)
- 具体的に、該当するシステムとツールで、どのような作業を行っているのか？
  - どのインプットから、
  - どのような判断をして、
  - 何をアウトプットしているのか？

3. 課題仮説

(ア)各業務プロセスの中で、投入工数の多いプロセスは何か？

(イ)各業務プロセスの中で、リードタイムが長いプロセスは何か？

(ウ)各業務プロセスの中で、作業が重複しているプロセスはあるか？

（エ）各業務プロセスの中で、人によってアウトプット精度のバラつきが大きいプロセスは何か？
　①　バラつきが大きい要因は何だと思うか？
（オ）各業務プロセスの中で、手戻りが多いプロセスは何か？
　①　手戻りが多い要因は何だと思うか？
（カ）前工程のビジネス部門からもらうインプットに、品質のバラつき、受領するタイミング、手戻り等の課題を感じたものはあるか？
（キ）その他にも非効率に感じている点など、業務の課題仮説はあるか？

何度も同じことを聞かないように、ヒアリングで出てきたインプットとアウトプットのファイルは、その場で見せてもらった上で、サンプルを可能な限り受領しておく。また、システム等を作業してもらう様子も、了承を得た上で動画に撮っておく。

業務を担当している側は、単に工数やリードタイムが多くかかっている以外は、課題があっても当たり前だと思って認識していないことも多い。ヒアリングをする側は、課題のない業務はないはず、という気持ちで、資料を読んだ段階で浮かんだものや、話を聞いていて疑問に思ったものを、ヒアリング対象者にどんどんぶつけて確かめていきたい。

業務の内容を聞いて、実際のファイルや業務を見ても、今一つ理解できないこともある。その場合は、違う人に同じことを聞いてみるのが良い。人によって、ここは話さなくても分かるだろう、という前提条件が異なるので、どこから説明してもらえるかも異なるからだ。前提条件は、分からない方からすると、知らないことを意識すらできないので、同じ人に何度聞いても分からない。

ヒアリングする内容を明確に限定したうえで、前に聞いた人とは違う同部門の人に、同じことを聞いてみて、疑問点はすぐに解消するようにしたい。

4 Step2《「現状のビジネスプロセス図」の作成》現状のビジネスプロセスを整理する

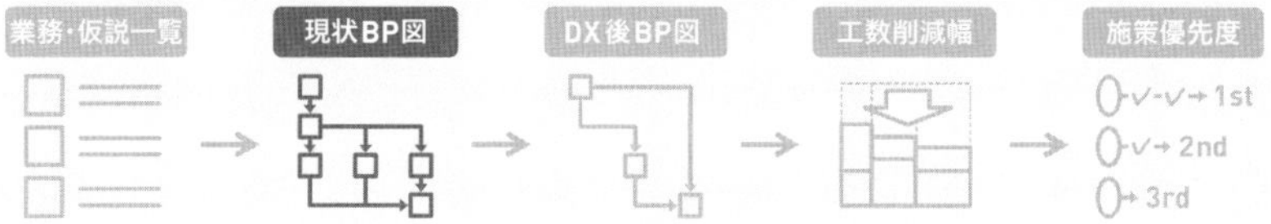

▶ 各部門の業務の流れ・工数・課題仮説を可視化する

前節で作成した「業務・課題仮説・施策仮説一覧」をもとに、各ビジネス部門の業務の流れを可視化し、該当する業務に課題仮説を付記したものが、「現状のビジネスプロセス図」だ。

各業務の詳細は「業務・課題仮説・施策仮説一覧」に書かれているので、読めば分かるのだが、「現状のビジネスプロセス図」として整理することで、全体像が見えやすくなり、どこに課題があるかも一目で分かるようになる。

ビジネス部門と話す際にも、「現状のビジネスプロセス図」をベースにして、詳細は「業務・課題仮説・施策仮説一覧」を参照した方が、議論が進みやすい。

「業務・課題仮説・施策仮説一覧」をある程度作ったら、「現状のビジネスプロセス図」を同時に作り始める。この2つのアウトプットは並行して作り、お互いに違和感がないかをチェックしながらブラッシュアップしていくと、効率が良い。

▶「現状のビジネスプロセス図」の概要と書き方

図表5-4の「業務・課題仮説・施策仮説一覧」から作成したビジネスプロセス図の具体例を、**図表5-6**に記載する。

図表5-6は営業フェーズの一部のみを記載しており、全体ではA3印刷で何ページもの分量となる。最初の列がフェーズであり、営業→設計→施工→アフターフォローという大きな流れのうち、どこのプロセスを記載しているかを示している。

その後の列はビジネス部門である。顧客のための価値を創り、届ける際に関連する部門を並べる。会社の運営を担う人事・経理・総務・法務・IT等のコーポレート部門は含まない。社外との連携がある場合は、外部として記載する。

書き方としては、各列のなかに、番号、四角、矢印、ひし形、吹き出しを並べていく。番号が「業務・課題仮説・施策仮説一覧」の「業務No」に、四角が業務の「概要」や「処理内容」に対応している。

業務のつながりを示したのが矢印だ。データ連携されていないものを点線、データ連携されているものを実線で示している。

業務の分岐がある部分はひし形で示している。たとえば「②見込プロジェクトの登録」のなかの「取組み決定」が該当するが、「可」なら通常のプロセスに進み、「否」なら「辞退」へと進む。

吹き出しは「業務・課題仮説・施策仮説一覧」の「課題仮説」に対応している。

▶ 図表5-6　現状のビジネスプロセス図(営業フェーズの一部)【全体】

各部門の業務の流れ・工数・課題仮説を可視化する

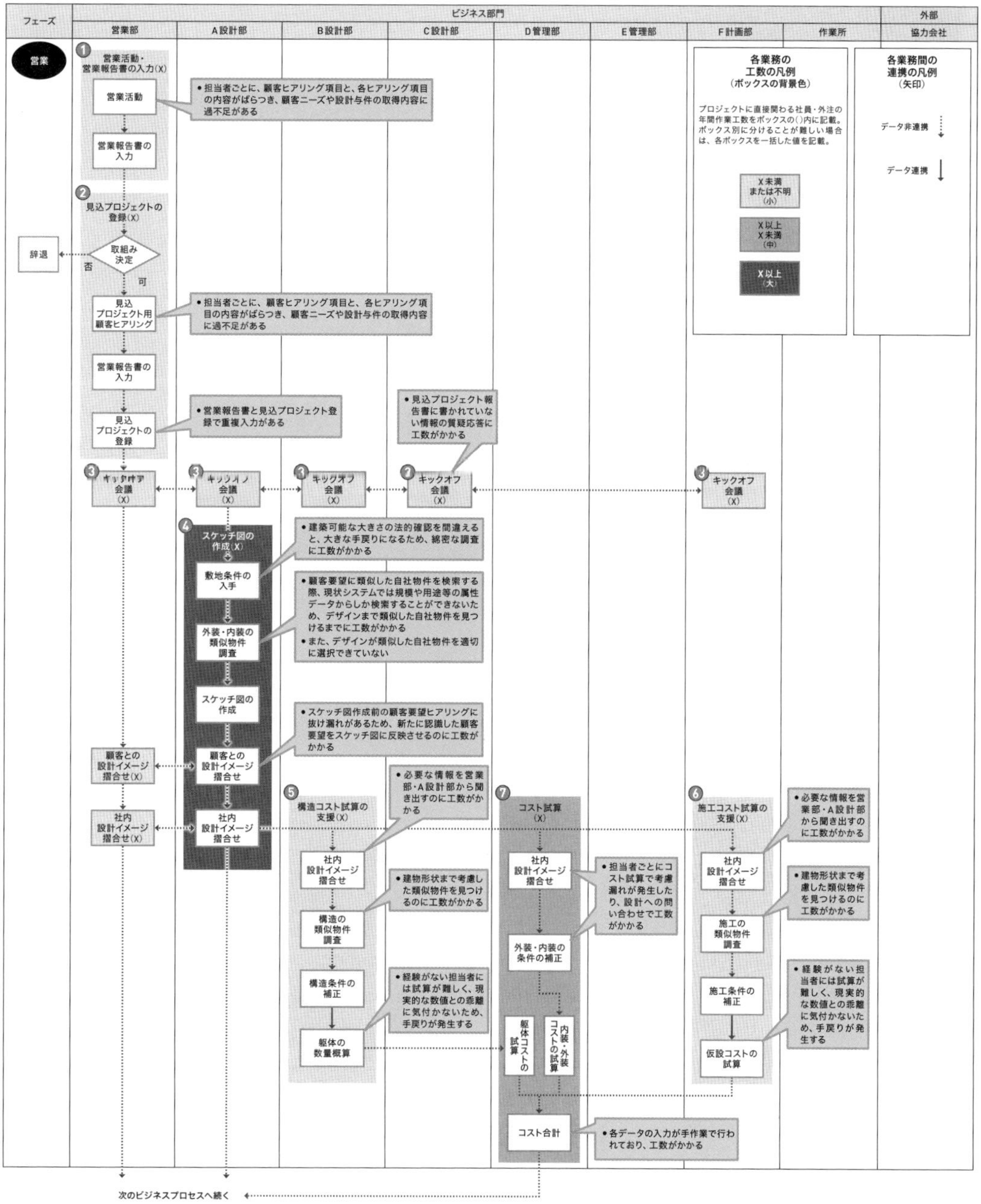

▶ 図表5-6　現状のビジネスプロセス図【上部拡大】

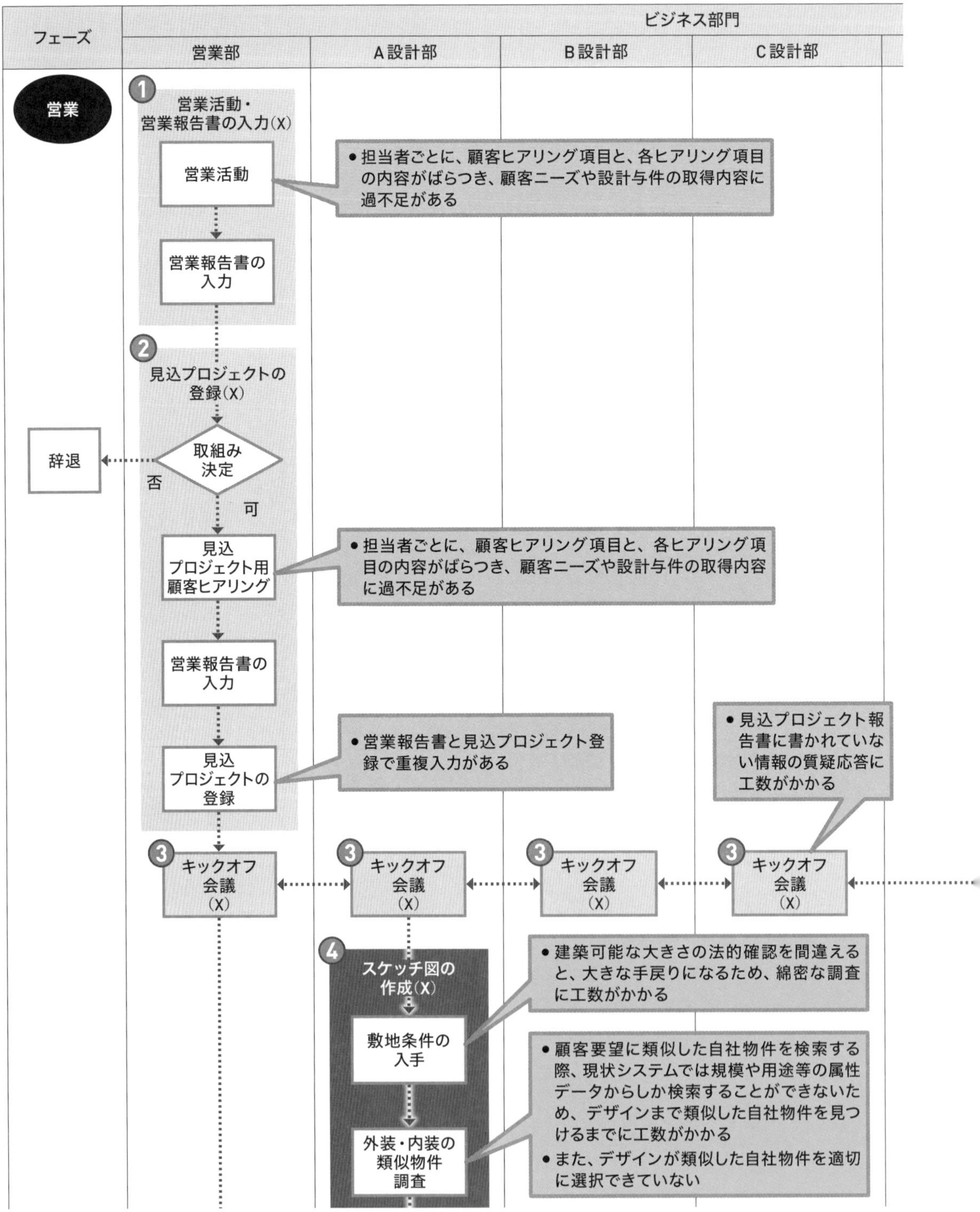

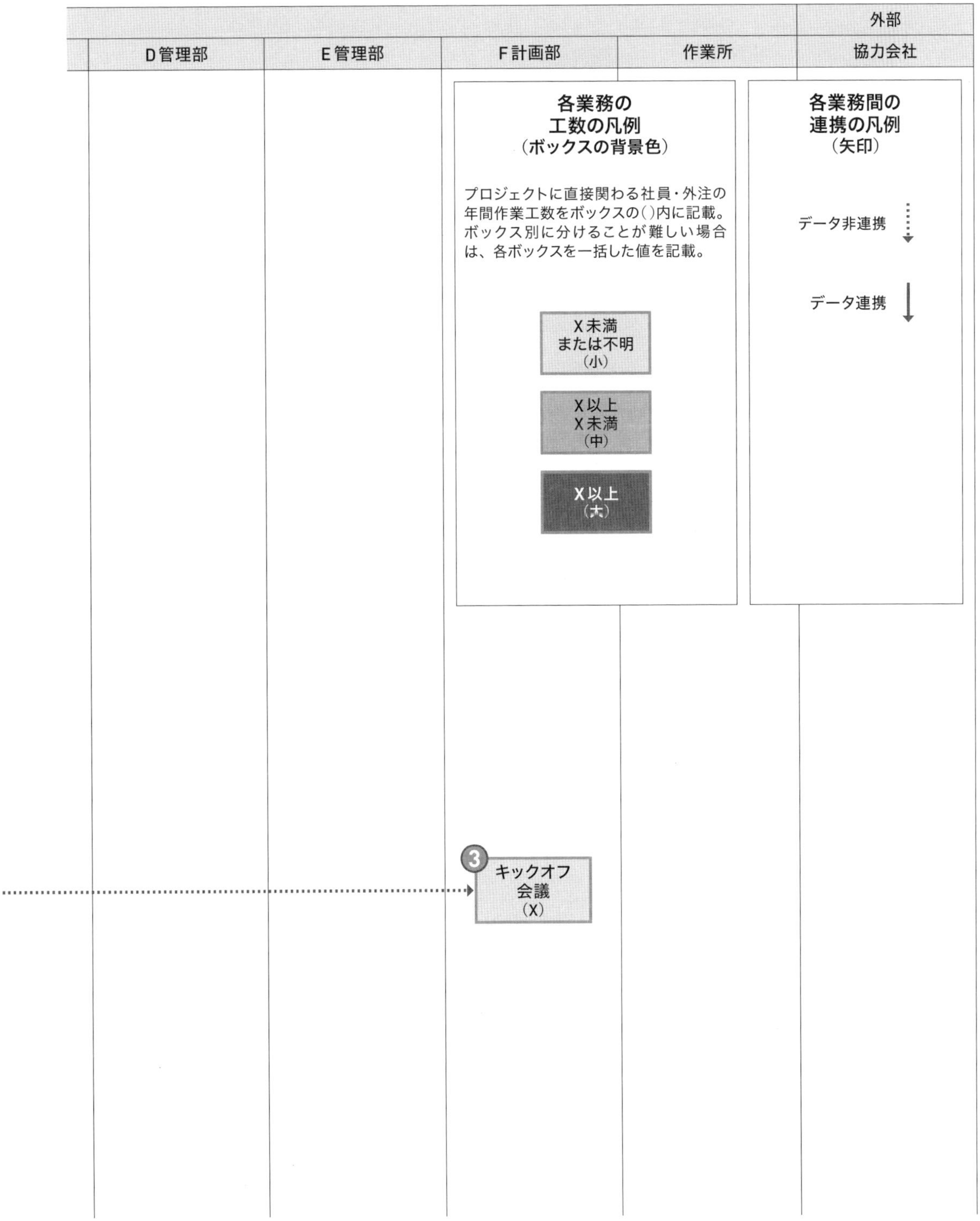
外部
D管理部
E管理部
F計画部
作業所
協力会社
各業務の
工数の凡例
（ボックスの背景色）
プロジェクトに直接関わる社員・外注の年間作業工数をボックスの( )内に記載。ボックス別に分けることが難しい場合は、各ボックスを一括した値を記載。
X未満
または不明
（小）
X以上
X未満
（中）
X以上
（大）
各業務間の
連携の凡例
（矢印）
データ非連携
データ連携
3
キックオフ
会議
（X）

▶ 図表5-6　**現状のビジネスプロセス図【下部拡大】**

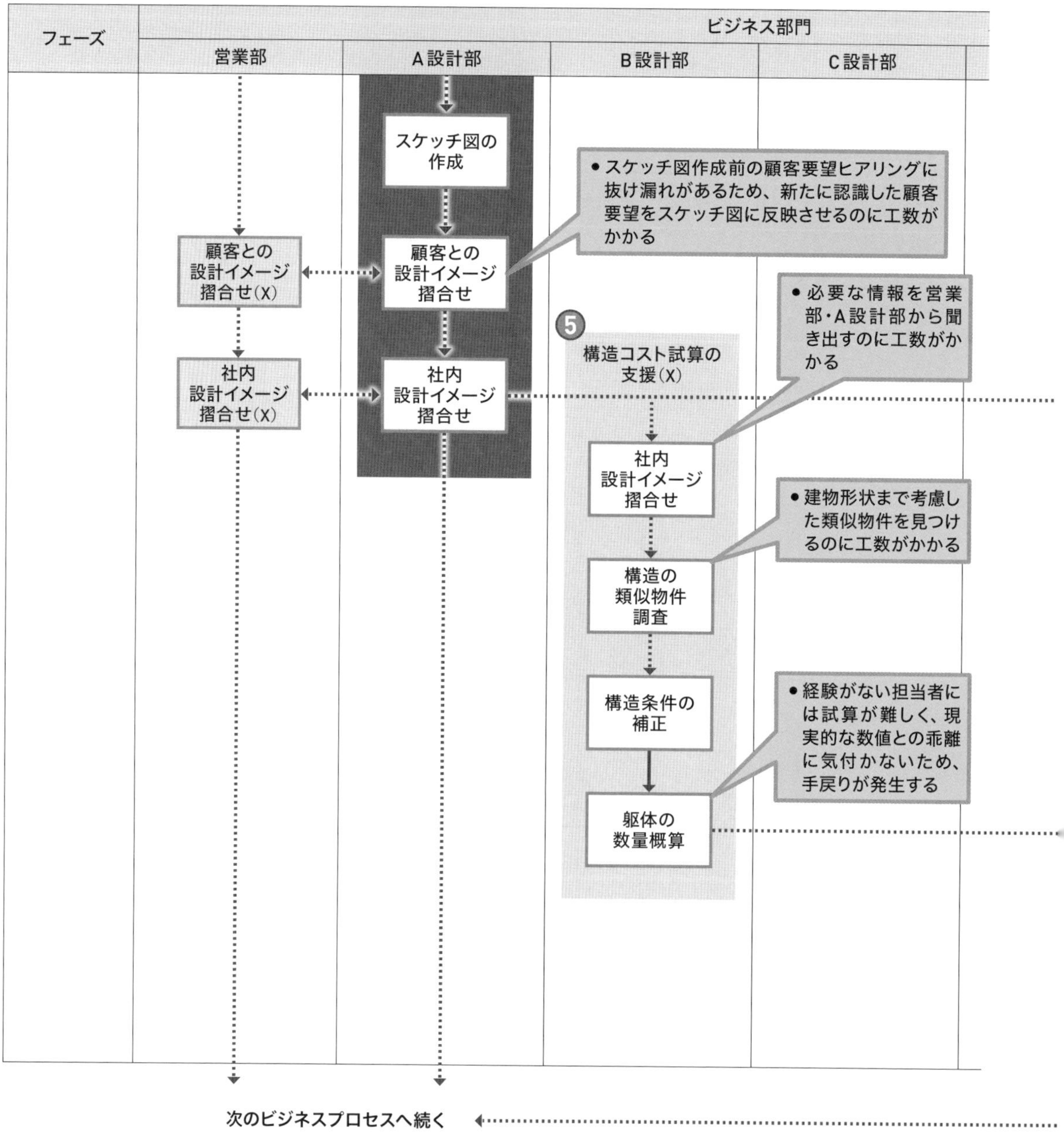

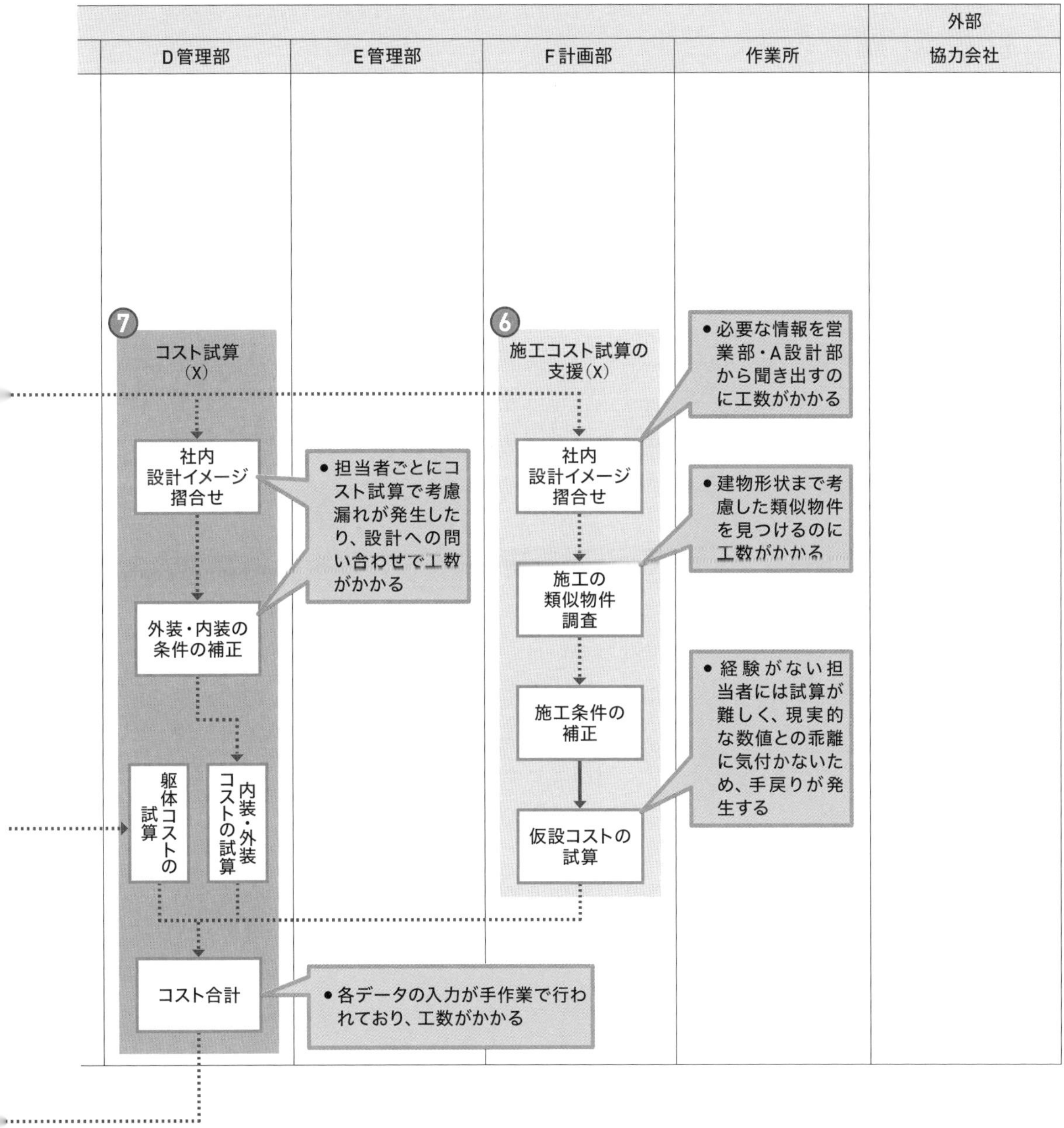
外部
D管理部
E管理部
F計画部
作業所
協力会社
7
コスト試算（X）
社内設計イメージ摺合せ
外装・内装の条件の補正
躯体コストの試算
内装・外装コストの試算
コスト合計
●担当者ごとにコスト試算で考慮漏れが発生したり、設計への問い合わせで工数がかかる
●各データの入力が手作業で行われており、工数がかかる
6
施工コスト試算の支援（X）
社内設計イメージ摺合せ
施工の類似物件調査
施工条件の補正
仮設コストの試算
●必要な情報を営業部・A設計部から聞き出すのに工数がかかる
●建物形状まで考慮した類似物件を見つけるのに工数がかかる
●経験がない担当者には試算が難しく、現実的な数値との乖離に気付かないため、手戻りが発生する

「現状のビジネスプロセス図」から問題点・課題を洗い出す

「現状のビジネスプロセス図」の中身を見てみよう。

ビジネスプロセスは営業部の「営業活動・営業報告書の入力」から始まるが、ここで担当者ごとに、顧客ヒアリング項目と各ヒアリング項目の内容がばらつき、顧客ニーズや設計与件の取得内容に過不足があることが分かった。

営業したプロジェクトは「見込プロジェクトの登録」に進み、更に検討を進めるべきかをふるいにかける。見込みがあり、取り組むべきと決定されたプロジェクトは、より詳細なヒアリングを行うが、ここでも前の「営業活動・営業報告書の入力」と同じ課題仮説がある。見込プロジェクトは見込・受注プロジェクト管理システムに登録されるが、営業報告書と多くの項目が重複しており、手作業が二度手間になっている。

その後、登録された見込プロジェクトの「キックオフ会議」を開催し、プロジェクトが本格的にスタートする。ここでは、営業部の作成した見込プロジェクト報告書に書かれていない重要情報を他ビジネス部門が質問することで、会議が長くなり、参加者全員の工数が多くなっていることが分かった。

各ビジネス部門の認識が揃ったところで、建築イメージを具体化するため、A設計部の「スケッチ図の作成」に入る。まずは役所の建築基準法・条例から、敷地条件を入手して、どれだけの大きさの建物を建てられるのかを確認する。ここで建てられる建築物の大きさの法的確認を間違えると、大きな手戻りになるため、工数をかけた綿密な調査が必要となる。

スケッチ図はゼロから作るのは効率が悪いので、外装や内装が似ている過去の物件を、過去プロジェクト検索システムで調べて参考とする。しかし、現状システムでは規模や用途等の属性データからしか検索することができないため、デザインまで類似した自社物件を見つけるまでに工数がかかっていることが分かった。

以降、中身の説明は割愛するが、このように「現状のビジネスプロセス図」を作ることで、「業務・課題仮説・施策仮説一覧」の内容が、より明確に理解できるようになり、今後の議論がスムーズに進むようになる。

5 Step3《「DX後のビジネスプロセス図」の作成》あるべきビジネスプロセスを再設計する

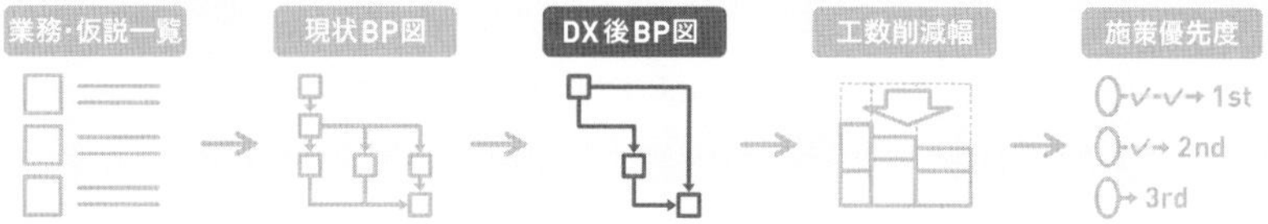

▶ 課題仮説に対応した施策仮説を洗い出す

前節までに、現状のビジネスプロセス図を整理し、課題仮説を洗い出した。

次にやるべきは、今まで作成したアウトプットを材料にして、課題仮説に対応する施策仮説を洗い出し、あるべきビジネスプロセス図(「DX後のビジネスプロセス図」)を作成することである。

施策仮説の種類には、「データ化」「自動化」「高度化」がある。「自動化」は「システム化」「AI識別」「AI実行」、「高度化」は「見える化」「予測」「最適化」に更に分かれる。

図表5-4「業務・課題仮説・施策仮説一覧」の「施策仮説」を参照いただきたい。これをもとに、どんな問題や課題を、どんな施策で対処すべきかを述べていく。

《インプットが不足している→「データ化」》

業務に必要なインプットが足りていない、または安定して取得できていない場合、施策種類は「データ化」となる。

たとえば、図表5-4の業務番号No.1「営業活動・営業報告書の入力」には、「担当者ごとに、顧客ヒアリング項目と、各ヒアリング項目の内容がばらつき、顧客ニーズや設計与件の取得内容に過不足がある」という課題仮説がある。これは、「データ化」の施策仮説に該当するパターンだ。

データ化は、取得するデータの設計と入力作業の簡素化が肝である。まずは、受注可否の判断に必要な顧客ニーズを明確化するための論点や設計与件等、顧客にヒアリングすべき項目を整理しなければならない。どこまで聞けば受注可否を判断できるのか、内容の具体度を社内有識者にヒアリングし、建物の種類や規模等のパターン別に整理して、考え方をまとめたガイドラインや具体的なヒアリング項目フォーマットを作成する。

入力は極力簡素化し、ブレをなくす必要がある。定義されたフォーマットにしたがって、基本的にはプルダウンで内容を選択し、特記事項のみフリーテキストで記入する方式とする。

《業務の重複や繰り返し作業が多い→「自動化」》

業務に重複がある、繰り返し作業が多い、工数がかかるものは、「自動化」の検討対象だ。その上で、業務を明確なルールで記述できるものは「システム化」、明確なルールで記述できず、言語化しにくい人の判断が入っているものは「AI識別」と「AI実行」に分ける。

たとえば、図表5-4の業務番号No.2「見込プロジェクトの登録」には、「営業報告書と見込プロジェクト登録で重複入力がある」という課題仮説がある。データを定められた項目に入力する、というルールベースの作業なので、「自動化（システム化）」の施策に該当するパターンだ。

営業報告書に入力されているデータを見込プロジェクト登録へ連携すれば、この作業は必要なくなる。ただし、「営業活動・営業報告書の入力」はフォーマット化する施策案が出ているので、単に今あるものを自動連係するだけでは、内容が変更になった際に無駄になってしまう可能性がある。本施策の実施には、施策No.1「ヒアリング項目のフォーマット化」の実施が前提となる。

また、図表5-4の業務番号No.4「スケッチ図の作成」には、「顧客要望に類似した自社物件を検索する際、現状システムでは規模や建種等の属性データからしか検索することができないため、デザインまで類似した自社物件を見つけるまでに工数がかかる」「デザインが類似した自社物件を適切に選択できていない」という課題仮説がある。デザインの類似性、という明確なルールを記述しにくい事象を扱うため、ルールベースのシステム化ではなく、機械学習（AI）の領域だ。ここでは今あるデータの中から適切なものを見つける施策になるので、「自動化

（AI識別）」のパターンになる。

インプットするデータは、顧客要望イメージをもとに、Google等の社外ツールで検索した画像、もしくは建築担当が作成したイメージ図だ。このデータと、社内に蓄積されている自社物件画像とのデザイン類似度を計算するAIを用いて、類似度が高い自社物件の外装・内装を検索可能なシステムを構築する。また、もっとも似ている物件だけでなく、複数のバリエーションを提示して、手早くアイディアを広げられるようにする。

《アウトプットの精度が低い→「高度化」》

アウトプットの精度が低い、アウトプットの品質がバラつく、手戻りが発生しやすい業務は、「高度化」の検討対象だ。そのなかで、意思決定の解像度を上げるため、今まで見えなかった粒度で事象を把握する施策は「見える化」に分類される。また、今まで勘と経験で行っていた数値や確率（ターゲティング等）の見積りを機械で行う施策は「予測」で、制約がある中でもっとも成果が出る選択肢を見つける施策は「最適化」に分類される。

たとえば、図表5-4の業務番号No.5「構造コスト試算の支援」には、「躯体部材・数量は、建物の種類・規模・構造の種類・地盤情報等をもとに概算しているが、経験がない担当者には試算が難しく、現実的な数値との乖離に気付かないため、精度が低く、手戻りが発生しやすい」という課題仮説がある。試算の精度を高めるための施策を検討するので、「高度化（予測）」に該当するパターンだ。

解決策として、過去に概算した躯体部材・数量のデータを用いて、建種・規模・構造種別・地盤情報等の物件属性と躯体部材・数量の関係を機械学習したモデルを構築し、躯体部材・数量の予測値を算出する。これにより、経験がない担当者でも、躯体部材・数量を概算する精度を高めることができる。

▶ 施策仮説は目安として3年以内に実現できることを書く

想像力をふくらませると、課題仮説に対して、どんな施策仮説でも書くことができてしまい、キリがない。

では、施策仮説はどこまで書くべきなのか？

3年以内に実現できそうなものを書くのが良い。

現在知られている技術を用いて、目安として1〜2年以内にプロトタイプ開発・トライアルして、3年以内に業務に実装できるかを考える。それ以上時間がかかりそうなものは、よほど戦略的に重要な施策でない限り、施策仮説には入れない。

なぜなら、できることは数年で変わるからだ。3年後には、今まで考えもしなかった技術が出てくる。無理に今、課題解決に着手するよりも、一旦課題仮説を把握した上で施策は保留しておき、課題仮説に変化がなければ、数年おきに施策仮説を再検討した方が良い。

デジタルやAIの専門家を活用するのは、3年以内に業務に実装できそうな施策があるかを検討する、この段階だ。逆に言うと、この段階までは、デジタルやAIの専門家ではなく、自社ビジネスに詳しい人が中心となって、検討を進めた方が良い。

デジタルやAIの専門家が最初から検討を進めると、どうしても今のデジタルで解決できそうな課題ばかりを捉えてしまうからだ。まずは解決策は置いておき、フラットに業務を見て、何が課題なのかを捉えることが重要だ。社内のリソースが足りず社外の力を借りる場合でも、デジタルではなく、業務プロセスに強いコンサルに頼んだ方が良い。

他社事例を調べ始めるのも、この段階だ。業務と課題仮説が特定されているので、ようやく意味のあるリサーチが可能となる。

業界・業務・課題仮説と、「デジタル」「AI」「DX」「IoT」「機械学習」「アナリティクス」「IT」「データ活用」「データ分析」など、考えられる限りのデジタル系のワードを並べて、検索をかける。業界や業務のワードだけをあえて外してみて、他業界で似たような課題を解決した事例がないかも調べてみる。

施策仮説のアイディアを思いついたら、施策を現場で実施しているところを、具体的にイメージする。「このデータをこうやって加工・分析して、業務プロセスのここでこうやって使うと、課題仮説が解決できる」というイメージができれば、施策仮説として追記してよい。

そのためには、実際の業務やデータを押さえることが重要である。ここまでで得た情報からイメージできなければ、もう一度現場や現物を確かめに行く。課題解決の仮説を持っているので、前よりもシャープに情報へアンテナが向くようになっているはずだ。

▶ DXによるビジネスプロセスの変更箇所を可視化する

施策仮説を洗い出したら、ビジネスプロセス図に反映させることで、DXによりビジネスプロセスのどの部分が変わるのかを可視化する。図表5-6「現状のビジネスプロセス図」に施策を反映したものが、図表5-7「DX後のビジネスプロセス変更箇所（営業フェーズの一部）」である。

《フォーマットの見方と変更点》

四角が業務、四角の背景が工数、矢印が情報の流れを表すのは、図表5-6「現状のビジネスプロセス図」から変わらない。

変わったのは、四角と矢印の色と太さだ。

四角の枠が灰色から青に変わったところは、施策仮説により工数が変化する。工数が増える業務は青い太枠、減る業務は青い細枠だ。枠が青い点線になった業務は、業務そのものを廃止する。

矢印が青くなった部分は、データが非連携だったが、データ連携して業務をつなげる。

また、課題仮説の赤く四角い吹き出しに対し、施策仮説の青く丸い吹き出しを追記している。丸い吹き出しについている番号は、図表5-4「業務・課題仮説・施策仮説一覧」の「施策番号」と対応し、「施策サマリ」が丸い吹き出しの文言に記載されている。

中身のビジネスプロセス変更箇所を概観すると、変更点は大きく二つある。

一つは、始めの工程で必要なデータを取得して連携することで、後工程の余計な工数をなくしたことだ。最初に顧客へのヒアリングで必要な情報を漏らさず取っておき、スケッチ図に他部門が必要としている情報を書き込むことで、多くの社員が関わる余計な摺合せをなくしている。

関わる人間が多くなり、工数も多くなる後工程の簡素化のため、あえて前工程の「見込プロジェクト用顧客ヒアリング」や「スケッチ図作成」に、今よりも工数を割いていることがポイントである。各部署が個別最適に走るのではなく、会社が全体最適となったビジネスプロセスを構築しなければならない。部門によっては、負担が増えるところもあるので、ビジネスプロセス再構築後のリソース再配分も、セットで考える必要がある。

もう一つは、特に手間のかかる個別の業務をデジタル施策でサポートし、工数を減らしたことだ。設計やコスト試算に必要な業務を自動化・高度化することで、作業が早く、楽になるだけでなく、アウトプットの質のバラつきや手戻りを少なくしている。

《個別の解説》

順を追って説明すると、「営業活動・営業報告書の入力」は、担当者ごとにバラバラだったヒアリング項目をフォーマット化し、本当に聞くべきことを効率的に聞くことで、工数を削減する。

「見込プロジェクトの登録」のうち、「見込プロジェクト用顧客ヒアリング」と「営業報告書の入力」は、担当者ごとにバラバラだったヒアリング項目をフォーマット化するだけでなく、充実化することで、あえて工数を増やしている。後工程で必要となる情報を、最初にしっかり取っておくことで、関係者が多い後ろの工程の工数を下げるためだ。「見込プロジェクトの登録」は「営業報告書の入力」と重複入力があったので、データ連携により新たに入力すべき箇所を減らす。

「キックオフ会議」は多くの部署が参加しているが、見込プロジェクト報告書に、書かれていなかった必要情報をあらかじめ書いておくことで、余計な質疑応答をなくす。

「スケッチ図の作成」のうち、「敷地条件の入手」は、市販されている建築可能な大きさ算出ツールを導入することで、工数を削減する。同様に「外装・内装の類似物件調査」は、デザインも加味した検索が可能な外装・内装レコメンドのデジタルツールを開発・利用することで、工数を削減する。「スケッチ図の作成」は、後工程の余計な工数を減らすため、後に他部へ連携すべき情報を最初に盛り込み、あえて工数を増やしている。「顧客との設計イメージ摺合せ」は、スケッチ図作成に必要な顧客要望を事前に抜け漏れなく聞いておくことで、工数を削減する。「社内設計イメージ摺合せ」は、あらかじめ必要な情報をスケッチ図に盛り込んでおくことで、打合せ自体をなくす。

「構造コスト試算の支援」に入った後、「躯体の数量概算」は、躯体部材・数量を予測するアルゴリズムを活用することで、手戻りを減らす。

▶ 図表5-7 DX後のビジネスプロセス変更箇所（営業フェーズの一部）【全体】

DXにより、どのビジネスプロセスをどのように変えるべきかを可視化する

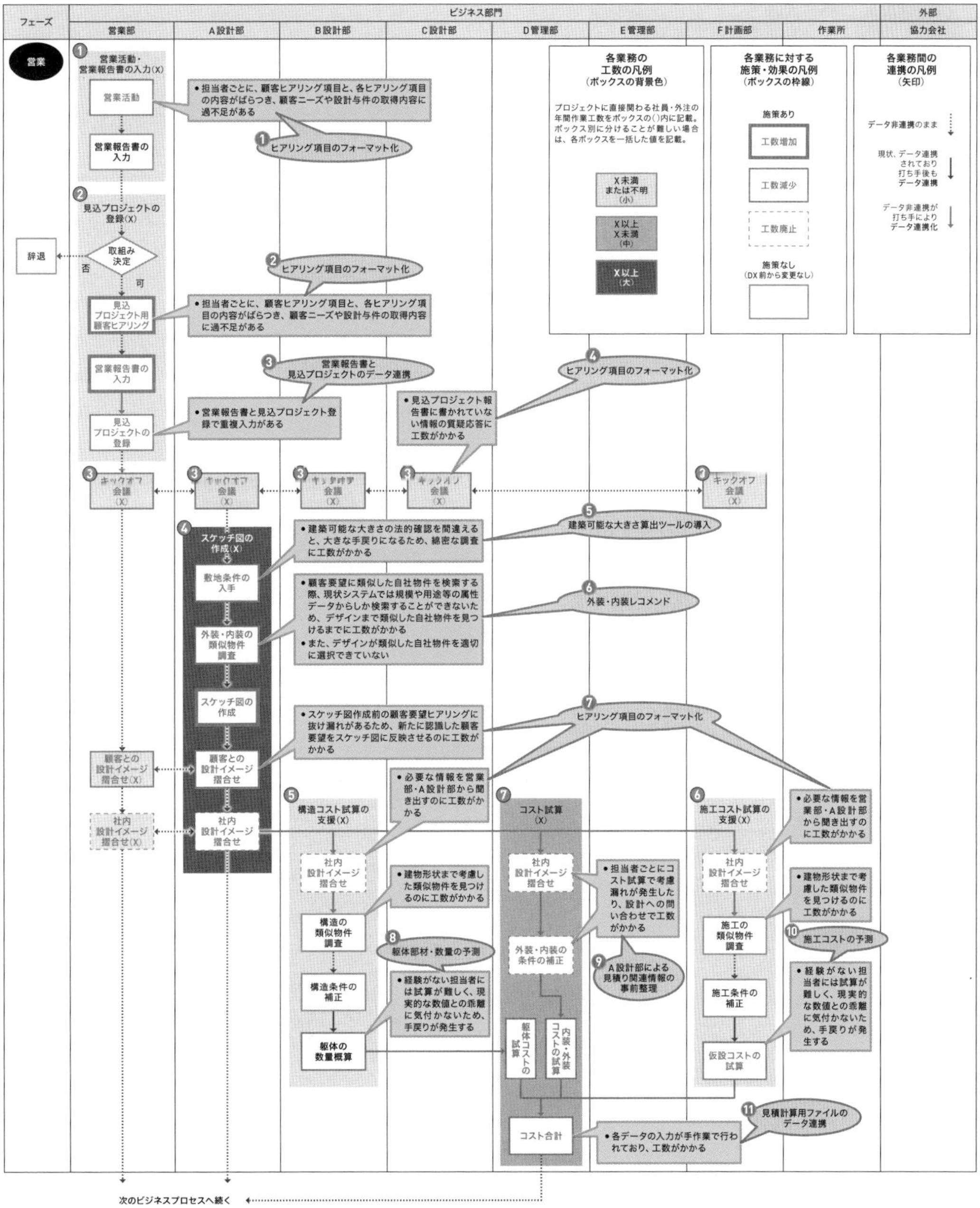

▸ 図表5-7　DX後のビジネスプロセス変更箇所【上部拡大】

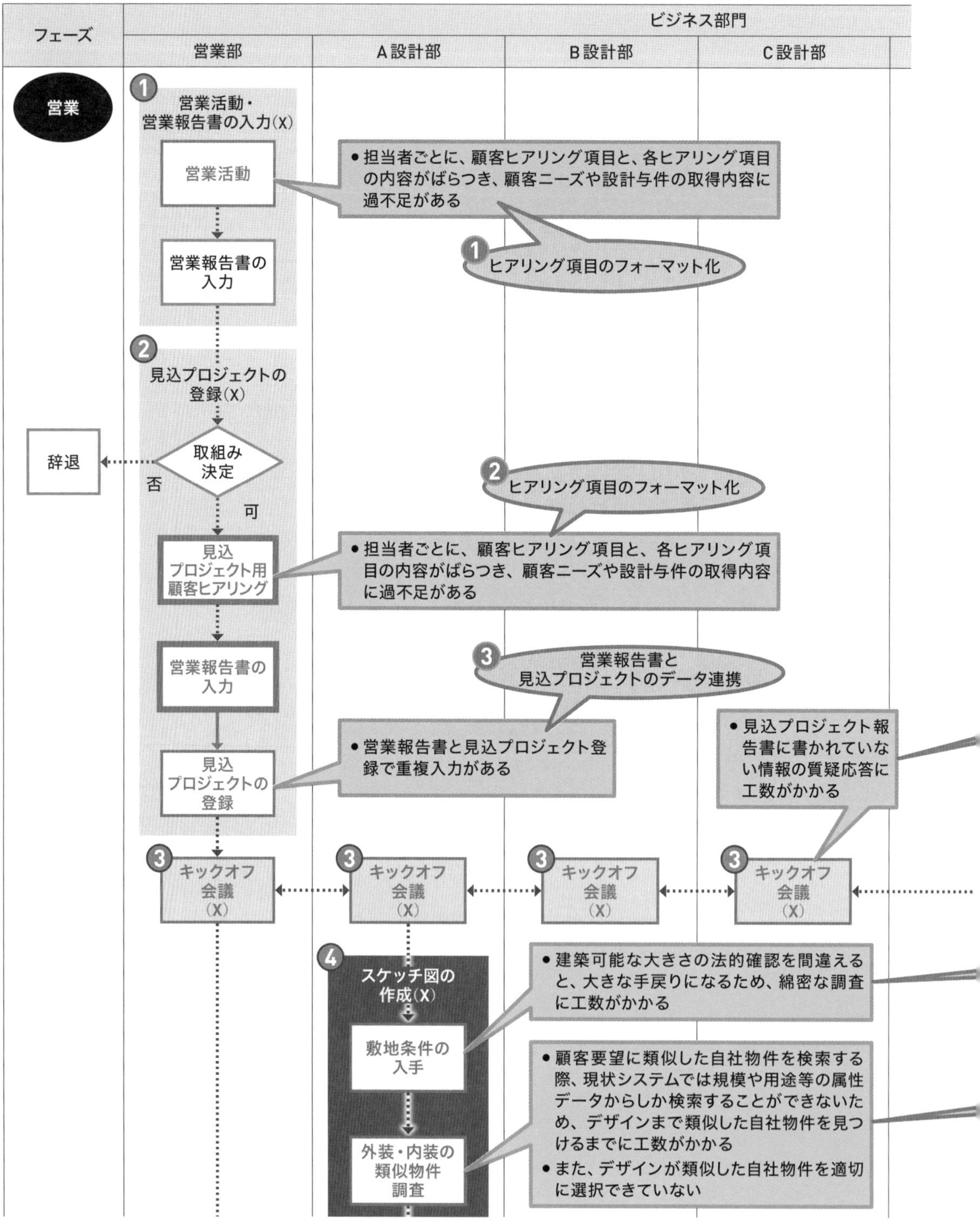

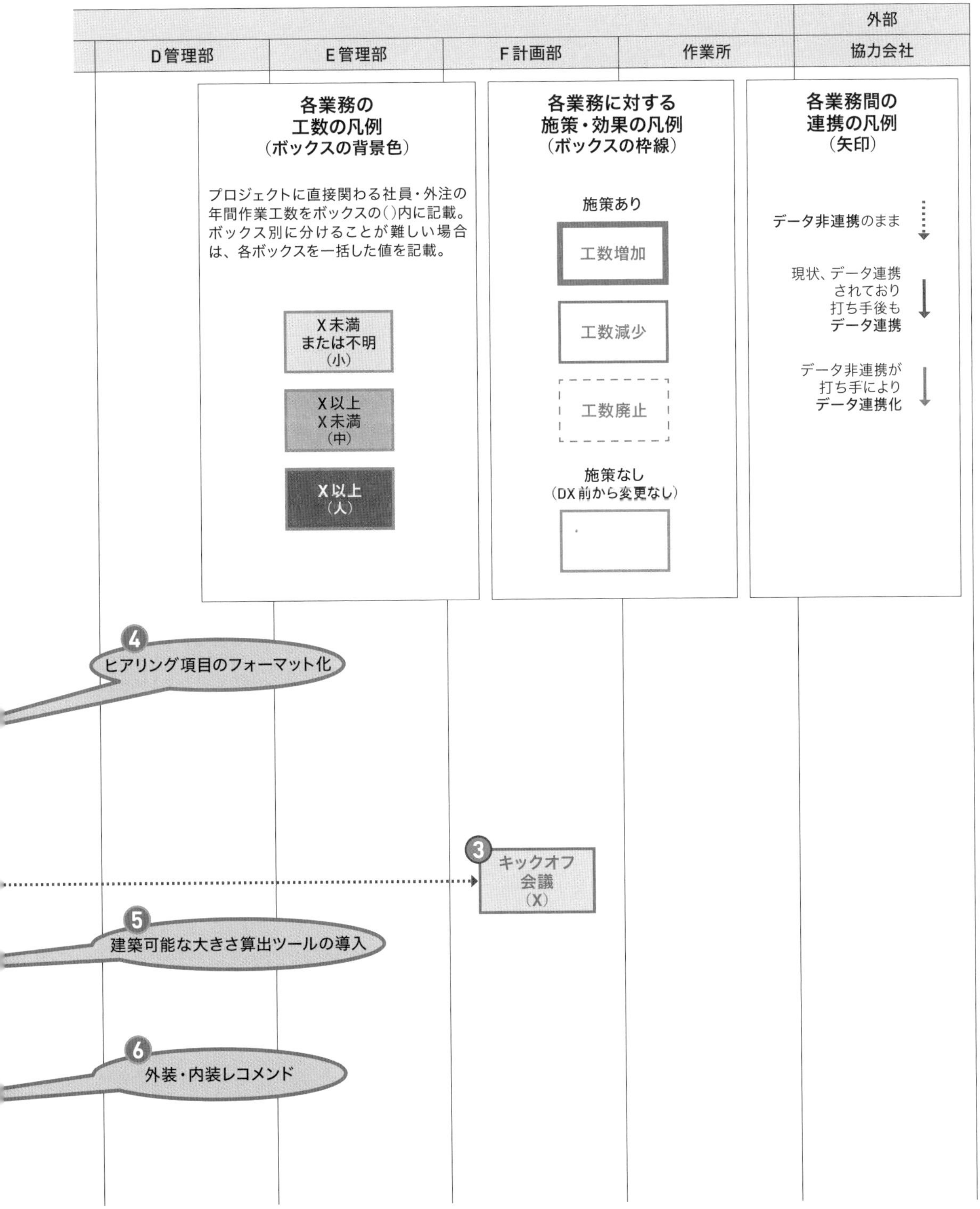
外部
D管理部
E管理部
F計画部
作業所
協力会社
各業務の
工数の凡例
(ボックスの背景色)
プロジェクトに直接関わる社員・外注の年間作業工数をボックスの( )内に記載。ボックス別に分けることが難しい場合は、各ボックスを一括した値を記載。
X未満
または不明
(小)
X以上
X未満
(中)
X以上
(大)
各業務に対する
施策・効果の凡例
(ボックスの枠線)
施策あり
工数増加
工数減少
工数廃止
施策なし
(DX前から変更なし)
各業務間の
連携の凡例
(矢印)
データ非連携のまま
現状、データ連携
されており
打ち手後も
データ連携
データ非連携が
打ち手により
データ連携化
4
ヒアリング項目のフォーマット化
3
キックオフ
会議
(X)
5
建築可能な大きさ算出ツールの導入
6
外装・内装レコメンド

▸ 図表5-7　DX後のビジネスプロセス変更箇所【下部拡大】

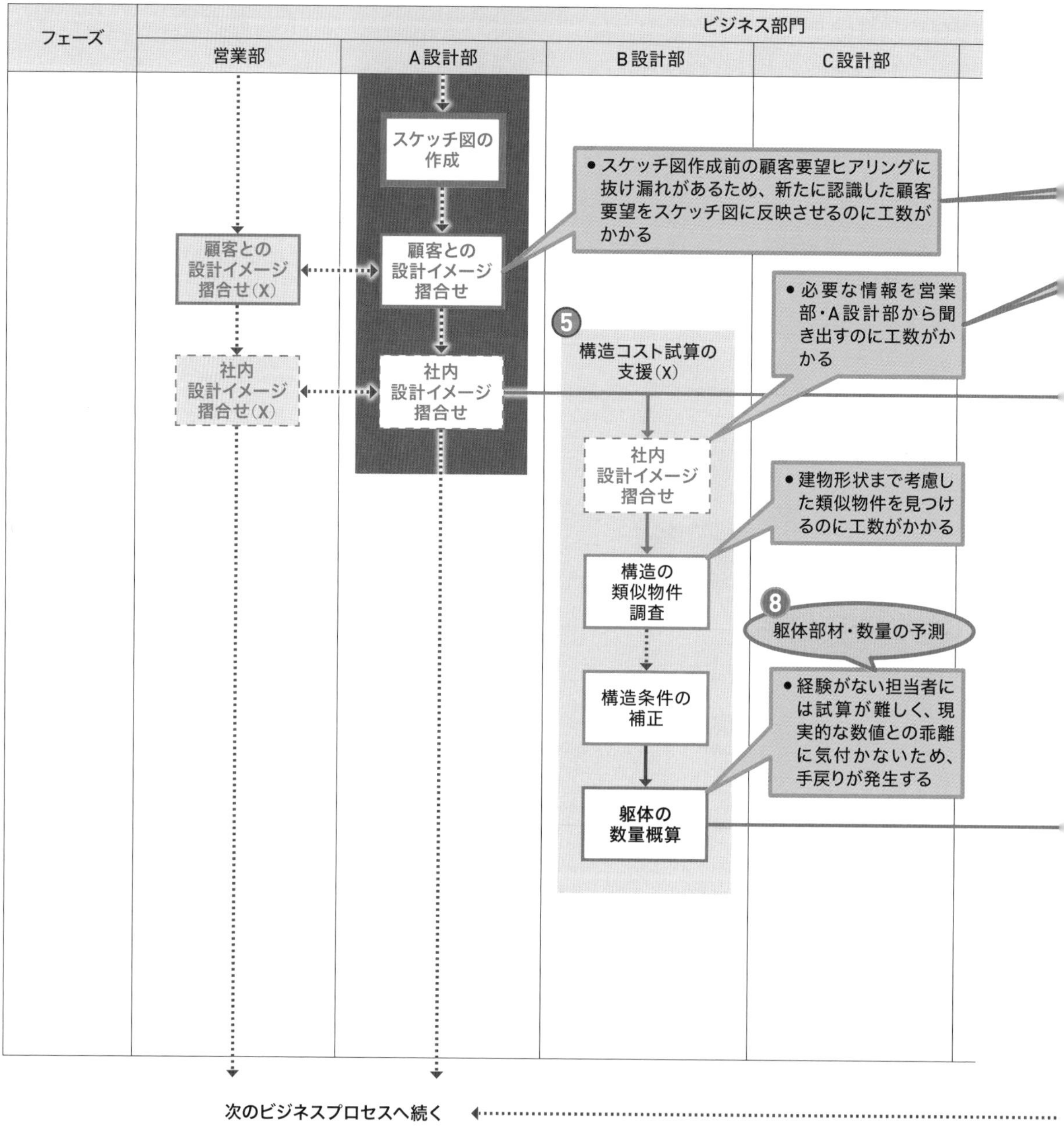

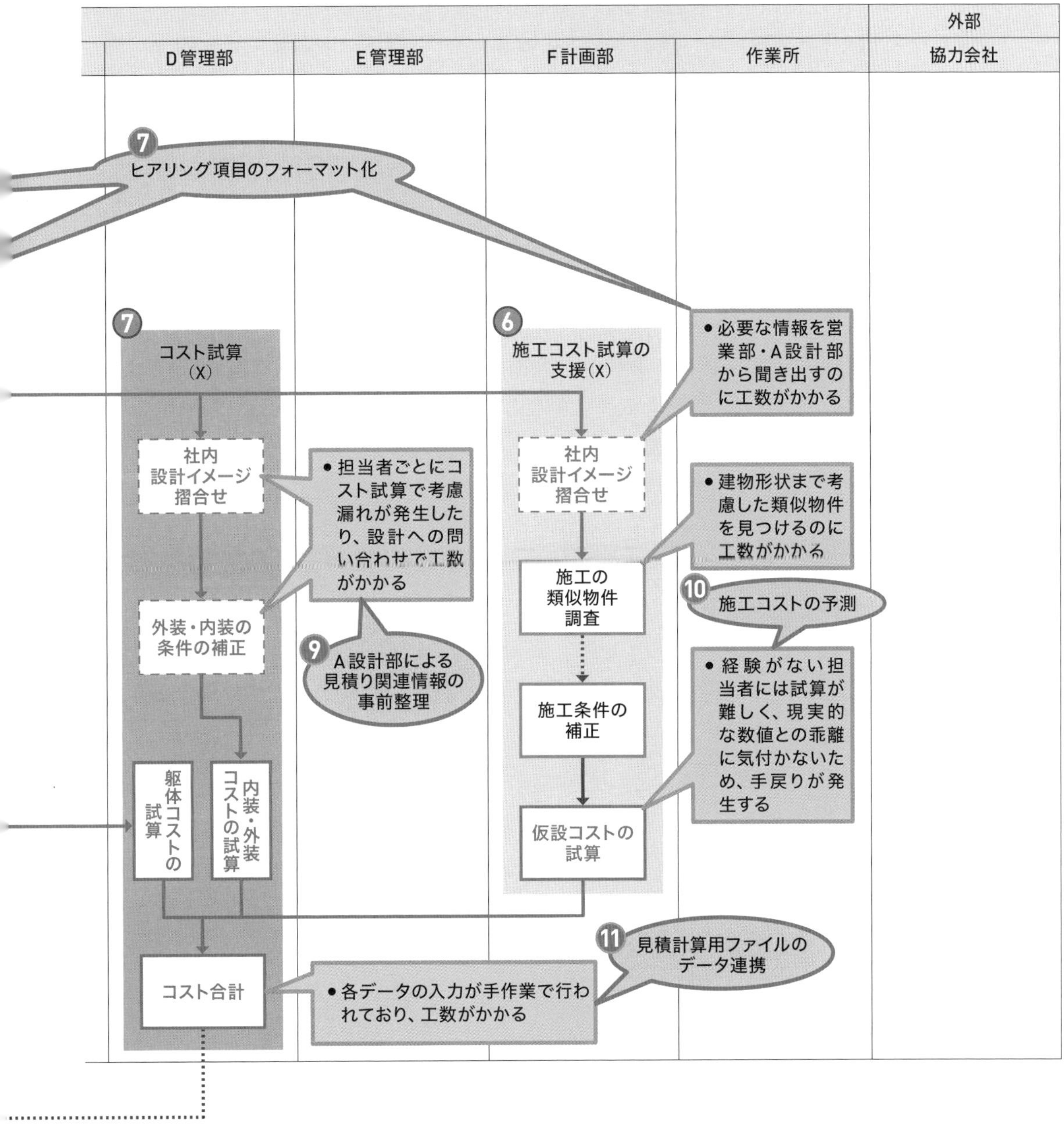

外部
D管理部
E管理部
F計画部
作業所
協力会社
7 ヒアリング項目のフォーマット化
7 コスト試算(X)
社内設計イメージ摺合せ
外装・内装の条件の補正
躯体コストの試算
内装・外装コストの試算
コスト合計
●担当者ごとにコスト試算で考慮漏れが発生したり、設計への問い合わせで工数がかかる
9 A設計部による見積り関連情報の事前整理
6 施工コスト試算の支援(X)
社内設計イメージ摺合せ
施工の類似物件調査
施工条件の補正
仮設コストの試算
●必要な情報を営業部・A設計部から聞き出すのに工数がかかる
●建物形状まで考慮した類似物件を見つけるのに工数がかかる
10 施工コストの予測
●経験がない担当者には試算が難しく、現実的な数値との乖離に気付かないため、手戻りが発生する
11 見積計算用ファイルのデータ連携
●各データの入力が手作業で行われており、工数がかかる

「コスト試算」の「外装・内装の条件の補正」は、設計部がスケッチ図に、あらかじめ見積り関連情報を盛り込んでおくことで作業そのものをなくす。

「施工コスト試算の支援」の「仮設コストの試算」も、「躯体の数量概算」と同様にアルゴリズムを活用し、手戻りを減らす。

「構造コスト試算の支援」「コスト試算」「施工コスト試算の支援」は、各部のデータを連携することで、余計な手作業をなくし、エラー削減とスピードアップを実現する。

▶「DX後のビジネスプロセス図」を作成する

図表5-7は、DXによる廃止前の業務や、課題仮説も記載しており、差分を議論するには良いが、記載する情報量が多くなるので、煩雑となる。

DX後のビジネスプロセス図が結局どうなったのか、よりシンプルに記載したものが、図表5-8「DX後のビジネスプロセス図（営業フェーズの一部）」である。

図表5-7「DX後のビジネスプロセス変更箇所」から、廃止後の業務を削除し、工数は施策実施後の値として、四角いボックスの背景色の濃さを変更した。課題仮説も削除し、施策仮説のみを残している。図表5-7に比べて、全体のビジネスプロセスがどう流れているのか、どこに施策を打つのかが、すっきりと分かりやすくなっている。

▶ 図表5-8　DX後のビジネスプロセス図(営業フェーズの一部)【全体】

DXにより再設計されたビジネスプロセスを可視化する

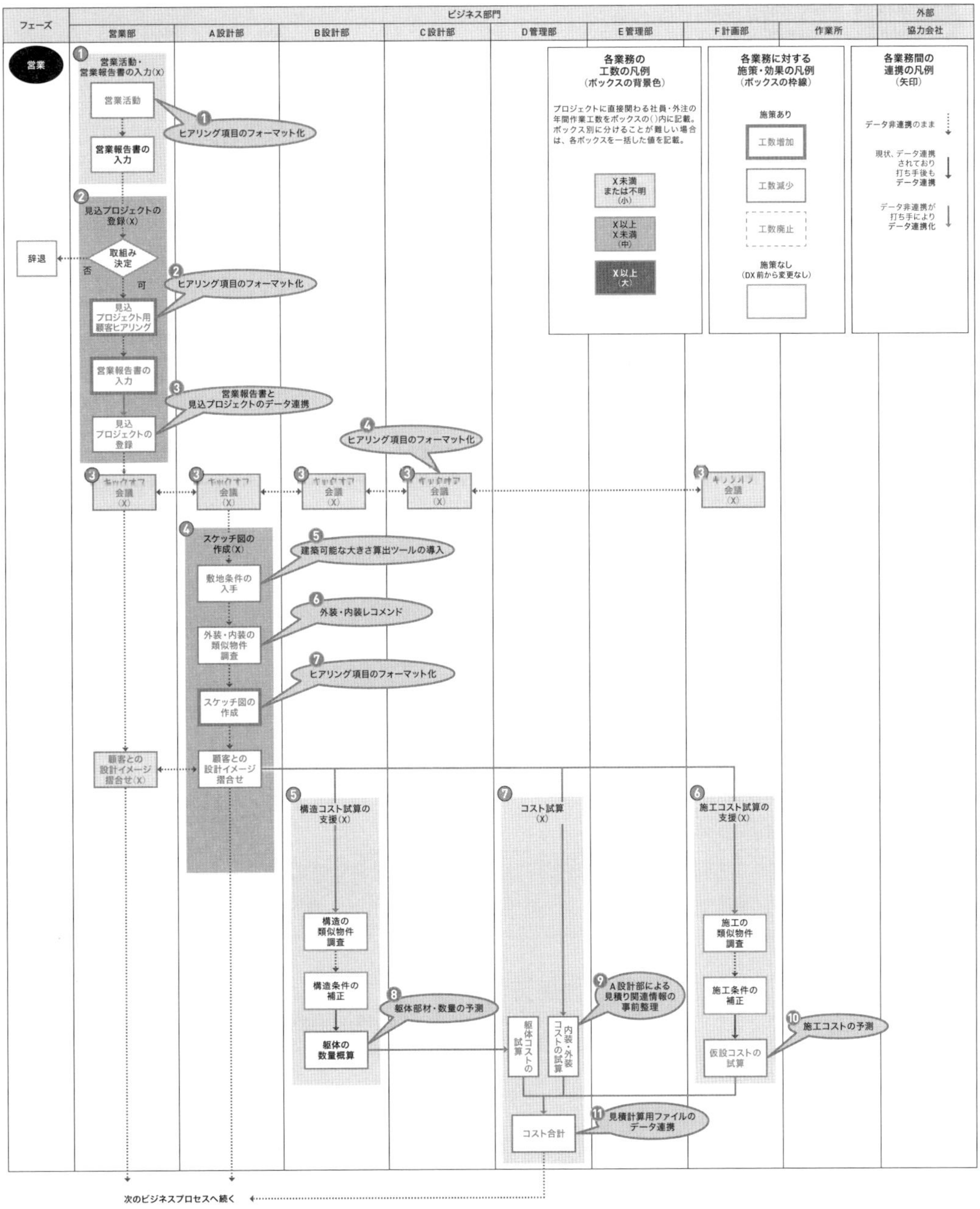

▸ 図表5-8　DX後のビジネスプロセス図【上部拡大】

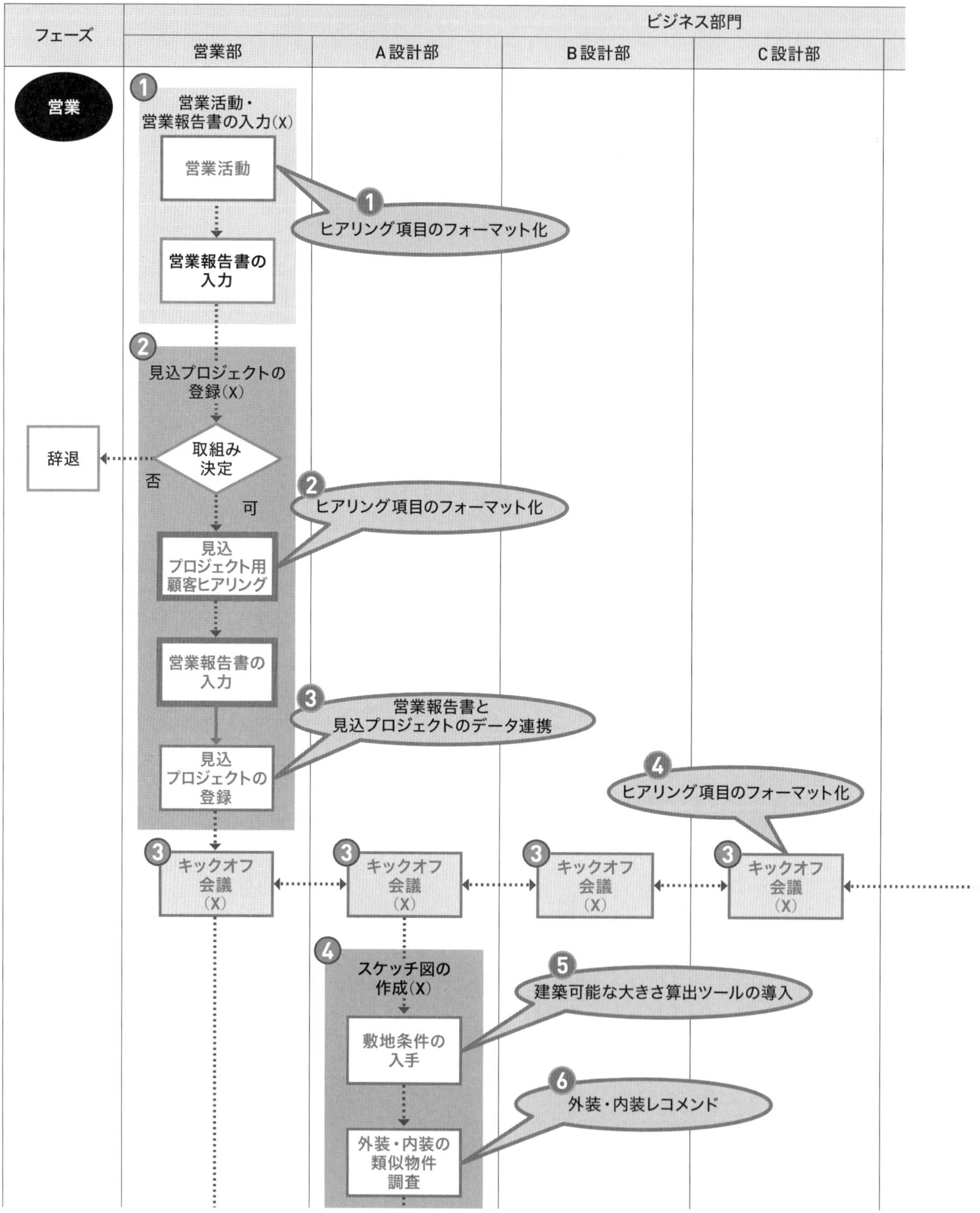

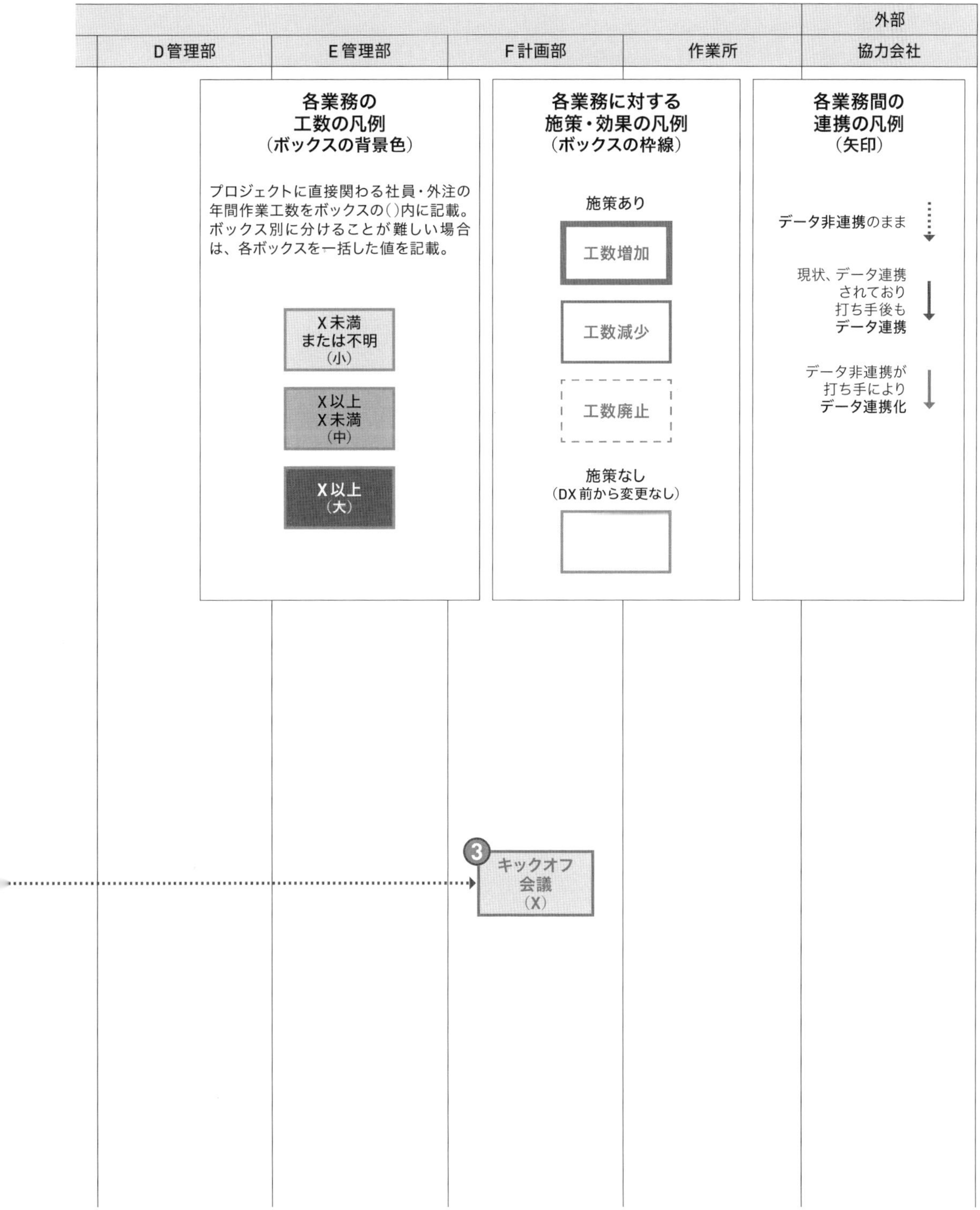
外部
D管理部
E管理部
F計画部
作業所
協力会社
各業務の
工数の凡例
(ボックスの背景色)
プロジェクトに直接関わる社員・外注の年間作業工数をボックスの( )内に記載。ボックス別に分けることが難しい場合は、各ボックスを一括した値を記載。
X未満
または不明
(小)
X以上
X未満
(中)
X以上
(大)
各業務に対する
施策・効果の凡例
(ボックスの枠線)
施策あり
工数増加
工数減少
工数廃止
施策なし
(DX前から変更なし)
各業務間の
連携の凡例
(矢印)
データ非連携のまま
現状、データ連携
されており
打ち手後も
データ連携
データ非連携が
打ち手により
データ連携化
3
キックオフ
会議
(X)

図表5-8 DX後のビジネスプロセス図【下部拡大】

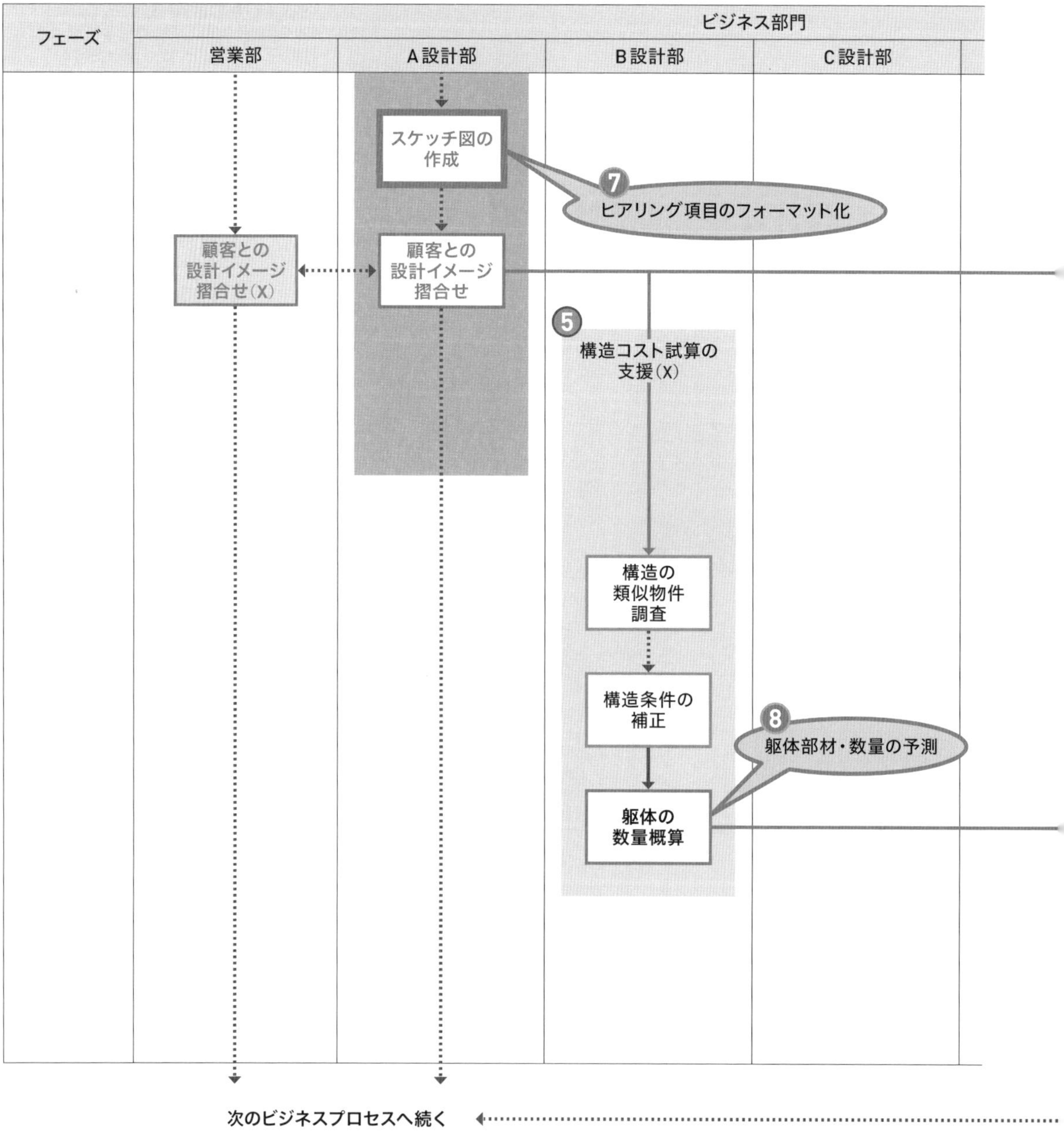

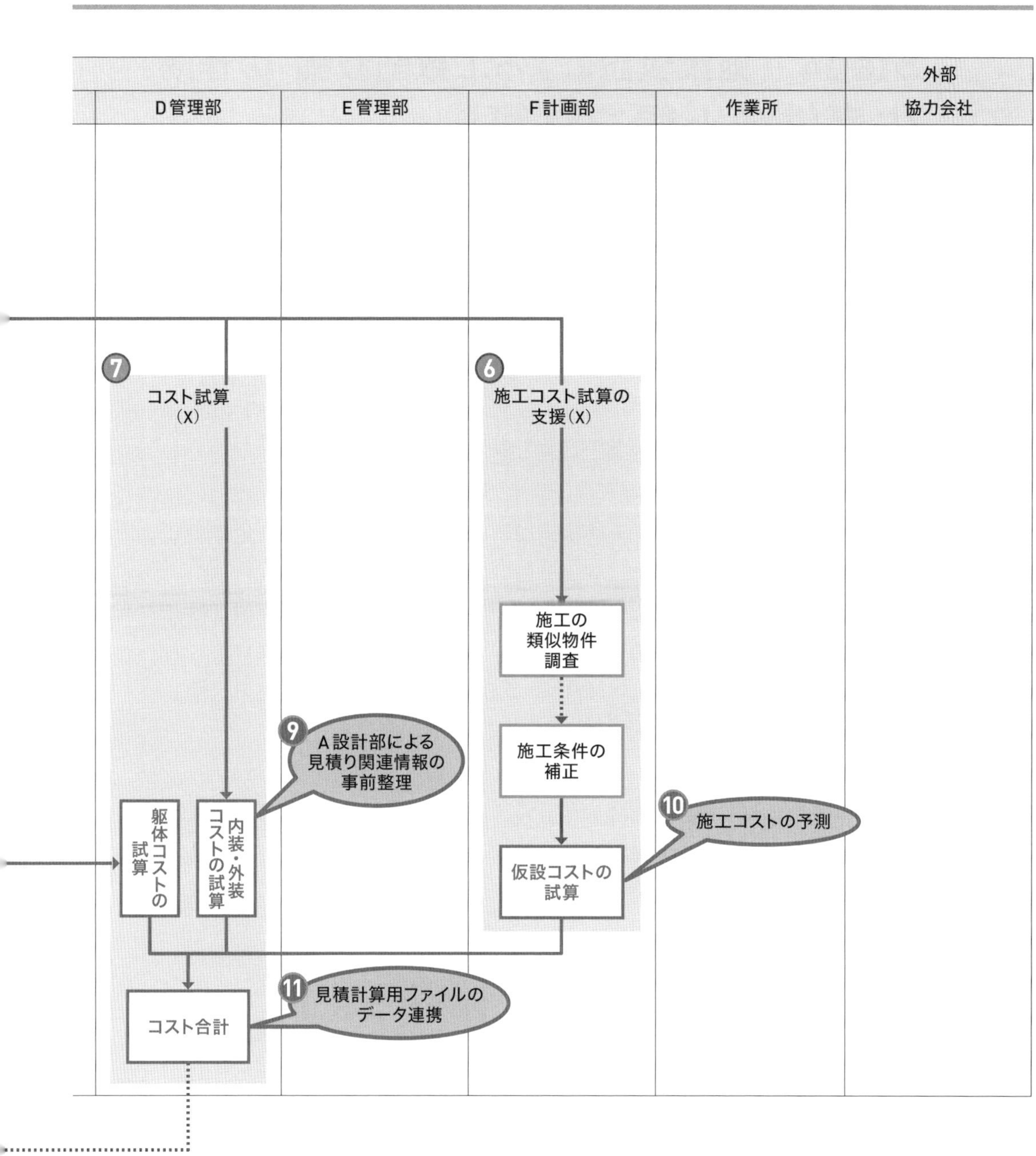
外部
D管理部
E管理部
F計画部
作業所
協力会社
7
コスト試算（X）
6
施工コスト試算の支援（X）
施工の類似物件調査
施工条件の補正
9
A設計部による見積り関連情報の事前整理
躯体コストの試算
内装・外装コストの試算
10
施工コストの予測
仮設コストの試算
コスト合計
11
見積計算用ファイルのデータ連携

6 Step4《「施策仮説による工数削減幅」の作成》生産性向上幅を試算し、DXの価値を示す

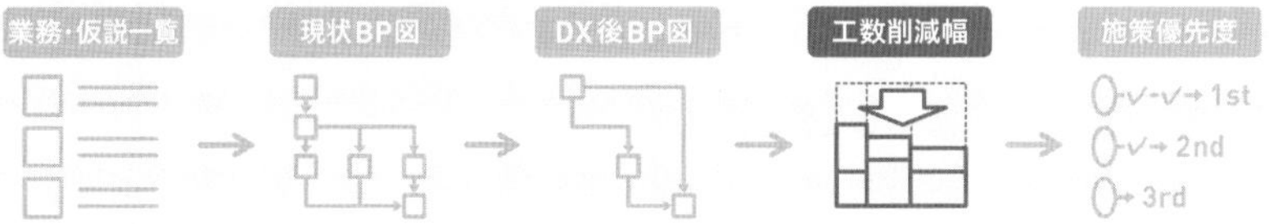

▶ 施策仮説全体による工数削減幅を算出する

DX後のビジネスプロセスを設計した後にすべきことは、DXにより全体でどれだけ生産性が上がるかを示すことである。

DXによる生産性向上の具体的な数値が示されなければ、実行の意思決定はできない。図表5-9「施策仮説による工数削減幅」のように、ビジネスプロセスの各フェーズで、どの部門の工数がどれだけ下がるかを試算し、DX成果の目標とする。

実際はDXにより工数が削減されるだけでなく、業務のスピードや意思決定の精度も向上することで、売上も向上することが見込まれる。ここでは、分かりやすい成果として、工数がどれだけ減るかを見積もり、社内に示すことで、DXの推進力を高めるのが狙いだ。

▶ 工数削減幅は、個別の業務工数に施策による削減幅を掛け、積み上げて算出する

工数削減幅を試算する際は、まず現状の工数を業務別に把握したうえで、施策仮説で各業務の工数がどれくらい減るかをざっくりと見積もる。

通常、業務別の工数をデータ取得・集計していることはないので、全部門へのヒアリングをもとに、業務別の工数を推定する。図表5-10に、「業務別工数の算

▶ 図表5-9　施策仮説による工数削減幅

ビジネスプロセスの各フェーズと各部門で、施策仮説によりどの程度の工数削減が見込まれるかを試算し、生産性の向上を定量的に示す

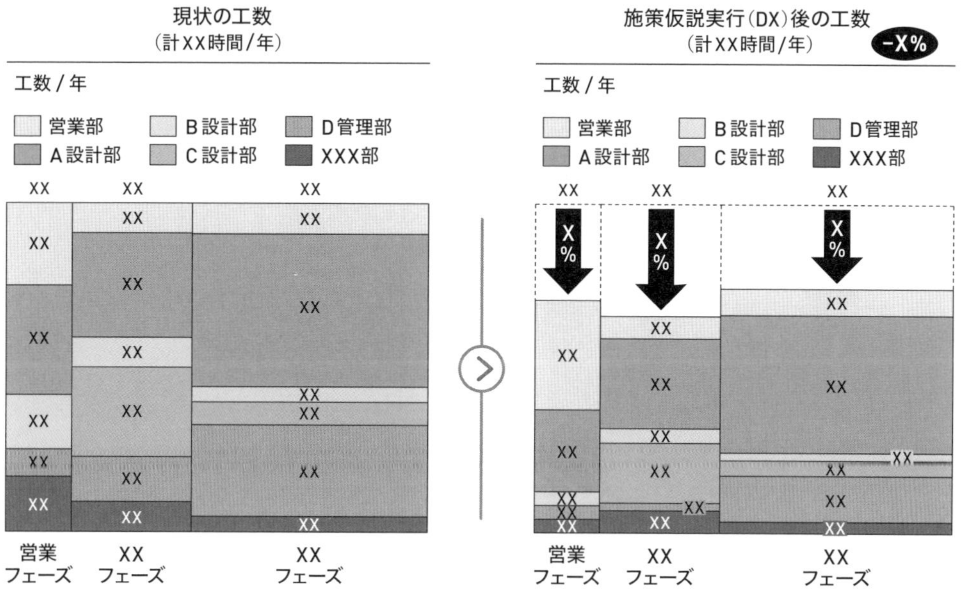

出方法」を記載する。

まずは部門ごとに、部門内の各チームリーダーに集まってもらい、ビジネスプロセスの大きなフェーズ別に、年間でどの程度の工数割合となっているかを、ざっくりと言ってもらう。

ここで重要なのは、「ざっくりと」決めることである。正確な割合を知ることは、もとから不可能であり、精緻に分析する必要性もない。チームリーダーの感覚で、独断的に決めてもらう。

そしてフェーズ別の工数割合に、各チームの人数と一人当り年間工数を掛ければ、各部門のフェーズ別の年間工数が算出できる。各チームの人数は組織図から把握可能である。一人当り年間工数は、人事部に各チームの平均労働時間データをもらうのが理想的ではあるが、データ受領に手間がかかりそうであれば、各チームリーダーにヒアリングし、おおまかな数値を把握する。

▶ 図表5-10　**業務別工数の算出方法**

各部門にビジネスプロセスのフェーズ×業務別の工数割合をヒアリングし、関わる人数と一人当りの年間工数をかけて、工数を算出する

各フェーズ

ヒアリング		営業部	
		XXチーム	XXチーム
フェーズ別の工数割合※	営業フェーズ	40%	0%
	設計フェーズ	30%	10%
	施工フェーズ	20%	30%
	アフターフォローフェーズ	10%	60%

※ チーム内で計100%

	×	×
人数	20人	10人
	×	×
一人当り年間工数	2,000時間	1,800時間

フェーズ内の各業務

ヒアリング		営業部	
		XXチーム	XXチーム
業務別の工数割合※	営業活動・報告書の入力	30%	0%
	見込プロジェクトの登録	20%	0%
	キックオフ会議	5%	0%
	顧客との設計イメージ掛合せ	25%	0%
	社内の設計イメージ掛合せ	20%	0%

※ チーム内で計100%

このように算出した各部門のフェーズ別の年間工数をマリメッコ・グラフで表せば、**図表5-9**「施策仮説による工数削減幅」の左側のグラフができ上がる。

この後さらに施策仮説による工数削減幅を見積もるためには、フェーズ別からブレイクダウンした業務別に工数を把握しなければならない。施策仮説は、各業務に紐づいているからだ。

算出方法は、フェーズ別の工数割合の場合と同様である。そのフェーズを100%とした場合、それぞれの業務の工数割合はざっくりどの程度となるかをヒアリングしていく。これを各部門と各フェーズで網羅的に行えば、業務別の工数を把握することができる。

それが終われば、次は施策仮説による工数削減幅を見積もる。調査した業務別の工数を表として並べ、施策仮説を適用する業務に、下記の工数削減割合を仮置きで設定していく。

- 業務を廃止：－100%
- 業務を自動化し、担当者は確認のみ実施：－80%
- 業務の半分程度を自動化：－50%
- 業務を一部自動化：－20%
- 追加情報の収集・提供業務が発生：＋50%、＋100%等を施策に応じて設定

現状の工数に、設定した工数削減割合をかければ、DX後の業務別工数となる。業務別工数を積み上げて合計すれば、図表5-9「施策仮説による工数削減幅」の右側に記載した、DX後の工数を試算することができる。

ここでも重要なのは「ざっくりと」決めることである。施策仮説による工数削減幅がどの程度になるか、実際にやってみないと誰も分からない。しかし、何も分からないままでは何も進まず、スピード感を持ってDXを進められない。仮でよいので、施策仮説のインパクトを大雑把に見積もり、すぐに動き始めて、効果を試すことが重要だ。

7 Step5《「施策仮説の優先度一覧」の作成》施策仮説を多面的に評価し、優先度を決める

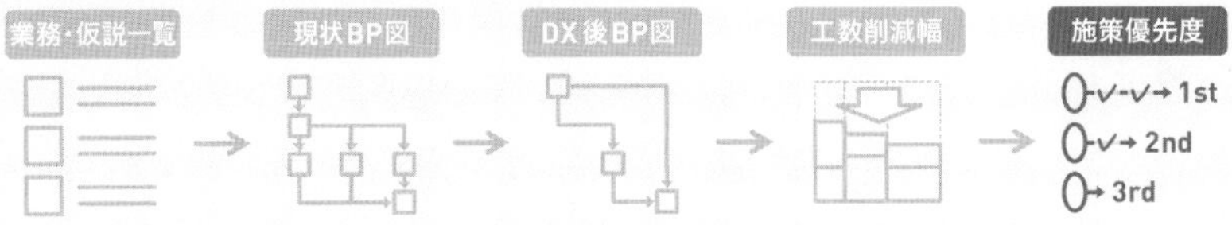

▶ 施策仮説の評価方法と評価項目

これまでにDX後のビジネスプロセス図を作成し、施策を実施した場合にどの程度生産性が上がり得るかを試算したが、やりたい施策をすべて一度に実行することは不可能だ。経営のリソースは限られているため、施策の優先度を決める必要がある。

本節では、施策仮説を評価する方法について述べる。

図表5-11に、「施策仮説の評価方法の例」を記載した。これらはあくまで例なので、あなたの会社で重視する評価軸があれば、適宜追加・変更してもらいたい。

評価は三段階の流れとなる。すべての項目を、すべての施策仮説で検討するのは効率的ではない。段階的に評価を進め、見込みのある施策仮説のみを残して、詳細に評価する。

各項目は◎、○、△、×で評価され、◎が3点、○が2点、△が1点に換算される。×はノックアウトファクターであり、評価の対象から外れる。

※ノックアウトファクター →基準を満たさない場合、他の項目の評価にかかわらず、検討対象から外れる項目のこと

▸ 図表5-11 **施策仮説の評価方法の例**

実現性、定量的な効果・コスト・スピード、定性的な妥当性・リスクを段階的に評価し、施策仮説の優先度を決める

段階	評価項目	項目定義	評価基準
一次評価（実現性）	データ保有状況	現状のデータ保有量、有効データ項目有無と、追加取得が必要な場合はその実現性	○：既に十分保有 △：少量／追加必要性あり ×：保有せず、取得も困難
一次評価（実現性）	難易度・精度	同・他業界の類似施策の経験則に基づき見込まれる、データ化・自動化・高度化の難易度と精度	○：現技術で可／十分な精度 △：挑戦的だが見込有／一定精度 ×：実現困難／低い精度
二次評価（定量）	経済インパクト	施策開始後3年間で期待される累積利益総額の概算	◎：1億円以上※ ○：数千万円程度※ △：1千万円以下※
二次評価（定量）	コスト	データ購入・収集、モデル・システム構築、システム維持にかかる費用の概算	◎：百万円以下※ ○：数百万円程度※ △：1千万円以上※
二次評価（定量）	開発スピード	施策を業務適用できるまでに必要な開発期間の概算	◎：6カ月以内※ ○：1年以内※ △：1年以上※
三次評価（定性）	経営戦略との整合性	経営戦略と施策の方向性の適合度合い	◎：高い ○：中程度 △：低い
三次評価（定性）	現場の意欲	実行推進において重要となる、施策に対する現場の積極性・意欲	◎：高い ○：中程度 △：低い
三次評価（定性）	実行上のリスク	データ収集上・システム構築上・法的・規制・倫理リスク等の発生見込み	◎：低い ○：中程度 △：高い

施策評価

- 一次評価で×の施策は、評価対象外とする
- 一次・二次評価で◎を3点、○を2点、△を1点として合計値を算出し、上位10施策程度を三次評価に進める
- 三次評価でも二次評価と同様に点数を換算し、一次・二次・三次評価合計値の上位3施策程度を、優先施策とする
- 優先施策は、DX推進本部が主導し、責任を持って実施する
- 優先施策以外は、合計点数が高い施策を中心に、現場主導で実施する
- 取組み施策数は、リソースに応じて調整する

※ 定量の評価基準はあくまで一例。会社によって適正な水準は異なり、評価が偏る場合は調整する

《一次評価》

一次評価では、実現性の観点から、「データ保有状況」と「難易度・精度」を評価し、評価対象から除外すべき施策仮説を決める。

実際は、すでに現場を相当見た上で施策仮説を出しているので、「データ保有状況」や「難易度・精度」が×のものはほとんどないはずだ。しかし、ここで念のため、もう一度見直すことで、無駄な検討をしてしまうリスクを排除する。

「データ保有状況」は、現状保有しているデータ量や、施策に有効なデータ項目の有無から判定する。現状保有しておらず、追加取得が必要な場合は、その実現性を評価する。既に十分保有しているものは○、少量だけ保有している、または追加取得できそうなものは△、現在保有しておらず、今後取得することも困難なものは×とする。×はノックアウトファクターであり、一次評価で×とした施策仮説は、二次評価や三次評価の対象外とする。

「難易度・精度」は、同業界または他業界の類似施策の経験則に基づき見込まれる、データ化・自動化・高度化の難易度と精度だ。○は現技術で可/有意な精度、△は挑戦的だが見込有/一定精度、×は実現困難/低い精度とする。この項目の評価には、様々な業界で似たような施策を扱ってきた専門家の知識が必要だ。たとえば画像解析を用いたAI識別や、機械学習を用いた予測などには、業界の垣根を越えたある程度の型があり、経験を積んだデータサイエンティストであれば、データを見れば精度が出そうかを判断することができる。

《二次評価》

二次評価では、定量的な観点から、「経済インパクト」「コスト」「開発スピード」を評価する。

「経済インパクト」は、施策開始後3年間で期待される累積利益総額の概算だ。図表5-11で、◎は1億円以上、○は数千万円程度、△は1千万円以下としているが、この基準は会社によって異なるため、必要に応じて調整する。インパクトは売上増加とコスト削減の2パターンがある。売上増加の場合、施策で改善させる指標、たとえば契約率が現状何%で、そこから何%アップを見込むかを仮定する。正確な値はやってみないと分からないので、1割増等と置いて、インパクトのオーダーを見積もる。コスト削減の場合、たとえば業務自動化ならば、どの程度の工数が削減されるかを仮定して、人件費の単価を掛けて試算する。

「コスト」は、データ購入・収集、モデル・システム構築、システム維持にかかる費用の概算だ。ここも、**図表5-11**で、◎は百万円以下、○は数百万円程度、△は1千万円以上としているが、数値の基準は会社によって異なる。ここでは正確な値は必要なく、オーダーだけを見積もっておけば問題ない。

「開発スピード」は、施策を業務適用できるまでに必要な開発期間の概算だ。◎は6カ月以内、○は1年以内、△は1年以上としているが、この数値も会社の状況に応じて変えてしまって問題ない。既にあるデータだけで施策を打つなら、トライアルも含めて、大抵は6カ月以内に業務適用できるはずだ。○や△は、データを一定期間ためる必要がある施策や、システムや業務のアップデートに膨大な工数がかかるものが対象となる。

ちなみに、開発を自社でやるか、他社・ベンダーのサービスを利用するかで、コストと開発スピードは大きく変わる。社内リソースの制限はあるが、会社のコア業務に関わる施策であり、内製化してノウハウをためて競争優位を築くべきものは、自前での開発を目指したい。会社のコア業務を他社やベンダーのサービスに依存してしまうと、サービス停止や利用価格値上げのリスクがあるからだ。

これらの項目評価で各施策の点数を付け、たとえば上位10施策程度を三次評価の対象とする。二次評価を通過させる施策の数は参考として書いているので、自社のリソースに応じて変えてよい。

《三次評価》

三次評価では、定性的な観点から、「経営戦略との整合性」「現場の意欲」「実行上のリスク」を評価する。

「経営戦略との整合性」は、経営戦略と施策の方向性の適合度合いを、◎の高い、○の中程度、△の低いで評価する。会社の目指している方向と異なる施策は、会社から理解と評価を得られず、長続きしない。

「現場の意欲」は、施策に対する現場の積極性・意欲を、◎の高い、○の中程度、△の低いで評価する。本部のDX推進者だけがやる気で、現場にやる気がない場合、施策を進めるのは非常に辛くなる。現場で影響力のある人に、施策を進めることがいかに重要で評価される仕事かを十分に理解してもらい、味方につけるようにしたい。

「実行上のリスク」は、データ収集上・システム構築上・法的・規制・倫理リスク等の発生見込みを、◎の低い、○の中程度、△の高いで評価する。個人情報を取得する場合は利用許諾を得られる見込みはあるか、データが途中から取得できなくなる可能性はないか、データ活用により差別的な対応がなされる可能性はないか、AIの不正利用や暴走時の損害賠償リスクはないか等、様々なリスクを洗い出す。

欧州では2021年4月に欧州連合AI規則案が公表されており、2024年にも全面施行となる可能性がある。AIサービスや予測結果などのアウトプットをEUで提供する場合が対象で、日本のプロバイダーであっても、EUでサービスなどを提供する際にはAI規則案が適用される。違反した企業には制裁金として、最大3,000万ユーロ、もしくは前年度の全世界売上総額の最大6%を科されるため、経営に与えるインパクトはきわめて大きい。

日本にはAI全般の利活用における法的な拘束力を持ったルールはまだない。しかし、EUのAI規則案の公表を受けて、日本国内でもAI全般の利活用における規制がかかる可能性があるので、留意しておきたい。

三次評価でも二次評価と同様に点数を換算し、たとえば一次・二次・三次評価合計値の上位3施策程度を、優先施策とする。優先する施策数は参考なので、自社のリソースに応じて変えてよい。

優先施策は、DX推進本部が主導し、責任を持って実施する。優先施策以外は、合計点数が高い施策を中心に、現場主導で実施する。

評価は細かくやるとキリがなく、仮定を置いて決めるしかない部分も多い。本当に実現できるのか、効果が出るのか、実際にやってみるまで誰にも分からない。

ここで時間をかけすぎないことが肝要だ。間違えたとしても、小さく失敗した段階で見切って、次の施策に進めばよいと割り切り、数週間程度で決めきってしまいたい。

▶ 施策仮説を多面的に評価し、合計点数を算出して、優先度をつける

図表5-4「業務・課題仮説・施策仮説一覧」の施策仮説を評価したのが、**図表5-12**「施策仮説の優先度一覧」である。

▶ 図表5-12　**施策仮説の優先度一覧**

施策仮説を多面的に評価し、合計点数を算出して、優先度をつける

※◎：3点、○：2点、△：1点、×：評価対象外
ここでは10点以上を三次評価する

施策種類					評価									
	業務	No.	施策種類	施策サマリ	一次（実現性）※○△×		二次（定量）※◎○△				三次（定性）※◎○△			
					データ保有状況	難易度・精度	経済インパクト	コスト	開発スピード	一次＋二次合計点数	経営戦略との整合性	現場の意欲	実行上のリスク	一次＋二次＋三次合計点数
営業	営業活動・営業報告書の入力	1	データ化＆高度化（見える化）	ヒアリング項目のフォーマット化	△	○	◎	○	○	10	○	◎	◎	18
	見込プロジェクトの登録	2	データ化＆高度化（見える化）	ヒアリング項目のフォーマット化（No.1の施策に含むため、評価は記載しない）	−	−	−	−	−	−	−	−	−	−
		3	自動化（システム化）	営業報告書と見込プロジェクトのデータ連携	○	○	△	○	○	9	−	−	−	−
	キックオフ会議	4	データ化＆高度化（見える化）	ヒアリング項目のフォーマット化（No.1の施策に含むため、評価は記載しない）	−	−	−	−	−	−	−	−	−	−
	スケッチ図の作成	5	自動化（システム化）	建築可能な大きさ算出ツールの導入	○	○	△	◎	◎	11	○	○	△	16
		6	自動化（AI識別）	外装・内装レコメンド	○	△	○	△	○	8	−	−	−	−
		7	データ化＆高度化（見える化）	ヒアリング項目のフォーマット化（No.1の施策に含むため、評価は記載しない）	−	−	−	−	−	−	−	−	−	−
	構造コスト試算の支援	8	データ化＆高度化（予測）	躯体部材・数量の予測	○	○	○	◎	◎	12	○	△	◎	18

現場を十分に観察して施策仮説を洗い出したので、実現性指標の「データ保有状況」と「難易度・精度」で除外されるものはない。ここでは、一次＋二次の点数が10点以上の施策を三次評価しており、優先度が高い施策仮説は「ヒアリング項目のフォーマット化」と「建築可能な大きさ算出ツールの導入」「躯体部材・数量の予測」であることが分かる。

「ヒアリング項目のフォーマット化」は経済インパクトが非常に大きいが、「躯体部材・数量の予測」に比較すると、コストと開発スピードの評価がやや低い。まずは「躯体部材・数量の予測」でクイックヒットを打ち、並行して「ヒアリング項目のフォーマット化」の開発を進めて、大きな成果を上げることを目指す。

二番目の評価である「建築可能な大きさ算出ツールの導入」は、「経済インパクト」は大きくないが、「コスト」や「開発スピード」の評価が高い。このような、さっさと試してみるべき施策は、他の点が低くても、クイックに検討してしまう方が良いので、現場主導で積極的に進めてもらうべきだ。

▶ 第5章のまとめ

- ビジネスプロセスを再設計するために必要なアウトプットは、以下の5つ
  - 業務・課題仮説・施策仮説一覧
  - 現状のビジネスプロセス図
  - DX後のビジネスプロセス図
  - 施策仮説による工数削減幅
  - 施策仮説の優先度一覧
- 「業務・課題仮説・施策仮説一覧」は、顧客へ価値提供するまでの、会社の業務の起点から終点までのインプット・処理・アウトプットや、各業務の工数、課題仮説・施策仮説を洗い出したものである。DX実装を考える出発点となる
- 「現状のビジネスプロセス図」は、「業務・課題仮説・施策仮説一覧」の内容を整理し、各ビジネス部門の業務の流れと、工数・課題仮説をフローチャート化したものである。一覧では見えにくかった全体感や業務のつながりを意識した、ビジネスプロセス再設計の議論に用いる
- 「DX後のビジネスプロセス図」は、「現状のビジネスプロセス図」に対して施策仮説を反映した後の、再設計されたビジネスプロセスを図示したものである。現時点で会社が目指す理想の姿となる
- 「施策仮説による工数削減幅」は、施策仮説を実行した場合、会社全体でどのくらい生産性が上がるかを算出したものである。DXを成し遂げる価値があることを示して、推進をサポートする
- 「施策仮説の優先度一覧」は、施策仮説を多面的に評価し、優先度をつけたものである。限られた経営リソースを有効に使うために用いる
- アウトプットは最初から完成させるのではなく、全体像をとらえた粗い初期版をまずは作り、何度もブラッシュアップしてクオリティを上げていく
- 再設計したビジネスプロセスは、あくまで現時点での仮説であり、DX実装によるフィードバック・技術の発展・マーケットの変化に応じて、進化させていく必要がある

第６章・第７章・第８章では、ビジネスプロセスを再設計して洗い出された施策仮説を、ビジネスに実装する具体例を解説する。

第6章

見える化の実装

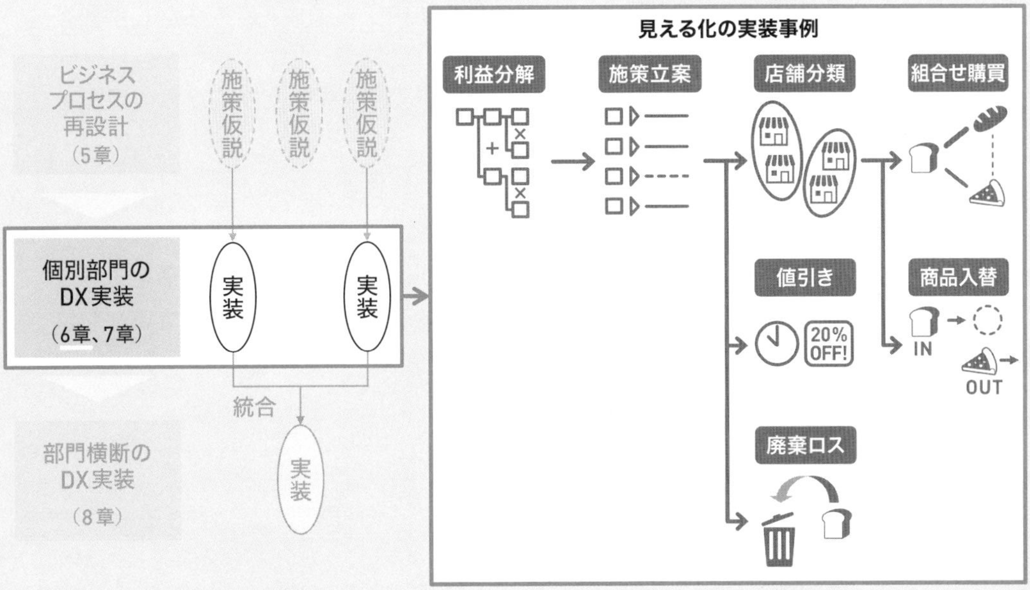
ビジネスプロセスの再設計
（5章）
施策仮説
施策仮説
施策仮説
個別部門のDX実装
（6章、7章）
実装
実装
統合
部門横断のDX実装
（8章）
実装
見える化の実装事例
利益分解
施策立案
店舗分類
組合せ購買
値引き
20% OFF!
商品入替
IN
OUT
廃棄ロス

introduction

POSデータを用いた詳細な利益ドライバー分解と、クラスター分析の使いどころに注目する

第5章では、ビジネスプロセス再設計の事例を述べた。

本章では、ビジネスプロセスを再設計した後、個別の部門で行うDX実装の事例を解説する。

第2章で述べた通り、汎用性が高いが、具体イメージを掴みづらいデジタル化施策は、「見える化」と「予測」である。本章はこのうち、「見える化」のパートとなる。

特に注目してもらいたいのは、POSデータを用いた詳細な利益ドライバー分解と、クラスター分析の使いどころである。

立地がバラバラで、販売状況もバラバラな各店舗の課題を、どのように把握すればよいのか？

POSデータを用いて、何を「見える化」すれば、利益を上げるための課題を見つけることができるのか？

店舗の実態に合った施策を打つため、各店舗の特性をどのように分けるべきなのか？

「見える化」の解像度が、取り得る施策を決める。自社の顧客や店舗をイメージして、現場で使える、ビジネス的に意味のある分析とは何なのかを意識しながら、本事例でヒントを掴んでいただきたい。

1 店舗の課題を解像度高く把握して施策を打った、見える化の事例

▶ 立地がバラバラで、販売状況もバラバラな各店舗の課題を、どのように把握するべきか？

本章では、食品製造小売会社の「見える化」の事例を紹介する。

この会社では、立地や広さの異なる直営店数十店舗を運営しており、各店舗内や工場で製造された食品を、店舗で販売している。どの種類の食品をどのくらい作って（または工場から仕入れて）、どのように販売するかは、各店舗の判断に任せている。

賞味期限が切れたものは廃棄ロス、製造中にミスがあったものは製造ロスとして処分される。廃棄ロスを防ぐため、閉店間際に売れ残りがある場合は、各店舗の判断で値引きして売る。

近年は、会社全体として利益が落ちているが、各店舗で見てみると、上手くいっている店舗と、そうでない店舗が混在している。しかし、ざっくりした売上とコストでしか比較していないので、実際にどんな要因に問題があるか、把握できていない状況だ。

また、各店舗は立地や広さがバラバラであり、来店する顧客層も異なるので、単純に上手くいっている店舗のやり方を横展開することはできない。

つまり、各店舗の課題がどこにあるかを把握できておらず、結果として、どの店がどのような施策を打つべきか判断できていない状況を、打破しなければならない。

▶ 各店舗の利益ドライバーを分解し、各店舗の課題に合わせた施策を打つ

そこで、本事例では、各店舗の課題把握の解像度を上げ、各店舗の実態に合わ

せた施策を打つための見える化を行う。

まずは、各店舗のPLデータとPOSデータをもとに、利益ドライバーを要因分解して、どこに課題があるかを把握する。各店舗の営業利益を創出粗利とロス・販管費に分け、創出粗利はレシートごとのドライバーまで分解し、顧客の購買実態を詳細に捉える。

次に、課題に対して、どのような施策を取り得るかを検討する。施策は、現状保有しているデータの活用施策と、その他の施策に分けられ、どちらも重要だが、本章ではデータ活用施策のみを解説する。

データ活用施策の対象となる利益ドライバーは、「レシート当り商品購買数」「商品当り値引き前粗利」「値引き率」「広さ当り1日廃棄ロス額」の4つだ。各店舗で、該当するドライバーに課題がある場合に、施策を適用する。

▶ データサイエンティスト2名体制で、3カ月程度をかけて分析

図表6-1に、本事例の目安となる作業スケジュールを記載する。

全体では、データサイエンティスト2名体制で、施策立案から実行まで、3カ月程度かかるのが目安である。

まず、利益をどのように分解し、各利益ドライバーに対してどのような施策を行うかを検討する。そして、施策に合わせてどのような分析結果を出すべきで、そのためにどのようなデータが必要かを、計2週間程度かけて設計する。

使うべきデータが決まったら、データ収集とクレンジングを行う。ここでは2週間程度となっているが、データをシステムから抽出する手間や、クレンジングの必要性に応じて期間は増減する。

データが使える状態になったら、分析に入る。ここでは、データサイエンティスト2名体制で、1つの分析につき2週間程度をかけ、2つずつの分析を並行して実施した。データサイエンティストが1名しか確保できない場合、かかる時間は倍になる。

最後に2週間程度をかけて分析結果をまとめ、資料を作成して各店舗の責任者に報告し、施策実行となる。

▸ 図表6-1 目安の作業スケジュール

本事例は、データサイエンティスト2名体制で、3カ月程度をかけて分析した

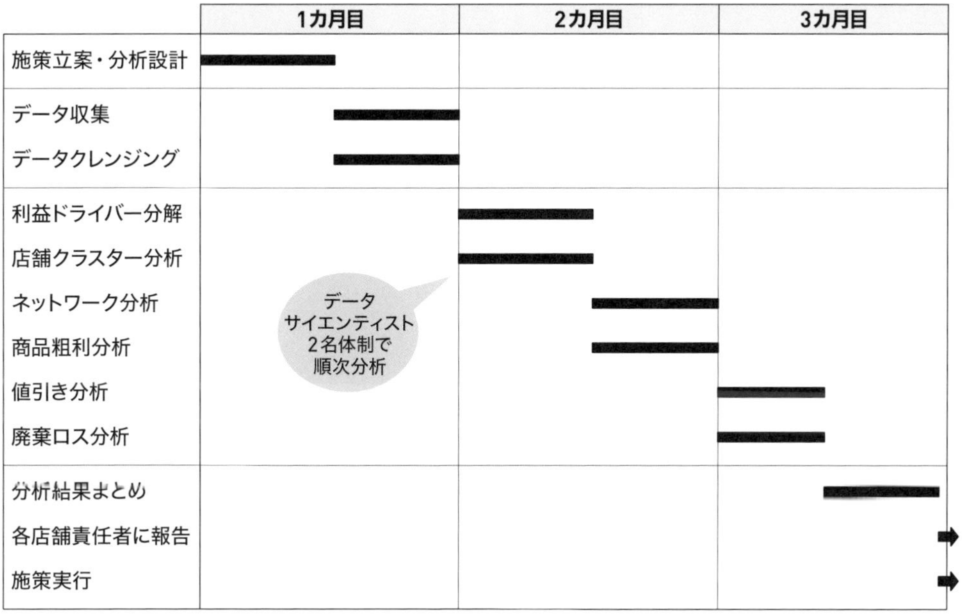

ではここから実際に「見える化」の進め方を紹介しよう。

2 利益ドライバーを分解する

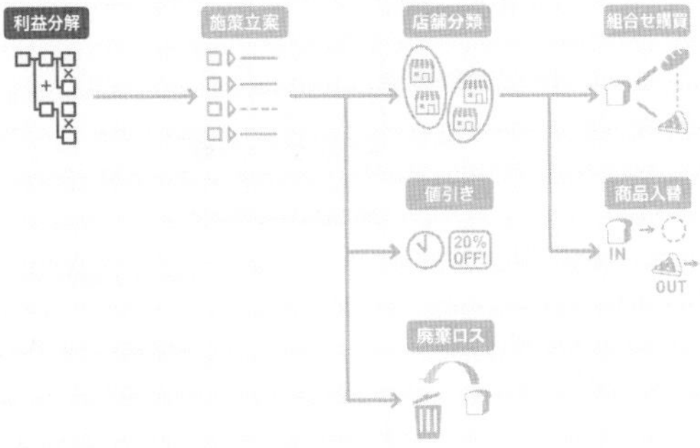

▶ 営業利益を8つの利益ドライバーに分解する

まずは、各店舗の課題を「見える化」するのが出発点だ。

営業利益のドライバーを分解し、どこに課題があるかを把握する。今回は、各店舗のPLデータに加えて、ドライバーを更に詳細に把握するため、POSのレシートデータも活用する。

図表6-2に、「利益ドライバーの要因分解」を記載する。

要因分解は、各店舗の各利益ドライバーを独立して見るために行う。たとえば、年間の営業利益は営業日数によって異なるので、まずは「年間営業日数」と、「1日当り営業利益」を分解しなければならない。同様に、店舗は広いほど売上規模が大きくなるので、「広さ」と、「広さ当り1日営業利益」を分解する。「広さ当り1日営業利益」は、粗利とコストのどちらに課題があるかを見るため、「広さ当り1日創出粗利」と「広さ当り1日ロス・販管費」に分ける。

レシートデータを用いることで、「広さ当り1日創出粗利」で終わることなく、更に「広さ当り1日レシート枚数」や「レシート当り創出粗利」といった、詳細なドライバーまで分解することができる。

▶ 図表6-2 利益ドライバーの要因分解

各店舗の課題を把握するため、利益ドライバーを分解する

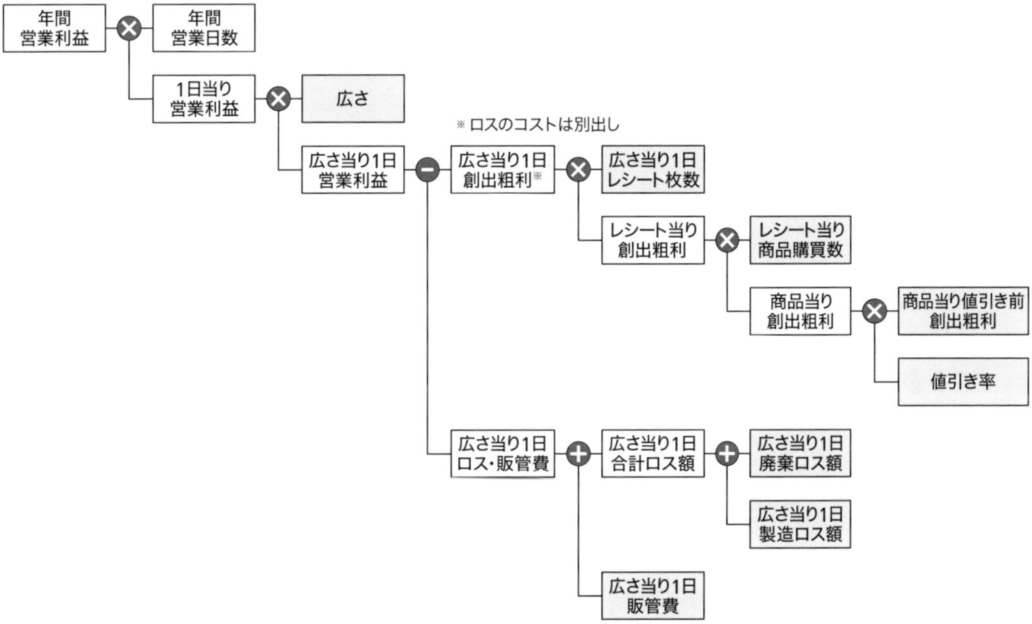

今回は、最終的に分解された要因のうち、ほとんど差がなかった「営業日数」を除いた、下記の8つを利益ドライバーとして定義する。

- 広さ
- 広さ当り1日レシート枚数
- レシート当り商品購買数
- 商品当り値引き前創出粗利
- 値引き率
- 広さ当り1日廃棄ロス額
- 広さ当り1日製造ロス額
- 広さ当り1日販管費

これらの利益ドライバーのうち、どの店舗はどこに課題があるかを把握してい

く。

▶ 利益ドライバーをレーダーチャート化・一覧化し、課題が一目で分かるようにする

利益ドライバーは、数字のままだと分かりづらいので、レーダーチャート化すると、各店舗を比較しやすい。

図表6-3に、「利益ドライバーのレーダーチャート」を記載する。

各利益ドライバーのレーダーチャートの値は、全店舗の数値を5つにランク付けして算出する。たとえば、A店は、全体的に良い評価だが、「広さ当り1日販管費」のみ、低い評価となっている。B店は、かなり特徴的であり、「広さ」は狭いが、狭い店舗を上手く使っており、「広さ当り1日販管費」の評価は高い。また、来店が多く、「広さ当り1日レシート枚数」は多くなっているが、一人一

▶ 図表6-3 利益ドライバーのレーダーチャート

利益ドライバーの違いが一目で分かるように、レーダーチャート化する

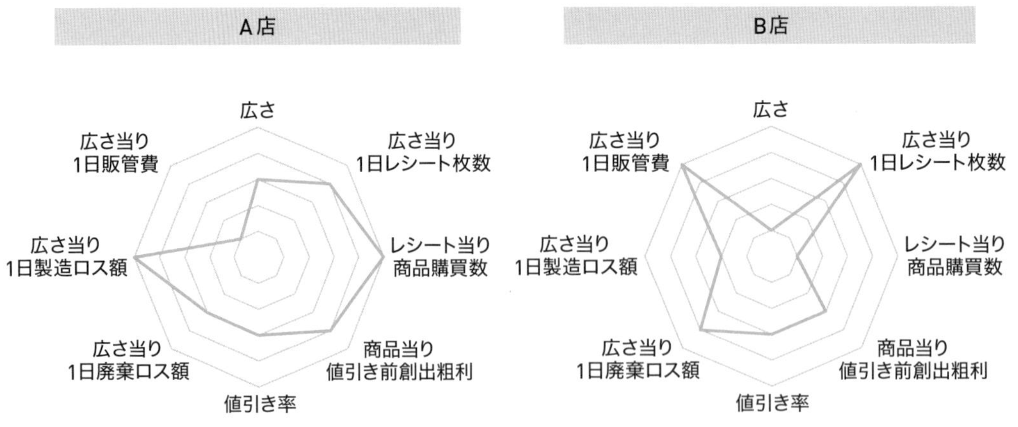

人がたくさん買ってくれないので、「レシート当り商品購買数」は低い。

このようなレーダーチャートを全店舗分作ることで、視覚的にどの店にどのような特徴があるかが、分かりやすくなる。

レーダーチャートで示した全店舗の課題を一覧表にしたのが、図表6-4である。

店舗を1日当り営業利益の大きい順に並べ、各店舗で課題のある利益ドライバーに「✓」を入れている。今回は、全15店舗のうち、レーダーチャートの評価が下位5位以内の店舗を課題ありと定義した。

▶ 図表6-4　**店舗の利益ドライバー課題一覧**

全店舗の課題の所在が一目で分かるように、一覧化する

店舗名	1日当り営業利益	利益ドライバーの課題							
			創出粗利				ロス・販管費		
		広さ	広さ当り1日レシート枚数	レシート当り商品購買数	商品当り値引き前創出粗利	値引き率	広さ当り1日廃棄ロス額	広さ当り1日製造ロス額	広さ当り1日販管費
A店		－	－	－	－	－	－	－	✓
B店		✓	－	✓	－	－	－	✓	－
C店		－	✓	－	－	－	－	－	－
D店		－	－	－	－	✓	－	－	－
E店		✓	－	－	✓	－	✓	－	－
F店		－	✓	－	－	－	－	✓	－
G店		－	－	✓	－	－	－	－	✓
H店		－	－	✓	－	－	－	✓	－
I店		✓	－	－	－	✓	－	－	✓
J店		－	－	－	✓	－	－	✓	✓
K店		－	－	✓	－	－	－	－	－
L店		－	✓	－	✓	－	✓	－	✓
M店		－	－	✓	－	✓	✓	－	－
N店		✓	✓	－	✓	✓	✓	－	－
O店		✓	✓	－	✓	✓	✓	✓	－

店舗により、課題がある利益ドライバーはバラバラなので、一律の施策を全店舗で実行することは意味がない。店舗の利益を改善させるためには、各店舗の利益ドライバーの課題に合った施策を実行しなければならない。

3 利益ドライバー別に施策を立案する

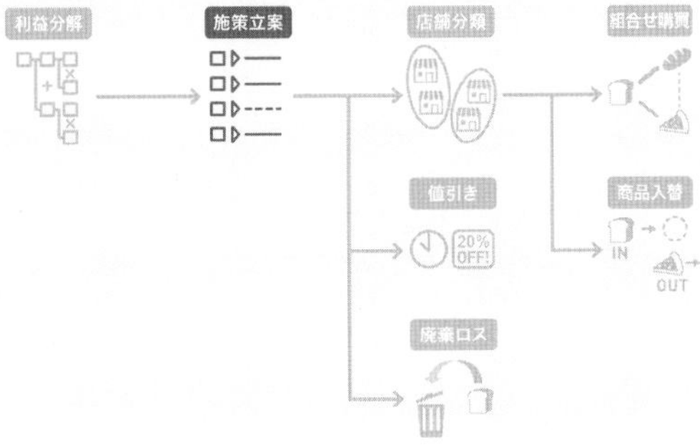

▶ 8つの利益ドライバーのうち、現状保有するデータの活用施策で解決可能なものは4つ

利益ドライバーを分解したら、各ドライバーを改善するために、どのような施策が効果的かを検討する。

利益ドライバーの課題すべてを、現状保有しているデータの活用施策で解決することはできない。課題が見えたら、それが今あるデータを使った施策で解決できるものなのか、他の施策で解決すべきものなのかを、区別しなければならない。

図表6-5に、「利益ドライバー別の施策」を記載する。

《広さ》

「広さ」を変えるのは、データ施策では難しい。もし敷地の使い方が非効率な店舗があれば、レイアウト変更や工事により、売り場面積を拡充できる可能性はあるが、本章の対象外とする。

▸ 図表6-5　利益ドライバー別の施策

利益ドライバー別に、現状保有しているデータを使って解決可能な施策を洗い出す

利益ドライバー		施策
広さ		●現状保有しているデータでは解決できず、その他の施策を要検討（本章の対象外）
広さ当り1日創出粗利	広さ当り1日レシート枚数	
	レシート当り商品購買数	●購買パターンの異なる時間帯別に、商品カテゴリの売上構成比（顧客特性）が近い店舗をクラスタリング → ●同じクラスターで、組合せで買われやすい商品のパターンを抽出し、理想的な商品配置を導出 / ●同じクラスターの優良店を参考に、入れ替えるべき商品を導出
	商品当り値引き前創出粗利	
	値引き率	●夜の販売数量を値引き率別に予測し、売れ残っている商品数量と比較して、値引きを実施すべき推奨タイミングを導出
広さ当り1日ロス・販管費	広さ当り1日廃棄ロス額	●商品ごとの販売数量と廃棄ロス数量を分析し、製造数を減らすべき商品を導出
	広さ当り1日製造ロス額	●現状保有しているデータでは解決できず、その他の施策を要検討（本章の対象外）
	広さ当り1日販管費	

《広さ当り1日レシート枚数》

「広さ当り1日レシート枚数」も、今保有しているデータを使った施策では難しい。購買人数のコンバージョンを上げるために把握が必要な来店人数や、店の前の通行人数のデータがないからだ。カメラを用いた画像認識による、人数カウントのデータ化も可能だが、本章の対象外とする。

《レシート当り商品購買数》

「レシート当り商品購買数」と「商品当り値引き前創出粗利」はまず、購買パターンの異なる時間帯別に、商品カテゴリの売上構成比（顧客特性）が近い店舗をクラスタリングする。各店舗には、様々な顧客が、様々な時間に、様々な目的を持って来店する。顧客層は時間帯によって変化するので、各時間帯の特性が近い店舗のクラスター内で比較をしないと意味がない。顧客層の特性は、何を買うかによって分かれると仮定して、商品カテゴリの売上構成比により判断する。

クラスタリングは、本章の第４節で解説する。

その上で「レシート当り商品購買数」は、同じクラスター内の店舗で、組合せで買われやすい商品のパターンを抽出し、理想的な商品配置を導出することで増やす。商品ＡとＢが、ＡとＣよりも同時に買われやすい場合、ＡとＢの配置を、ＡとＣの配置よりも近くすることで、より組合せで買われやすくする。

組合せ購買分析は、本章の第５節で解説する。

《商品当り値引き前創出粗利》

「商品当り値引き前創出粗利」は、同じクラスターの優良店を参考に、入れ替えるべき商品を導出することで増やす。商品粗利が高い優良店の売れ筋商品だが、商品粗利が低い店にはない商品を抽出し、同一の商品カテゴリで売れていない商品と入れ替える。

商品入替分析は、本章の第６節で解説する。

《値引き率》

「値引き率」は、過度な値引きによる逸失利益を減らすため、最適な値引き実施タイミングを導出することで改善する。

夕方までの売れ行き状況から、その日の夜にどれくらい売れるかを予測する。売れ残りの数と販売予測数を比較して、売れ残りが多すぎるのであれば、値引きにより販売を促進して売り切る。値引きのタイミングは早すぎると利益を逸失してしまうので、売り切るのに丁度よい時間を算出する。

値引き分析は、本章の第７節で解説する。

《広さ当り1日廃棄ロス額》

「広さ当り１日廃棄ロス額」は、製造数を減らすべき商品を導出することで改善する。１日当りの販売数量と廃棄ロス数量の分布を商品ごとに確認し、赤字となっている商品を抽出して、製造数の削減を推奨する。

廃棄ロス分析は、本章の第８節で解説する。

《他》

「広さ当り1日製造ロス額」と「広さ当り1日販管費」は、現状保有しているデータ分析で解決することは難しい。別途、施策を検討する必要があり、本章の対象外とする。

Column

カメラ画像解析により、通行・来店人数データを新たに取得し、水漏れを把握する

カメラ画像解析により通行・来店人数のデータを新規取得することで、既存のPOSデータから分かる購買人数も組み合わせた、顧客の水漏れ構造を把握することができる。

図表6-6に、「カメラ画像解析による人数把握の施策イメージ」を記載する。

▸ 図表6-6　カメラ画像解析による人数把握の施策イメージ

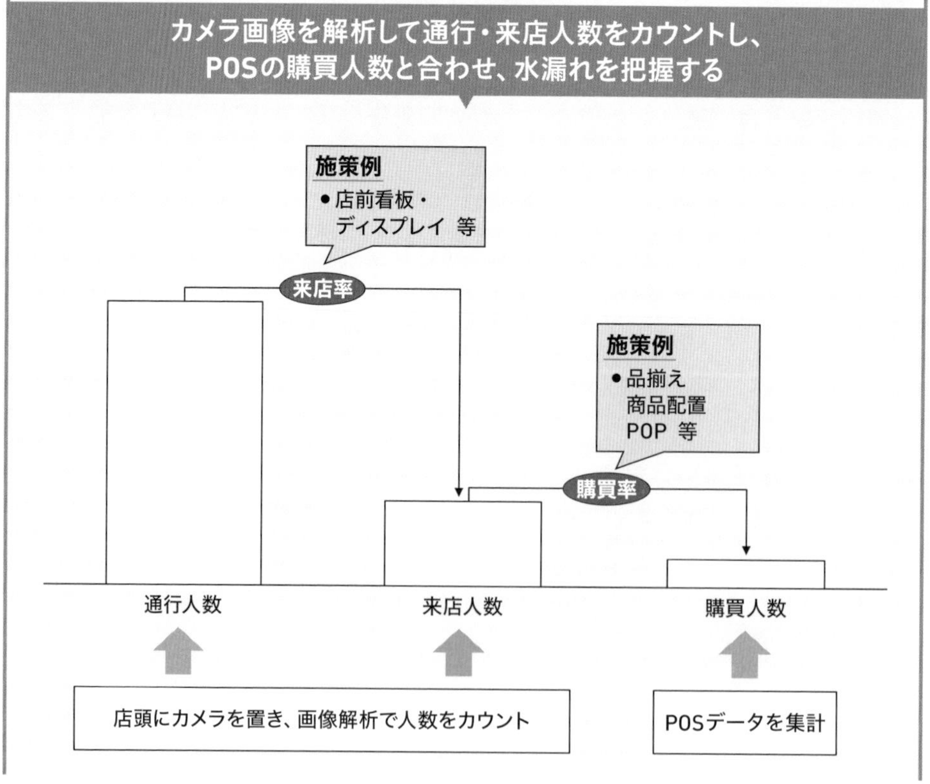

店頭にカメラを置き、撮影した画像を解析することで、店の前の通行人数と来店人数を把握することができる。

本施策を自力で実行することは難しいので、専門のベンダーに依頼するのが無難だ。カメラは高性能なものは必要なく、数千円で買える程度のもので十分である。カメラだけでなく、画像解析のための端末も設置するが、広いスペースは必要なく、店舗運営に支障をきたすこともないはずだ。

通行人数と来店人数がカウントできれば、来店率を算出することができる。来店率を増加させるために、店前の看板やディスプレイの変更などの施策を行い、施策前後の成果を比較して、何が効果的かを分析する。

更に、POSデータを集計して得られる購買人数も組み合わせれば、来店後の購買率も算出することができる。店内の品揃え、商品配置、POPなどを変更することで、購買率を向上させるための施策効果を分析する。

4 顧客層の似ている店舗を分類する《クラスタリング》

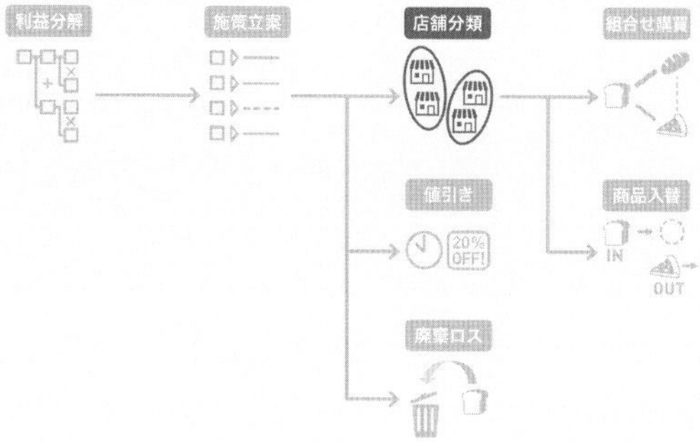

▶ 時間帯別の商品売上状況で、各店舗のクラスターを分ける

これまでに、利益ドライバーに対応した施策を整理したので、本節以降は、各施策の中身を解説していく。まずは、組合せ購買と商品入替を効果的にするための、店舗分類クラスタリングから始める。

「レシート当り商品購買数」を増やす組合せ購買と、「商品当り値引き前創出粗利」を増やす商品入替の施策は、顧客層が似ている店舗を分類するためのクラスター分析が肝である。クラスター分析とは、「教師なし機械学習」のひとつであり、第4章で解説しているので、適宜参照していただきたい。

図表6-7に、「店舗クラスター分析のイメージ」を記載する。

顧客層は時間帯により異なるので、朝・昼・夕・夜でそれぞれ分類する。顧客層は、その顧客が何を買うかで分類できると仮定し、時間帯の中での商品カテゴリ別売上数量の構成比でクラスター分析する。

クラスターを分類した後は、同一クラスター内の傾向分析や、同一クラスター

▶ 図表6-7　**店舗クラスター分析のイメージ**

各店舗の売上傾向をクラスター分類し、同一タイプ店舗の販売促進に活用する

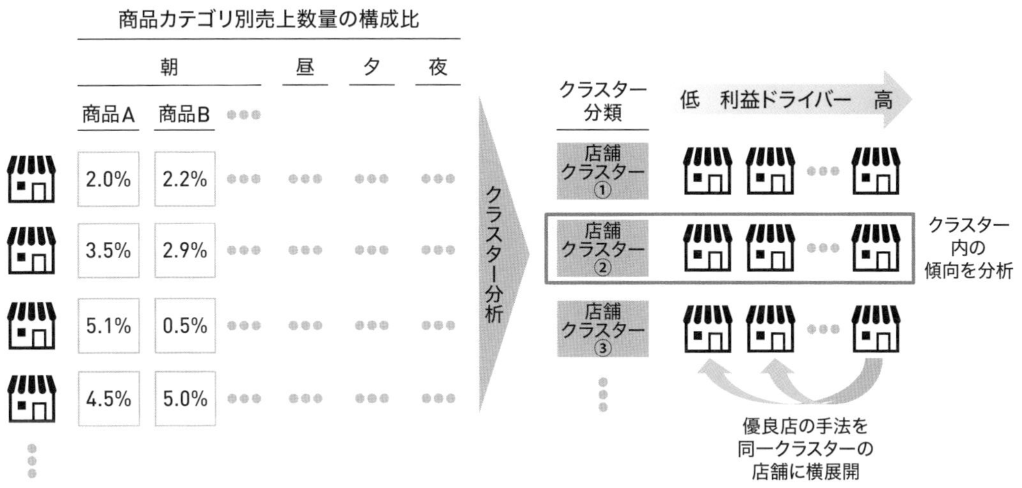

内で利益ドライバーが優良な店舗の手法の横展開などを実施することで、販売を促進する。

▶ 同じ店舗でも、時間帯でクラスターは変化する

クラスター分析の結果を、図表6-8に記載する。

今回はクラスターを5つに分けた。同じ店舗でも、朝から夜に時間が経つにつれ、クラスターが変化していく。朝はクラスター①や④の店舗が多いが、夜になると売れる商品が変わり、クラスター③や⑤が多くなる。

クラスターの数はいくらでも増やすことができるが、利益ドライバー優良店舗の手法を横展開することが目的の一つなので、クラスターを増やした結果、クラスター内の店舗数があまりに少なくなってしまうと意味がない。クラスター数の正解はないが、施策を実行するのに問題がない、適切な数になるようにする。

商品売上でクラスター分析をする際には、各店舗で同一の商品を売った場合

▶ 図表6-8　**店舗のクラスター分類**

同一店舗でも、時間帯が変わるとクラスターも変わる

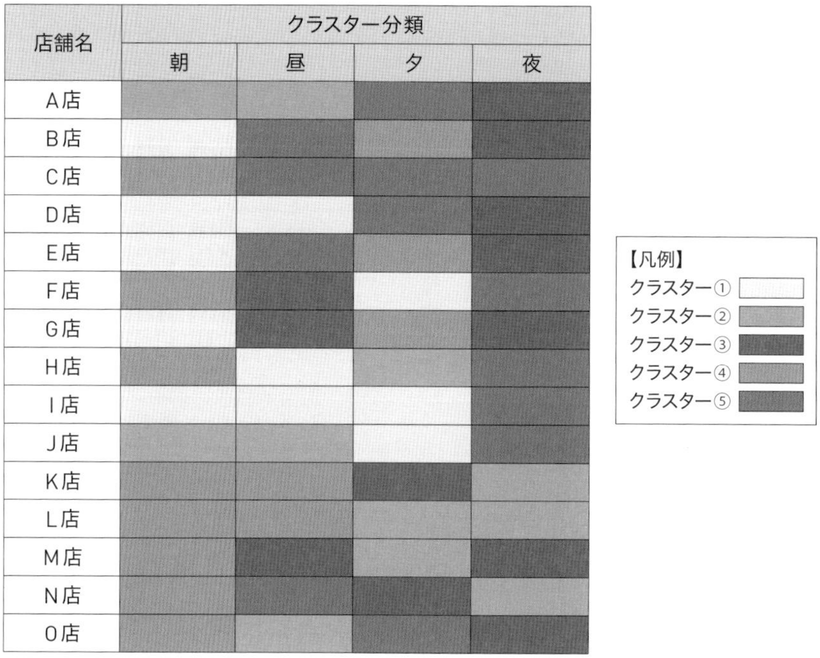

に、POS上で同一の名前が登録されているか、あらかじめ確認する必要があるので、注意したい。同じ商品でも、別の名前が登録されていて、別商品と認識してしまうと、クラスター分析する意味がない。POSの商品名登録は各店舗の担当者が行うことが多く、入力が完全に統一されていないことも起こり得るので、クラスター分析をする前にデータをチェックしなければならない。

商品の名寄せをする場合は、最初に、空白スペース、英語の大文字／小文字、ひらがな／カタカナ等、コーディングで機械的に対応できるところを直しておく。その上で、各商品の売上を集計して、売上の多い順に商品を並べ、上から目検で直していく。

この目検作業はとても辛いのだが、気合と集中力で乗り切るしかない。完璧に名寄せすることは不可能であり、せめて売上の多い商品だけは名寄せする、と割り切る。

時間が空いてしまうと前に見たパターンを忘れてしまうので、たとえば3時間だけやると時間を区切り、覚悟を決めて作業する。1,000件程度なら、数人×数時間で対応できるはずだ。決められた時間が経過したら、作業をやめる。確認できていない商品は未確認のフラグだけ立てておき、この先の分析結果に違和感があれば、また名寄せするとして、次の分析ステップへ移る。

5 商品配置を入れ替える

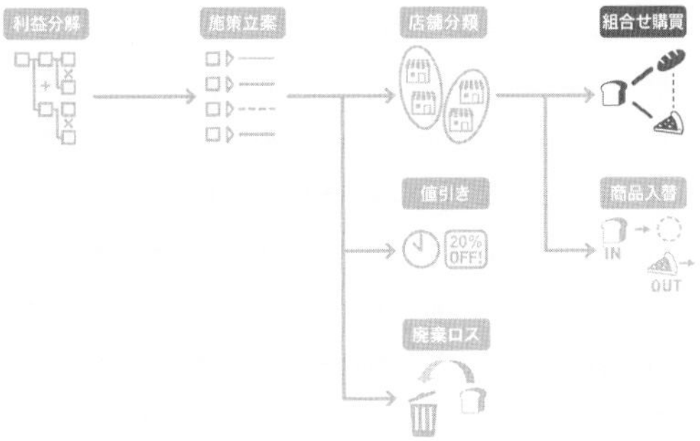

▶ 組合せで買われやすい商品のネットワーク図から、ハブとなる商品を把握する

店舗のクラスタリングができたので、次は、クラスター内での組合せ購買分析により、「レシート当り商品購買数」を増やす施策の内容を説明する。

同じクラスター内で、組合せで買われやすい商品のパターンを抽出して、理想的な商品配置を導出することで、「レシート当り商品購買数」の増加を狙う。組合せで買われやすい商品は、バスケット分析で算出される購買確率をもとに、ネットワーク図として表現する。

図表6-9に、「商品組合せ購買確率のネットワーク図」を記載する。

ここで示したネットワーク図は、クラスター内の店舗で、商品別に組合せ購買確率を算出し、組合せで買われやすい結びつきを示したものだ。

ネットワーク図は、円と線で表現される。円は商品名を示し、円の大きさは商品の値引き前粗利が高いほど大きい。線は同時に買われやすい商品と商品の間に引かれ、確率が高いほど太い。上下左右の関係は、入替可能である。

このネットワーク図を眺めて、何と何が一緒に買われやすいのか、特に様々な

▸ 図表6-9　**商品組合せ購買確率のネットワーク図（クラスター①）**

同一クラスター内で、組合せで買われやすい商品のネットワーク図を算出し、どの商品がハブとなっているかを把握する

- **クラスター内の店舗で、商品別に組合せ購買確率を算出し、組合せで買われやすい結びつきを示したネットワーク図を算出**
  - 円は商品名を示し、円の大きさは商品の値引き前粗利が高いほど大きい
  - 線は同時に買われやすい商品と商品の間に引かれ、確率が高いほど太い
  - 上下左右の関係は、入替可能

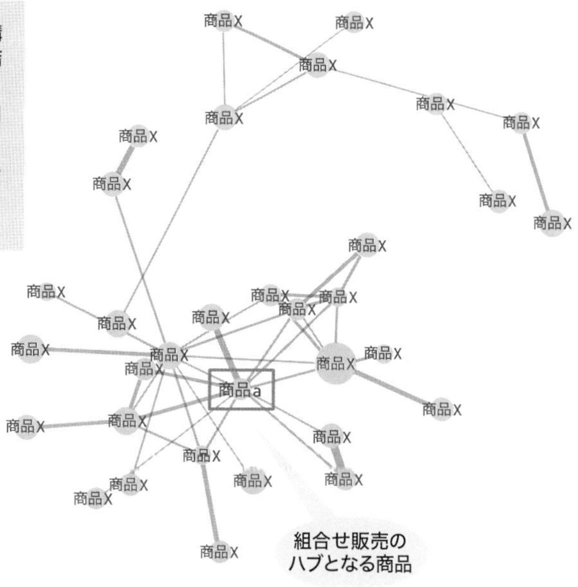

商品と一緒に買われやすいハブとなっている商品は何かを把握する。今回の結果からは、商品aが多くの商品と線がつながる中心に位置しており、ハブとなっている商品であることが分かる。

ここからは少し細かい話になるので、読み飛ばしてもらっても問題ない。

実は、今回算出した組合せ購買確率以外にも、買われやすさの指標はいくつか存在する。組合せ購買確率は「支持度」とも呼ばれるが、その他にも「信頼度」や「リフト」と呼ばれる指標がある。

「支持度」は、商品XとYが同時に購買される確率だ。シンプルに確率の大きさを示しており、分かりやすい。

「信頼度」は、Xを購入した人がYも購買する確率だ。この数字が高いほど併売可能性が高いとされるが、そもそもYがよく購買される人気商品だった場合、この数字だけで買われやすさを判断してはいけない。

「リフト」は、Xを購買することでYを購買する確率が上がる倍率だ。単品と組合せの発生頻度の差を示しており、より厳密には、この指標で組合せの買われやすさを評価する。しかし、倍率が上がっても、そもそもの購買確率が小さい場合、売上に貢献しないので、今回はより売上にダイレクトに効き、分かりやすい「支持度」を採用した。

▶ ハブとなる商品を中心に組合せで買われやすい商品を近くに配置し、同時に買われる確率を高める

ネットワーク図から、ハブとなる商品と、その商品と組合せで買われやすい商品を把握したら、実際の商品配置に活用する。

図表6-10に、「商品配置の改善案」を記載する。

現在の商品配置では、ハブとなる商品aは、棚の右端の目立たない場所に置か

▶ 図表6-10　商品配置の改善案（A店の朝時間帯）

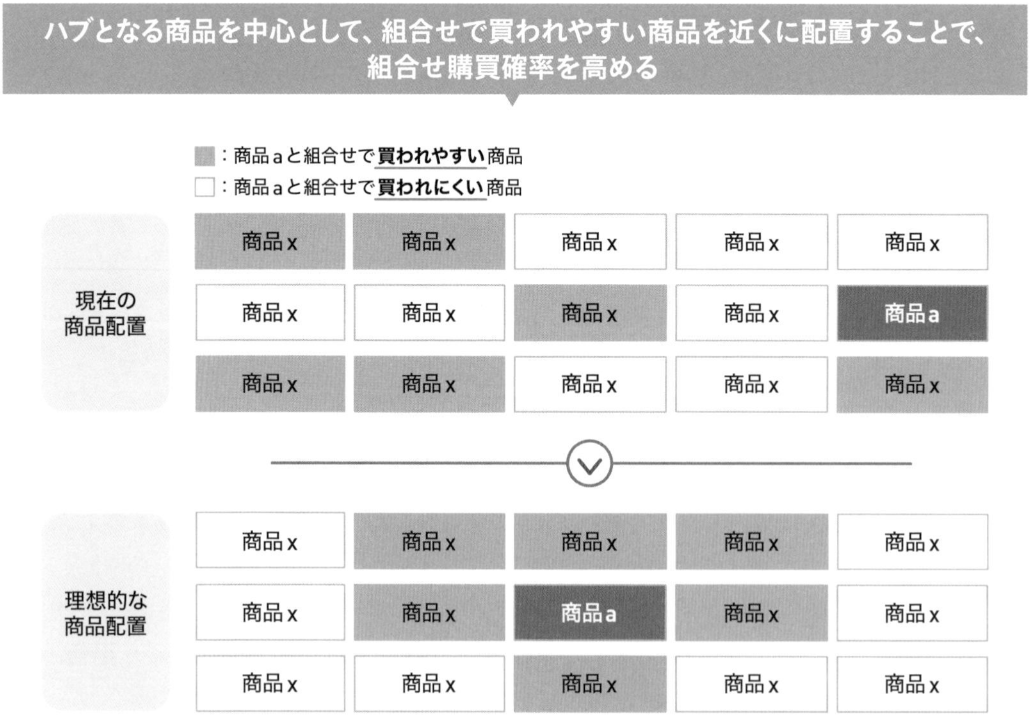

れている。商品aと一緒に買われやすい商品も、商品aの近くではなく、バラバラに置かれている。

理想的な商品配置は、商品aを中心として、一緒に買われやすい商品をその周辺に並べたものである。一緒に買われやすい理由の仮説が立てられれば、たとえばPOPを配置して、一緒に買うメリットを訴求することで、組合せで買われる確率を更に高めることができる。

6 商品ラインナップを入れ替える

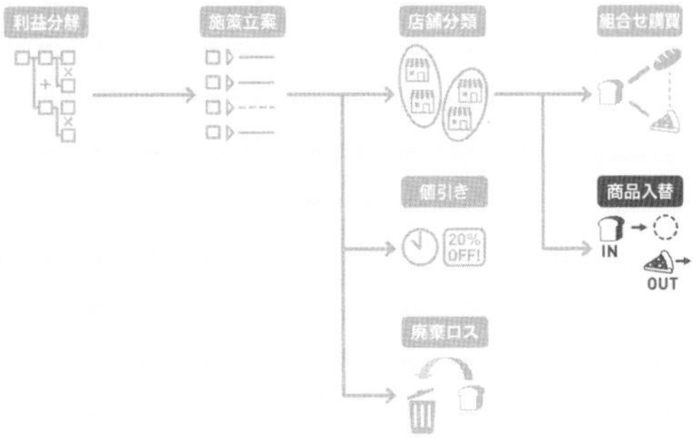

▶ 優良店の売れ筋商品だが、商品粗利が低い店にはない商品を抽出し、売れていない商品と入れ替える

クラスターを使ったもう一つの施策が、「商品当り値引き前創出粗利」を増やすための、商品入替分析である。

同じクラスターで粗利が高い優良店を参考にして、入れ替えるべき商品を導出する。図表6-11を見ていただきたい。

まずは、同一クラスター内でもっとも「商品当り値引き前創出粗利」が高い優良店を選び、商品カテゴリ別に粗利の大きな順に商品を並べる。次に、同じクラスター内で「商品当り値引き前創出粗利」に課題のある店舗の商品と見比べる。

探すのは、商品粗利が高い店の売れ筋商品だが、商品粗利が低い店にはない商品である。これが、追加商品の候補だ。

店頭スペースには限りがあるので、課題のある店舗の中で、除外する商品も決める必要がある。同じ商品カテゴリ内で、粗利順に商品を並べて、低いものが除外候補である。

粗利は、単価、1日当り販売数、粗利率に分解して比較することで、どの要素

▶ 図表6-11　**商品ラインナップの入替候補（A店の昼時間帯）**

同一クラスター内で、商品粗利が高い店の売れ筋商品だが、商品粗利が低い店にはない商品を抽出し、同じカテゴリの売れていない商品と入れ替える

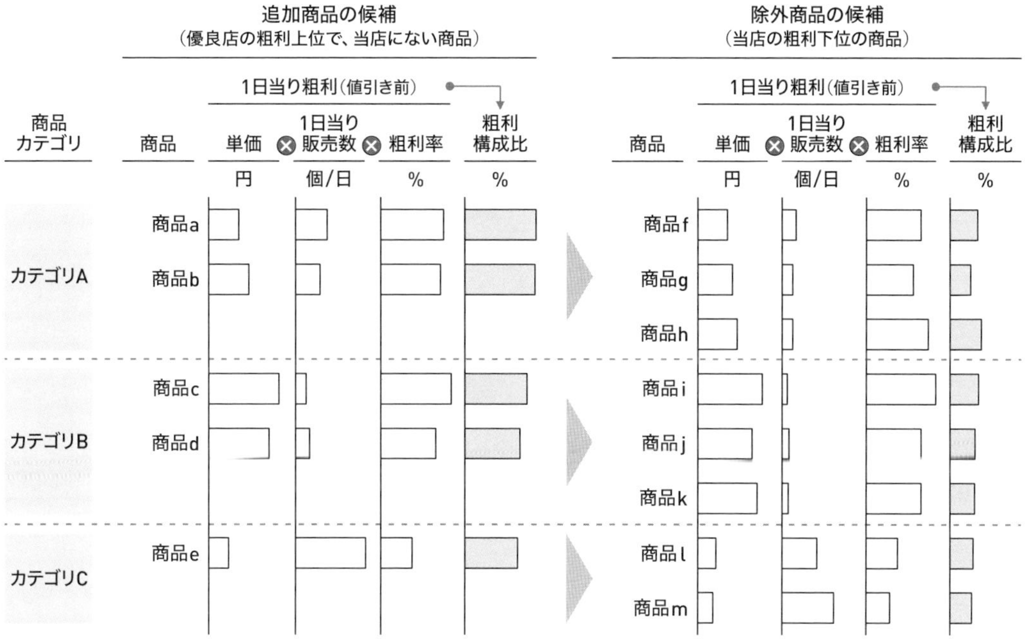

によって粗利に差が出ているかが分かりやすくなる。店舗の規模により、売上や粗利の水準は異なるので、各商品の1日当り粗利ではなく、各商品の粗利構成比を見ることで、インパクトの大きさを比較することができる。

7 過不足なく売り切る値引きタイミングを提示する

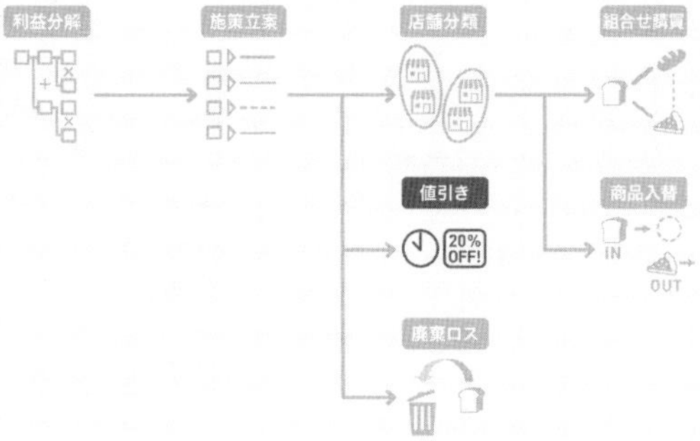

▶ 値引きで売れ行きがどれくらい変わるかを把握する

次はまた異なる利益ドライバーである「値引き率」を改善させるための分析について述べる。

まずは値引きにどれくらい効果があるかを分析する。図表6-12に、「値引きによる販売数量の増分」を記載する。

値引きは決められた時間に行うものではなく、各店舗が売れ残り状況を見て、いつどれくらいの値引きをするかを判断する。A店の販売数量を分析したところ、2割引と3割引はどちらも販売数量が大きく増え、効果があることが分かった。

しかし、2割引を3割引にしたところで、販売数量はほとんど変わらないことも判明した。3割引は利益を大きく削ってしまうので、値引きは2割引までにするべきである。

▶ 図表6-12　値引きによる販売数量の増分（A店）

値引きをすると多く売れるが、3割引は追加効果が低いので、2割引までにするべき

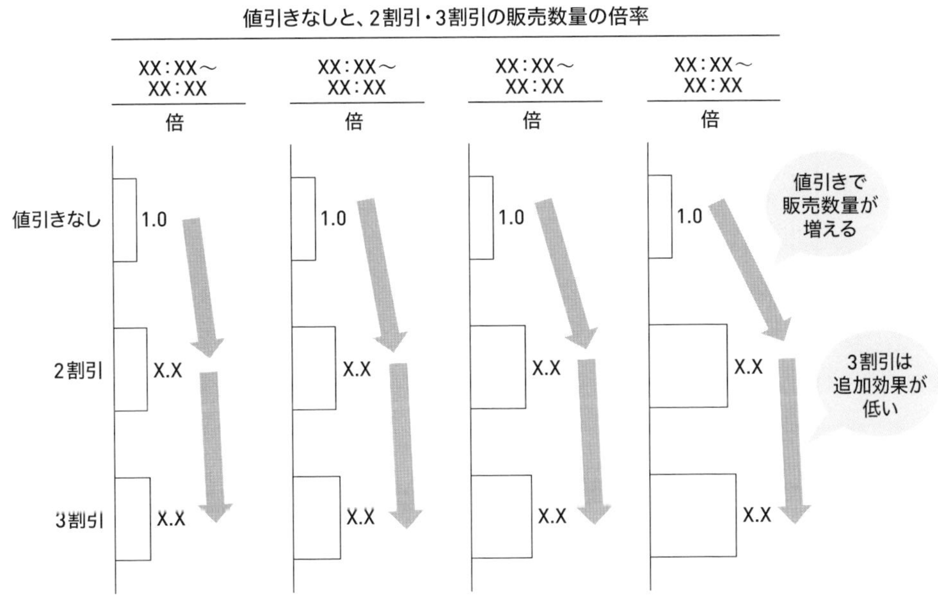

▶ 過度な値引きを防ぐため、過不足なく売り切る値引きタイミングを提示する

値引きにより販売数量を増やすことができるが、あまり早くに値引きをしてしまうと、定価で得られる利益を逃してしまう可能性もある。知りたいのは、値引きをすべきタイミングである。

1日の中での売れ行きを分析してみると、朝・昼・夕までの販売数量から、夜の販売数量を高精度で予測できることが分かった。つまり、夜の予測販売数量と、夜が始まる時点での売れ残り数量を比較すれば、値引きをしなくても売り切れるのかを、判断することができる。

定価では売り切れない量が残っているのなら、値引きをした場合に、販売数量がどれくらい増えるかも分かっているので、いつ値引きをして販売数量を増やせ

▶ 図表6-13　値引きタイミングの推奨（A店）

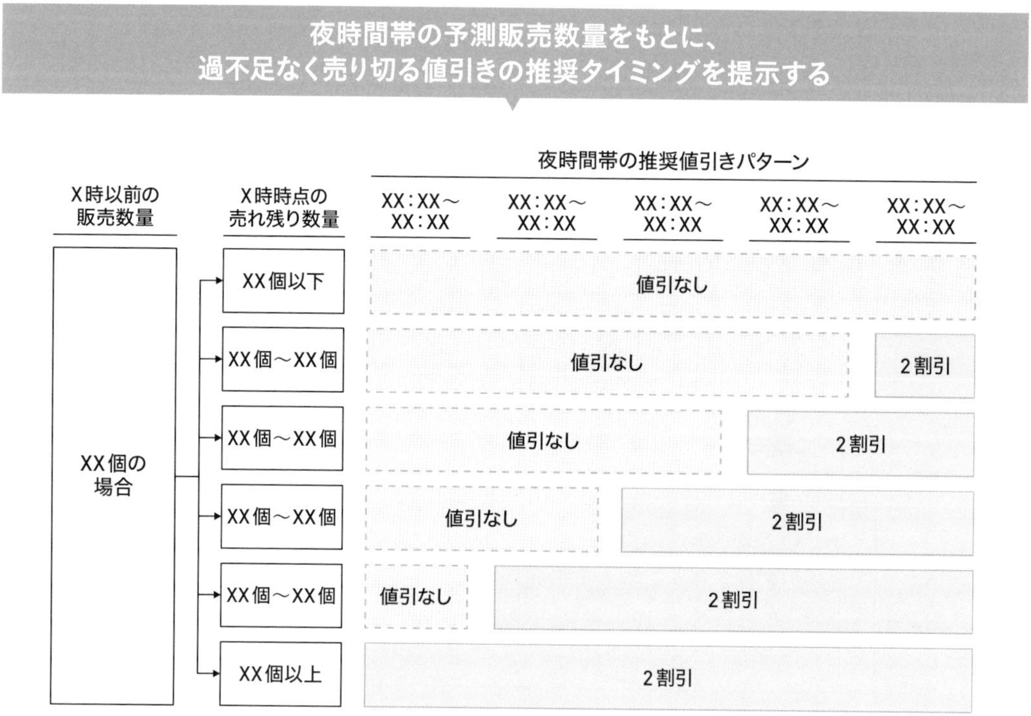

ば、過不足なく売り切れるかを示すことができる。

図表6-13に、「値引きタイミングの推奨」を記載する。

その日の夜が始まる時点で、その日はどれだけ販売数量があったのか、その時点でどれだけ売れ残っているのかを把握する。売れ残りが少なければ、定価のまま最後まで売り切る。売れ残りが多ければ、値引き推奨タイミングを見ることで、閉店までに過不足なく売り切り、過度な値引きによる利益逸失を防ぐことができる。

8 作りすぎている商品を減らす

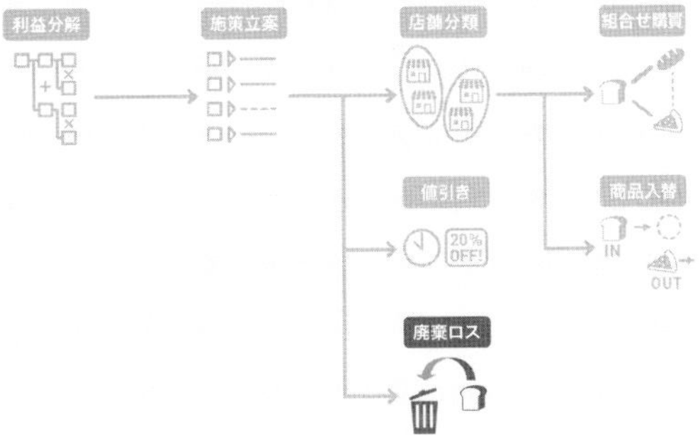

▶ 廃棄ロスで赤字となっていて、製造を減らすべき商品を示す

最後に残った利益ドライバーは「広さ当り1日廃棄ロス額」だ。

「広さ当り1日廃棄ロス額」を減らすために、販売数量と廃棄数量の関係を分析する。図表6-14に、「商品別の1日当り販売数量と廃棄ロス数量の分布」を記載する。

図の一つ一つの点が、各商品を表している。

また、黒い点線で赤字ラインが2本引かれている。一つは、原価のみの赤字ラインであり、これより左側（赤字）となっている商品はない。

もう一つは、人件費・販売費も加えた赤字ラインであり、この線を商品aと商品bが割り込んでしまっている。これらの商品は現在の販売数量では、廃棄ロスで赤字になっており、製造数を減らすべきである。

図にはもう一つ、廃棄ロス／販売数量＝20%の灰色の線も引かれている。こ

▶ 図表6-14　**商品別の1日当り販売数量と廃棄ロス数量の分布（A店）**

廃棄ロスで赤字となっていて、製造数を減らすべき商品を導出する

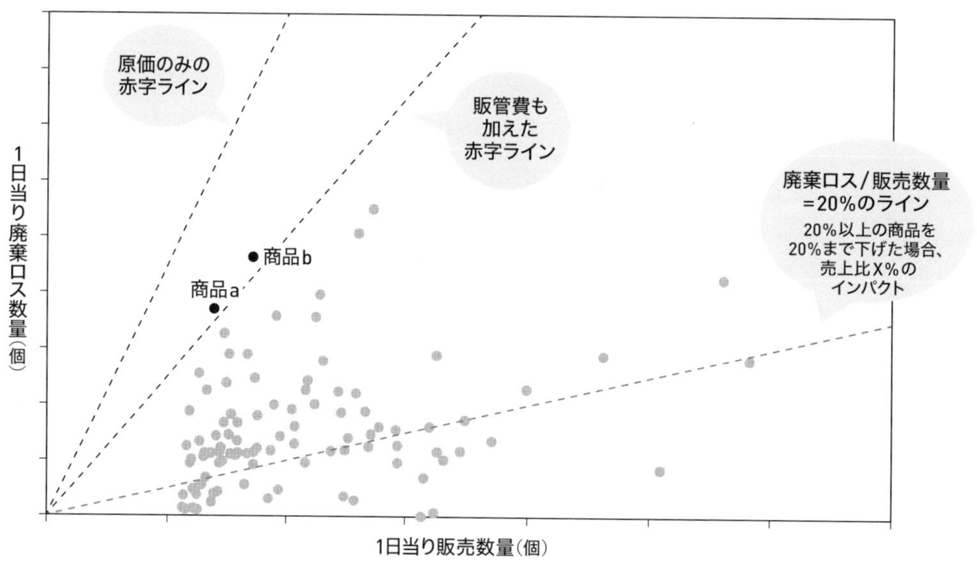

れは、この会社が目標としている廃棄ロスのラインであり、すべての商品はこのラインの右側を目指さなくてはならない。ここでは、仮にこのラインを左に割り込んでいる商品の廃棄ロスが、すべて20%となった場合の売上比の利益改善率を算出し、経営に与えるインパクトも示した。

▶ 第6章のまとめ

- POSデータも用いて、店舗の営業利益を「レシート枚数」「レシート当り商品購買数」「商品当り値引き前粗利」「値引き率」まで含めた粒度でドライバー分解することにより、各店舗のどこに問題があるか、見える化することができる
- 各店舗の利益ドライバーの課題に応じて、デジタルにとらわれずに幅広く施策を検討し、解決を図ることが重要
- たとえば商品カテゴリ別売上構成比などを用いて、顧客特性が近い店舗をクラスタリングすることで、同一クラスター内で優良店の手法を横展開するなど、店舗の実態に合った施策を実行しやすくなる
- 売れ残り商品を値引きする場合、過度な値引きにより利益を棄損しないため、本当に値引きに見合った売上増の効果が出ているのか、POSデータを用いて検証するべき

次の第7章では、個別部門のDX実装のもう一つの難所である「予測」の事例を解説する。

第7章

予測モデルの実装

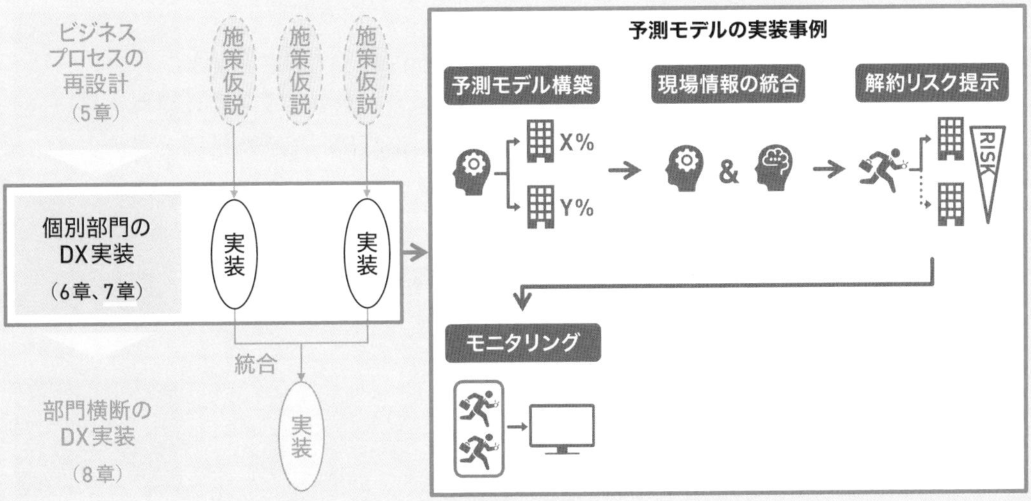

introduction

意味のあるモデル設計と、既存データで構築されたモデルと新データを統合したリスク判定・提示方法に注目する

本章では、第6章に引き続き、ビジネスプロセスを再設計した後、個別の部門で行うDX実装の事例を解説する。

汎用性が高いが、具体イメージを掴みづらいデジタル化施策は、「見える化」と「予測」である。前章が前半の「見える化」のパートであり、本章は後半の「予測」のパートとなる。

本章で特に見てほしいのは、ビジネス的に意味のあるモデルの作り方と、単にモデル構築するだけでなく、新たにデータ化した情報を統合してリスク判定・提示する方法だ。

予測モデルの構築は、最初の設計を間違えると、その後の作業がすべて無駄になってしまう。ビジネスで成果を出すため、特にデータの母集団や予測対象（目的変数）をどのように選んでいるのか、着目していただきたい。

また、社内で保有しているデータは、現実世界のごく一部を切り取ったものに過ぎないので、そのデータを使って構築されたモデルがすべてだとは思ってはいけない。既にあるデータを使ったモデルと、新たに取得してきた情報をどのように統合してリスク判定し、現場に提示しているのかを見てもらいたい。

自社でビジネス的に意味のある予測モデルを構築するヒントとして、読んでいただきたい。

1 顧客の解約リスクを定量化して抑止した、予測モデル実装の事例

▶ 顧客の解約を止めることが、解決すべき課題

本章では、機械部品メーカーの事例を紹介する。図表7-1のように、利益ドライバーを要因分解して分析した結果、「解約顧客数の増加」が課題であると分かったとする。

解約顧客数の増加を止めるには、既存顧客の解約を抑止する施策と、長期契約

▶ 図表7-1 課題の特定

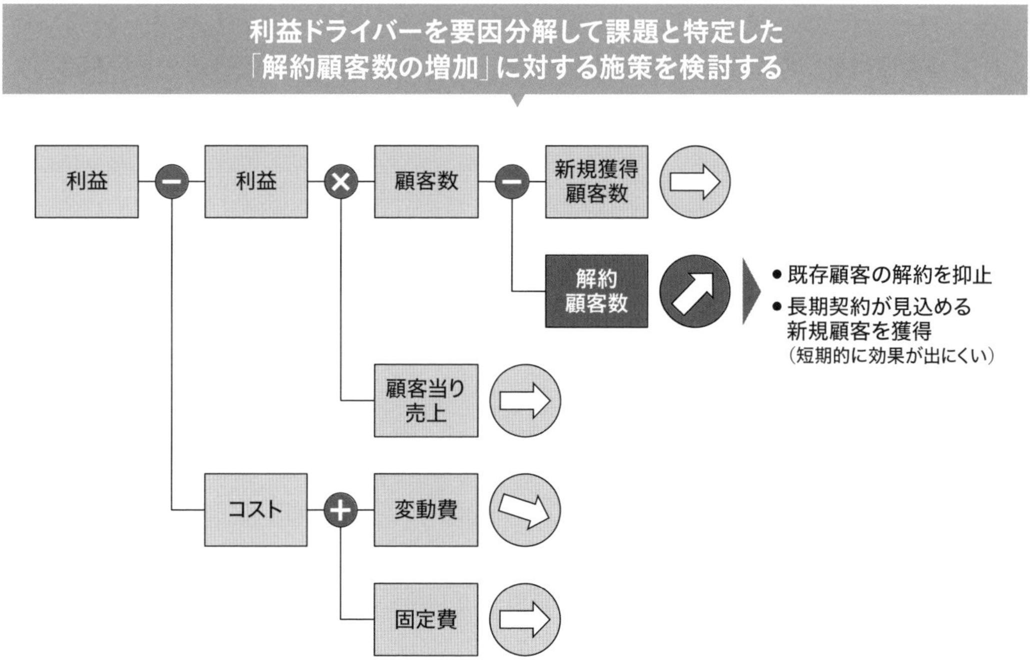

が見込める新規顧客を獲得する施策が考えられる。長期契約が見込める新規顧客を獲得するのは、重要ではあるが、短期的には効果が見込みづらい。今回は、足元の止血を優先して、まず既存顧客の解約を抑止する施策に取り組むことにした。

当社の機械部品はコモディティ化している商品であり、他社との競争が激しいため、契約を奪ったり奪われたりを繰り返している。商品の質や価格で差別化することは難しい。定期的な訪問で顧客をフォローして関係性を深めることにより、解約を止める一定の効果が見込めるのは分かっているが、営業担当者のリソースには限りがあり、すべての顧客を訪問することはできない。とりあえず今は、売上で優先度をつけて、売上が50万円以上の顧客を訪問している状況だ。

しかし、近年顧客の数が増えたことで、売上が50万円以上の顧客をすべて訪問することも難しくなってきた。過去に無理やり訪問数を増やしたこともあったが、各商談の品質を維持することができず、現実的な解決策ではないことは経験済みである。

結果としてフォローがおろそかになることで、解約数が増えている。売上50万円以上の顧客だけでなく、50万円未満の顧客の解約も、合計するとかなりのダメージだ。

営業担当者を増やすために追加コストをかける余裕はなく、今ある人員で何とか解約を止めるしかない。そこで、新たな訪問の仕組みを構築することにした。

▶ 機械学習モデルにより、適切な訪問先を選定し、的確な解約抑止活動を実施する

新たな訪問の仕組みを構築する目的は、大きく二つある。

一つは、適切な訪問先を選定することだ。

今までは売上が50万円以上の顧客を一律に訪問していたが、解約しやすい顧客を見過ごしてしまい、訪問していなかった間に他社に契約を取られる、ということも少なくなかった。逆に安全な顧客を過剰に訪問していることもある。リスクが低い顧客との関係性をそれ以上深めても意味はなく、他の大口顧客や、50万円未満の解約しそうな顧客を訪問した方がよい。

問題は、どの顧客の解約リスクが高いか、営業担当者の勘や経験でしか分からないことである。そこで、過去の解約履歴をもとに、教師あり機械学習モデルを用いて、個別の顧客の解約リスクを定量的に予測することにした。

また、売上が50万円未満の顧客の解約による利益損失も無視できない額となっていたので、これまで訪問していなかった50万円未満の顧客も訪問の対象候補に追加し、解約リスクの高い顧客はフォローすることにした。

解約予測モデルを用いて、全顧客の解約リスクを毎月算出し、その時点でリスクが高い顧客を優先的に訪問する仕組みを構築する。営業担当者の負荷を増やさずに、訪問効率を最大化することを目指す。

もう一つの目的は、訪問先の解約を止めるため、的確な活動を実施することだ。

仮に適切な顧客を訪問したとしても、どのような要因が解約リスクに結びついているかが分からなければ、解約を止めるための的確な対応ができない。

よって、解約予測モデルにより、解約リスクだけでなく、リスクの要因も同時に示すことで、訪問の目的を設定しやすくする。解約リスクとその要因を一覧化した「顧客解約リスク一覧」を毎月、全営業担当者に配布し、どこに何をしに行くか、という計画を立ててもらうことで、訪問の効率を上げることを目指す。

▶ 3カ月のモデル構築・アウトプット作成、3カ月のトライアルを経て、計6カ月で施策を本格展開

図表7-2に、本事例の「目安の作業スケジュール」を記載する。

全体では、データサイエンティスト1名体制で、施策立案から実行まで、6カ月程度かかるのが目安である。

まず、何をアウトプットとして出して、アウトプットをどのように業務に活用するのか、施策の運用を具体化する。そのうえで、アウトプットに必要なモデルやデータの設計を行う。

使うべきデータが決まったら、データ収集とクレンジングを行う。ここでは2週間程度となっているが、データをシステムから抽出する手間や、クレンジングの必要性に応じて期間は増減する。

▶ 図表7-2　目安の作業スケジュール

本事例は、3カ月でモデル構築・アウトプット作成し、
3カ月のトライアルを経て運用をブラッシュアップした後、施策を本格展開した

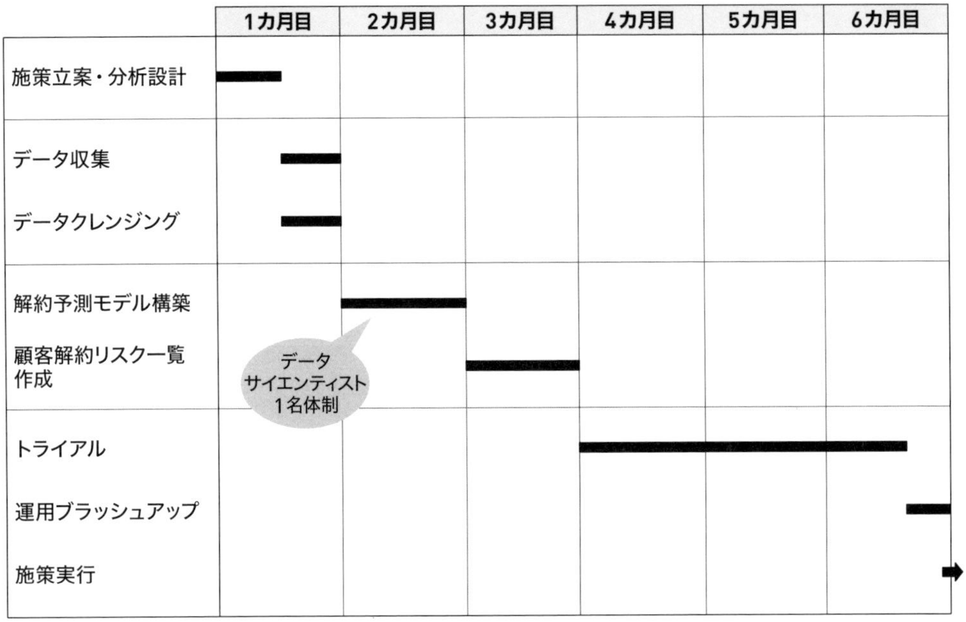

データを使える状態となったら、機械学習の予測モデルを構築する。本事例では、解約率を予測するモデルを一つ構築するだけなので、データサイエンティストは1名体制で十分だ。モデルを構築できたら、予測結果を「顧客解約リスク一覧」として業務に使える形で示す。

施策をいきなり全国展開するのはリスクを伴うので、まずはいくつかの支社を選び、3カ月程度のトライアルを実施する。トライアルでいくつかの課題点が出てくるので、運用をブラッシュアップしたうえで、本格的に施策を実行する。

2 営業部隊のリソースを増やさずに、解約率を下げる

▶ 現場に受け入れられるように、訪問対象の変更は慎重に行う

本節では、前節で述べた施策の詳細を解説する。

営業担当者は従来の訪問のやり方に慣れているので、新たな訪問の仕組みの導入は慎重に行い、現場の混乱と反発を避けなければならない。機械学習モデルの解約予測の精度がいくら高くても、モデルが指定した顧客を訪問してもらえなければ意味がない。訪問対象を、いかに現場に受け入れられやすい形で提示するかが、本施策の成功の肝である。

図表7-3に、「訪問対象の選定方針」を記載した。

まず、これまで訪問していた売上50万円以上の顧客は、今後の新基準でも訪問対象に残す。低リスクの顧客を訪問するメリットはないのだが、「これまで訪問していた顧客をフォローしてはいけない」といきなり変えてしまうと、現場は大きく反発する。低リスクの顧客は、訪問頻度を減らすだけで、まったく訪問しなくなるわけではない、ということを現場に納得してもらう。

低リスクの顧客の訪問頻度を減らすことにより生み出された余力は、売上50万円未満で、高リスク＆高利益の顧客に振り分ける。高リスクであっても、過去の売価交渉で不利な条件となっているなど、低利益もしくは赤字となっている顧客は、解約を止める経済的メリットが乏しいので、訪問対象から外す。

低利益または赤字の顧客の利益率を上げるための施策は、本施策とは分けて考える。たとえば、値上げ交渉が成功した顧客のデータを学習した「売価交渉成功予測モデル」を構築することも選択肢としてはあり得るのだが、十分なデータ件数が得られる可能性は高くないので、基本的にはデジタル施策というよりも、人

▶ 図表7-3 訪問対象の選定方針

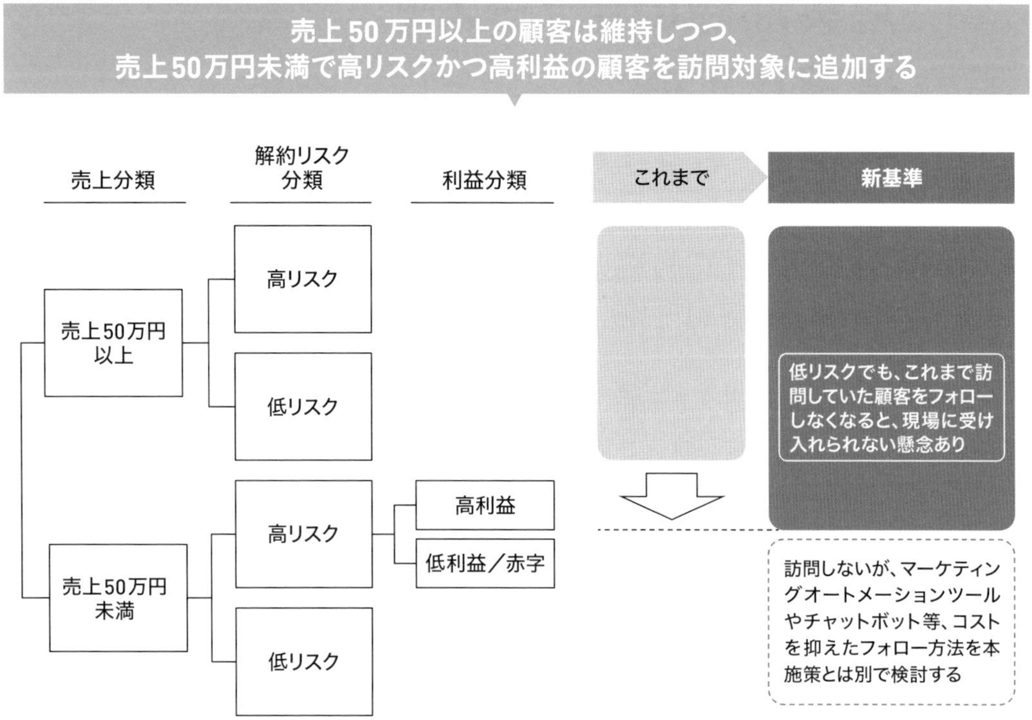

対人の交渉術によるアナログ施策になる。

また、売上50万円未満で低リスクの顧客のフォローも、本施策とは別で検討する。たとえば、マーケティングオートメーションツールやチャットボットなどを用いて、人手ほどの手間をかけることなく大量の顧客の相手をする、という施策も考えられる。

売上・リスク・利益を総合した顧客の重要度により、対応に濃淡をつけることで、営業効率の向上を目指す。

▶ 既存データによる機械学習の予測と、新規取得する現場情報を総合して、リスクを判定する

機械学習モデルにより予測された予測解約率をリスク判定の要素として用いることは既に述べたが、今回の施策ではもう一つ、営業担当者が新たに入力する

「現場情報」も加味して、解約リスクを総合的に判定する。

既存データからは、顧客の業種、各商品の売上、コールセンターへの問合せ内容などの情報が把握できる。しかし、解約リスクを判定する上で重要だがデータ化されていない、顧客との関係性など営業担当者だけしか知らない情報が含まれていない。現場情報は新しくデータ化する必要があり、現時点では機械学習モデルに学習させることはできないので、ルールベースにより、人が機械学習モデルの予測解約率と現場情報に重み付けして、総合的にリスクを判定する必要がある。

機械学習モデルを構築する際、最初から完璧なデータが揃っていることは少ない。既に持っているデータをまずは活用したうえで、新規取得するデータを足していき、段階的にモデルを構築するべきだ。初期モデルを使った施策を実施しつつ、現場情報のデータが蓄積されてきたら、モデルを再構築し、予測精度を高めることができる。

モデルと現場情報の両方を用いた「リスク判定の仕組み」を、図表7-4に記載する。

まず、現場情報の入力前は、「リスク未判定」の状態である。営業担当者が顧客を訪問し、定められた情報収集シートに沿って情報を収集する。収集した情報が営業日報システムに入力され、別途顧客データベースから算出された解約リスクと合わさることで、総合的にリスク判定できるようになる。

判定されたリスクは「顧客解約リスク一覧」に記載され、各顧客を「リスク低」「リスク中」「リスク高」に分類する。

最初は「リスク低」であっても、訪問間隔の長期化や売上減によりリスクが悪化すれば、「リスク中」に移行する。さらに訪問せずに放置していれば「リスク高」となる。

「リスク中」や「リスク高」の顧客に対して、解約を抑止する施策を実施すれば、リスクが改善したとみなし、リスク判定を下げる。

このようなリスク判定の仕組みを回し続けることで、顧客の解約リスクをコントロールし、リスク基準で最適化された訪問活動を実現していく。

▶ 図表7-4　**リスク判定の仕組み**

既存データに加えて、訪問時に収集する現場情報もふまえ、各顧客のリスクを3種類で判定する

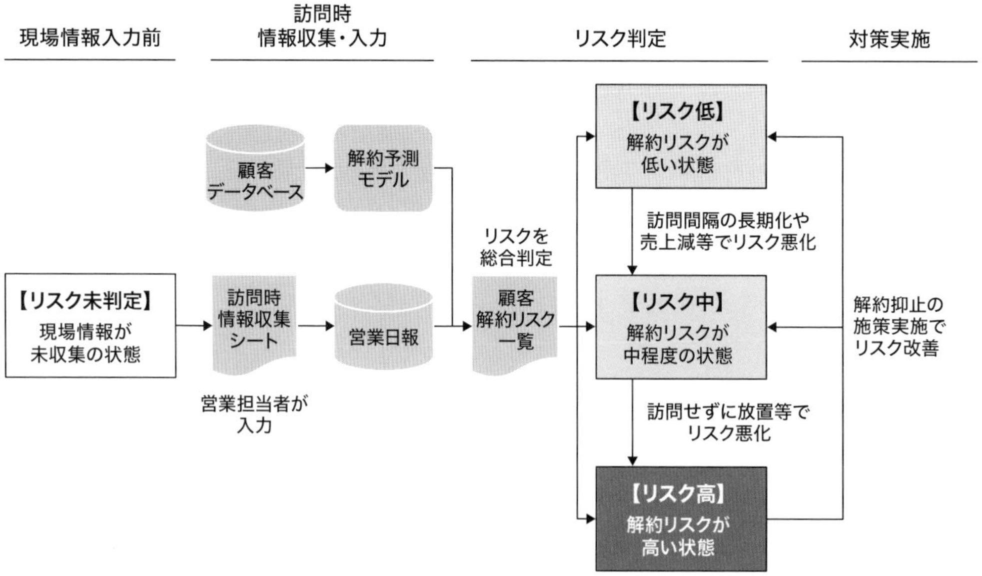

▶ 訪問の活動量を増やすことなく、徐々にリスク判定できる顧客を拡大する

営業人員に余裕はないので、現状から訪問の活動量を増やすことはできない。「訪問先の分布イメージ」を、図表7-5に記載する。

これまでは「売上基準」で、売上50万円以上の顧客を訪問していた。これからは「リスク基準」で、従来の訪問先はフォローしつつ、低リスクの顧客への訪問頻度を減らし、高リスク&高利益の顧客に入れ替える。訪問総数は増やさない、ということが重要である。

ただし、最初は解約の可能性を判断するために重要な現場情報をデータ化していないので、リスク判定に基づいて訪問することはできない。図表7-6に、「施策開始後の各月の訪問先入替イメージ」を記載する。

▶ 図表7-5 訪問先の分布イメージ

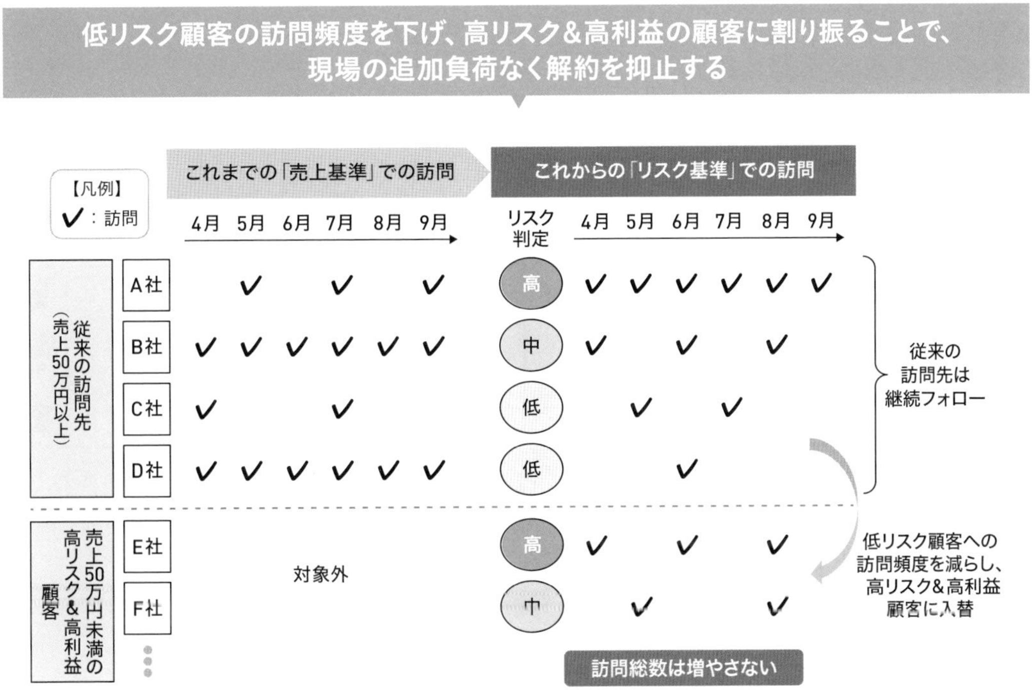

まず、開始後の3カ月は、従来の売上50万円以上の顧客を訪問することからスタートし、営業担当者が情報を収集・入力する。現場の混乱を避けるため、これまでの訪問先をいきなり入れ替える、ということは行わない。

3カ月が経過し、売上50万円以上の顧客の現場情報が集まったら、リスク判定を開始する。この判定により、「リスク高」や「リスク中」とされた顧客は、当月の訪問先となる。「リスク低」の顧客を訪問しない代わりに、売上50万円未満で、モデル予測のみの判定での高リスクかつ高利益の顧客を対象として、現場情報を収集する。

その後は、解約抑止施策の実施状況を加味して顧客のリスク判定を入れ替え、「リスク高」「リスク中」「リスク未判定」の顧客を訪問していく。これにより、徐々にリスク判定できる顧客を拡大していく。

▶ 図表7-6　施策開始後の各月の訪問先入替イメージ

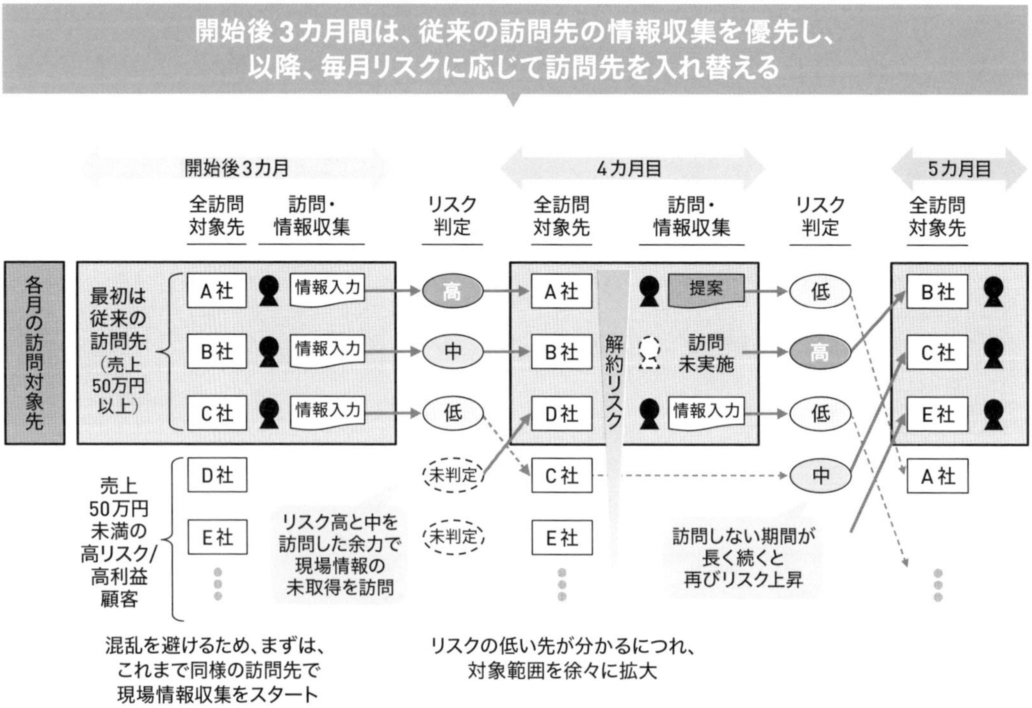

本節以降は、ここで述べた施策を実現するための作業ステップについて、順次解説する。やるべき作業は「モデル構築」「現場情報の統合」「解約リスク提示」「モニタリング」の4つである。

3 Step1 解約を予測する機械学習モデルを構築する

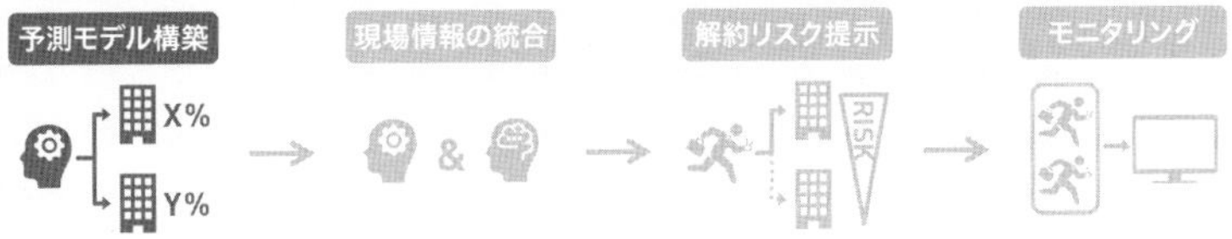

▶ 過去の解約履歴から顧客の解約パターンを学習し、現存顧客のリスクを評価する

最初にやるべき作業は、既存データを用いて、「教師あり機械学習」で解約予測モデルを構築することだ。

図表7-7に「解約予測モデルのイメージ」を記載する。

まずは、顧客の業種、契約年数、売上前年比、直近クレームなど、解約に影響がありそうな変数（**説明変数**）と、各顧客の解約有無（**目的変数**）とを紐づけた学習用データを用意する。

それらのデータから、「教師あり機械学習」のアルゴリズムが解約パターンを認識し、予測モデルを構築する。たとえば、「精密機器の業種はリスク高」「契約年数が短いとリスク高」「売上が下がるとリスク高」「クレームがあるとリスク高」といった具合だ。

各パターンを認識・学習した解約予測モデルが、現存顧客にそれらのパターンをあてはめることで、予測解約率を算出する。

※説明変数 →66p.
※目的変数 →65p.

▸ 図表7-7 解約予測モデルのイメージ

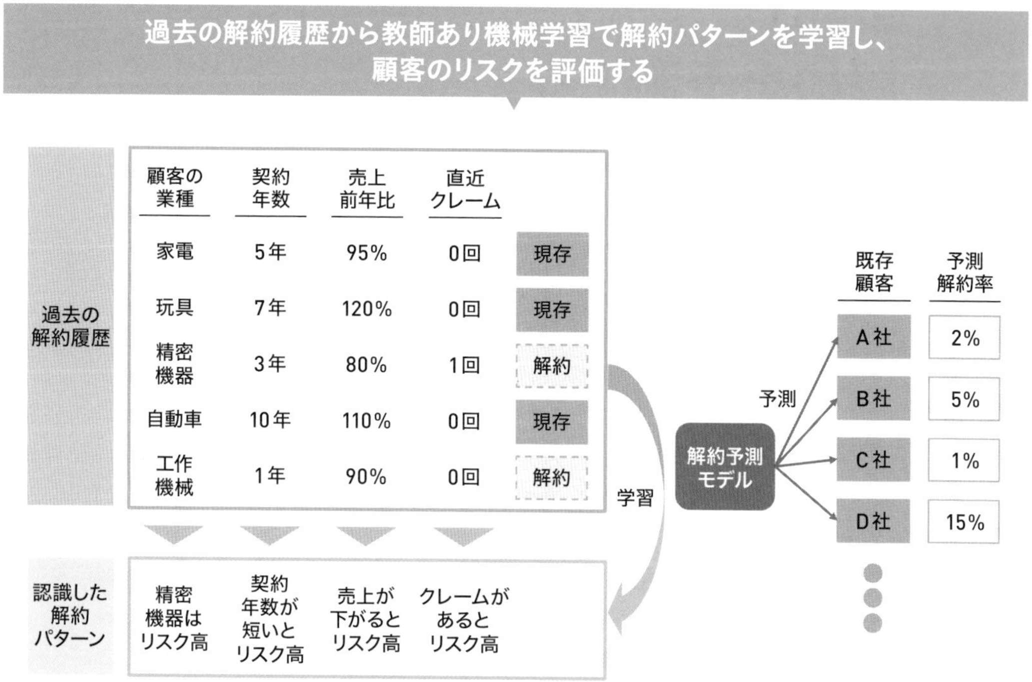

▸「予測した結果が解約抑止の対応につながるか」という観点でモデルを設計する

この解約予測モデルを、いかに設計するかが重要である。モデルの設計には、母集団、期間、目的変数、説明変数、アルゴリズムの定義が必要だ。

図表7-8に「解約予測モデルの設計」を記載する。

《母集団》

母集団と期間は、予測したい解約をもっともよく表しているものを選ぶ。今回の場合では、全支社の顧客を母集団とせず、直近に設立された支社のイレギュラーなデータはノイズとなるので除外する。

▶ 図表7-8　解約予測モデルの設計

予測したい解約をもっともよく表しているデータの母集団と期間を選び、解約抑止の対応につながる目的変数と、予測に影響しそうな説明変数を定義する

母集団	● 直近に支社が設立されたXXエリアを除く全国の顧客
期間	● 直近3年間
目的変数（特に重要）	● フォローで抑止する余地がある「3カ月後」の解約有無（スポット・短期契約や顧客廃業の事由を除く）
説明変数	● 業種、売上、商品カテゴリ別の売上構成比、売上の前年比、限界利益、コールセンターのクレーム履歴
アルゴリズム	● 解釈性の高いロジスティック回帰、決定木、ランダムフォレスト、勾配ブースティングを試行し、もっとも予測精度の高いモデルを採用

《期間》

期間は長ければ長いほどデータが増えるが、現在の市況と異なるほど前のデータは、解約パターンが異なるので意味がない。ここでは直近3年間とした。今後、大きな市況変化があった場合は、新しいデータでモデルを再学習する必要がある。

《目的変数》

目的変数の定義は、特に重要となる。予測したいものは、単なる解約ではなく、「止める余地のある解約」だ。たとえば、来月に解約することが分かっても、既に手の打ちようがなければ意味がない。一般的に、予測したい時期が先になるほど精度が低くなるので、解約を止められる余裕のある期間との兼ね合いで、人が適切な予測時点を選ぶ必要がある。今回は、営業担当者によるフォローが間に合う「3カ月後の解約有無」を予測することにした。

ただし、3カ月後であっても、すべての解約を予測することには意味がない。営業担当者では手の打ちようがない「スポット・短期契約」や「顧客廃業」などの事由が含まれているからだ。予測する意味のある解約のみに限定して、目的変数を選ぶ必要がある。

《説明変数》

説明変数は、解約に影響を及ぼすことが想定され、手に入るものであれば何でも入れてよい。ここでは、顧客の業種、売上、商品カテゴリ別の売上構成比、売上の前年比、限界利益、コールセンターのクレーム履歴を選んだ。

説明変数を選ぶ場合は、まずは実際に手に入るデータかどうかは関係なく、何でもデータがあるという前提で、欲しい変数を洗い出すのが良い。先にデータを見てしまうと、保有しているデータからしか発想ができなくなるからだ。目につきにくいところに実はデータを持っていたり、ぴったり欲しいデータでなくても、似ているものや、加工すれば何とかなるものがあったりすることも多い。

今は持っていなくても、今後はデータを取得していくべき、という方針を設定することも重要である。

《アルゴリズム》

アルゴリズムは、解釈性の高い「**ロジスティック回帰**」「**決定木**」「**ランダムフォレスト**」「**勾配ブースティング**」を試行し、もっとも予測精度の高いモデルを採用する。いくら精度が高くても、「**ディープラーニング**」などの解釈性が低いアルゴリズムは、解約リスクの要因を示すことができず、訪問の目的を設定できないので意味がない。

▶ 学習用データの時系列設定に注意する

学習用データの時系列設定は、間違えやすいポイントなので注意が必要だ。図表7-9を参照いただきたい。

時点設定は、「解約した顧客」と、比較対象の「現存している顧客」とで異な

※ロジスティック回帰 →94p.
※決定木 →96p.
※ランダムフォレスト →98p.
※勾配ブースティング →100p.
※ディープラーニング →95p.

▸ 図表7-9　学習用データの時系列設定

解約顧客は、解約の3カ月前のデータを使わなければならない。
現存顧客は、時点をランダムに選んだ上で、同様に3カ月前のデータを用いる

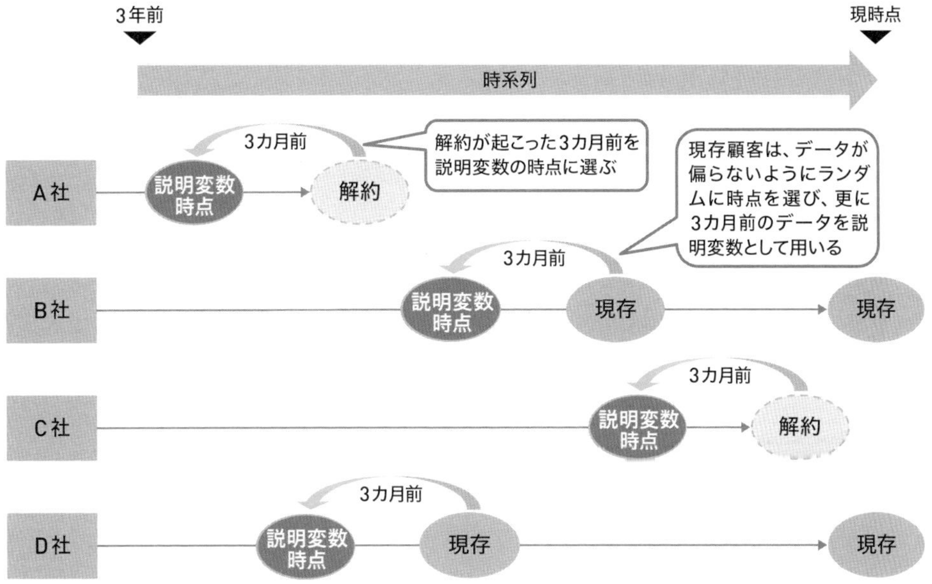

る。

解約した顧客は、解約が起こった時点から、3カ月前のデータを説明変数として用いる。3カ月前の時点では知り得ない、未来のデータを入れないように注意したい。

現存している顧客は、現存している時点をランダムに選んだうえで、解約顧客と同様に、そこから3カ月前のデータを説明変数として用いる。現存しているからといって、モデルを構築する現時点のデータを入れてはいけない。今後毎月予測を行うのに、たまたまモデルを構築した特定の月だけのデータを学習したモデルを使うことになってしまうからだ。

モデルをコーディングするのはデータサイエンティストなので、正しい時点を用いているか、ビジネス担当者には判断がつきにくい。

モデルを構築した後、評価する段階で精度が異常に高い場合は、「予測」ではなく、未来のデータが入った「予言」になっている可能性がある。その場合は、変数重要度が高すぎる変数をチェックして、未来情報が入っていないか確認するようにしたい。

4 Step2 データと現場の情報を統合して、解約リスクを判定する

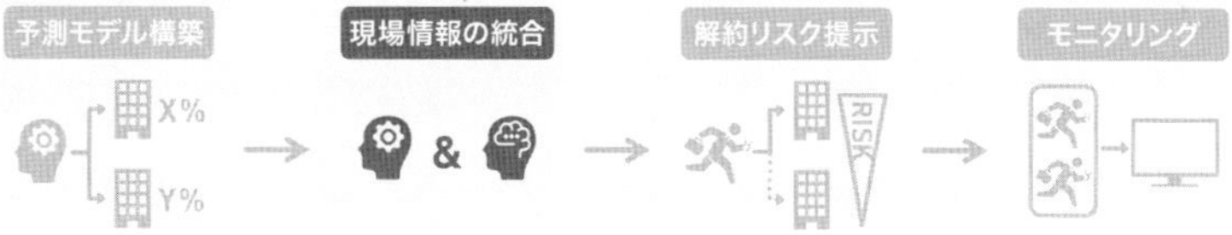

▶ 現場のリスク項目を、できるだけ客観的に、負荷が少なく入力できる仕組みで収集する

前節で構築した予測モデルは、既にデータ化されているパターンのみを学習したものだ。これだけだと、現場の担当者だけが認識していて、データ化されていない情報は含まれていないので、世界の一部分だけを見てリスクを判定することになる。

新たに「現場情報」を収集して、機械が学習した予測モデルと、人間が現場で集めた情報を統合することで、解約リスクの判定精度を高めることができる。

今までも営業日報の仕組みは存在しており、営業担当者は日々の訪問の内容をシステムに入力していた。しかし、もともとデータ活用を想定したデータの収集方法ではなく、せっかく蓄積されていても、使いづらいデータとなっていた。よって、本施策を進めると同時に、現場情報の蓄積の仕組みも刷新する。**図表7-10**を見ていただきたい。

これまでは、「訪問目的」はフリーテキストで入力し、「品質の満足度」「価格の満足度」「納期の満足度」「営業の満足度」はヒアリングした結果を「良い／普通／悪い」で入力していた。解約リスク判定に重要な「他社アプローチ」は、備考欄にフリーテキストで記載されることがある、という程度だった。

今回の施策では、解約を止める、という明確な目的があるので、リスク管理上

▶ 図表7-10　訪問時に収集する現場情報

現場のリスク項目を、できるだけ客観的に、
負荷が少なく入力できる仕組みで収集する

これまでの営業日報

入力項目	入力内容
訪問目的	フリーテキスト
品質の満足度	良い／普通／悪い
価格の満足度	
納期の満足度	
営業の満足度	
備考	フリーテキスト（他社アプローチが書かれることもあり）

- リスク管理上の重要項目が網羅されていない
- 良い／悪いは主観的な記入となりやすく、担当者によって傾向がばらつく
- フリーテキストだと、入力に手間がかかり、データ処理もしにくい

アップデートした営業日報

入力項目		入力内容（基本はプルダウン）
商談相手		決裁者／担当者／その他
決裁者との関係性		強い／普通／弱い
訪問目的		解約抑止／契約更新／情報収集／ご依頼対応　等
ヒアリング内容	3カ月以内の他社アプローチ	あり／なし
	品質への指摘	指摘なし／指摘あり／要望あり／クレームあり
	価格への指摘	
	納期への指摘	
	営業への指摘	
リスク対応状況		未着手／対応中／完了（リスク中・高の顧客のみ）

の重要項目を漏れなく把握し、データを蓄積する仕組みに変えていく。

また、ヒアリング結果を「良い／悪い」で入力してしまうと、主観的な記入となりやすく、担当者によって傾向がばらついてしまうので、データ活用には不向きだ。入力内容は可能な限り主観を排除して、誰が入力したとしても、客観的に判断できる内容とする。

入力をフリーテキストにすると、記入するのに手間がかかってしまうので、あらかじめ想定される内容をプルダウンで選び、手間なく入力できるようにする。

決められた項目を選ぶことで、後にデータ活用もやりやすくなる。フリーテキストだと、同じ内容でも表記ゆれしてしまうので、パターン認識が難しくなるからだ。

▶ アップデートしたリスク項目

アップデートしたリスク項目は、「商談相手」「決裁者との関係性」「訪問目的」「ヒアリング内容」「リスク対応状況」とした。

《商談相手》

「商談相手」は、どのような役割の相手に会うのかを示したものであり、「決裁者／担当者／その他」で入力する。

もっとも重要なのは、商品を買う決定権を持っている決裁者である。担当者やその他の顧客に会うことが無駄であるとは言わないが、同じ訪問でも、誰に会うことができたかを区別し、重要度が分かるようにする。

《決裁者との関係性》

「決裁者との関係性」は、「強い／普通／弱い」で入力する。この項目はきわめて重要な情報だが、客観的な入力内容にすることが難しく、主観的な入力内容にせざるを得ない。

まずはデータを収集し、今後データが蓄積された後、解約と各営業担当者の入力内容の相関関係を分析することで、甘い入力、または厳しい入力になっていないかを定期的に確認する。問題がありそうな営業担当者には是正を促すことで、全体の基準を揃えていく。

《訪問目的》

「訪問目的」は、もとはフリーテキストで書かれていたものだが、「解約抑止／契約更新／情報収集／ご依頼対応」などを、プルダウンで選べるようにする。今までは漫然と訪問していた状況を、明確な目的を選ばせるようにすることで、ひとつひとつの訪問の効果を上げる。

ここで注意したいのは、「その他」はできるだけ作らないようにする、ということだ。仮に作ったとしても、その他の割合が全体の10%を超えるようなことがあれば、重要な区分を見逃している可能性が高い。入力した担当者に内容を聞き、意味があるものであれば、プルダウンに追加し、「その他」の入力を減らすようにする。

《ヒアリング内容》

「ヒアリング内容」は、「3カ月以内の他社アプローチ」「品質への指摘」「価格への指摘」「納期への指摘」「営業への指摘」に分かれる。

「3カ月以内の他社アプローチ」は「あり／なし」で入力する。もとはフリーテキストで、優秀な担当者が記載していたものを、項目として切り出したものだ。常に、他社アプローチを意識して訪問することで、解約リスクの大きな要因を見逃さないようにする。

「品質への指摘」「価格への指摘」「納期への指摘」「営業への指摘」は「指摘なし／指摘あり／要望あり／クレームあり」で入力する。これらは、もとは営業担当者が主観的に顧客満足度として「良い／普通／悪い」で入力していたものを、顧客から言われた具体的な指摘内容でとらえ直したものだ。

価格について、「ちょっと高いよね」と指摘を受けたのであれば、主観的な判断が入る余地なく、客観的に「指摘あり」と入力することができる。「もう少し安くならないかな」と言われたのであれば「要望あり」で、「高すぎて困っている」と言われたのであれば「クレームあり」だ。

《リスク対応状況》

「リスク対応状況」は「未着手／対応中／完了」で入力する。リスク判定で、リスク中や高となった顧客が対象で、解約を止めるための対応状況を入力する。

一旦対応をしてしまえば、何度も訪問する必要はないので、リスクが下がる仕組みとする。

▶ 予測モデル・現場情報・利益に基づき、各顧客のリスクを判定し、判定結果に応じて対応する

予測モデルの結果と現場情報を組み合わせた、「リスク判定のルール」を**図表7-11**に記載する。

▸ 図表7-11　**リスク判定のルール**

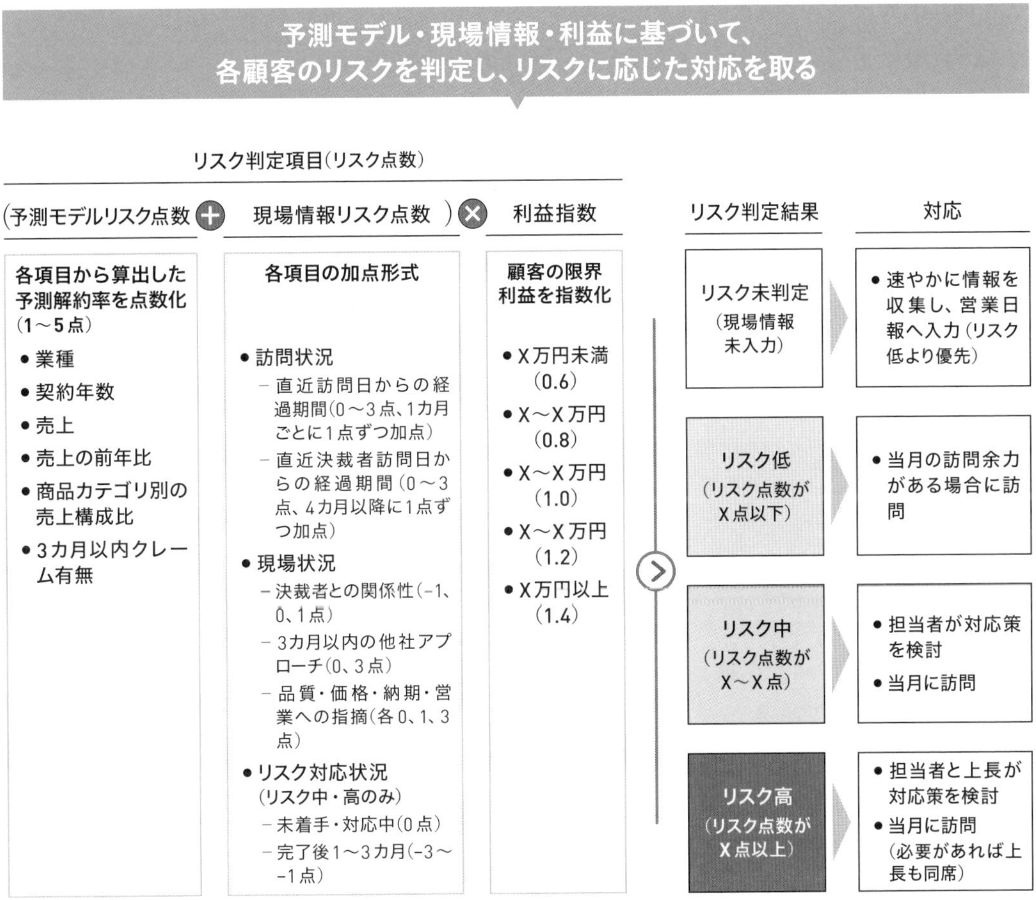

リスク判定は、「リスク点数」（後述）という概念で算出する。

現場情報が入力されていないものは「リスク未判定」であり、現場情報が入力されているものは、リスク点数の大きさに応じて、「リスク低」「リスク中」「リスク高」に区分される。それぞれの点数の閾値は、実際に点数付けをしてみて、リスク中と高の顧客数が訪問できる範囲に収まっているかを見ながら、適切な値となるように調整する。

営業担当者は、リスク判定に応じて対応のレベルを変える。「リスク未判定」ならば、速やかに情報を収集し、営業日報へ入力する。「リスク低」は、当月の訪問余力がある場合に訪問する顧客で、優先度は低い。「リスク中」は、営業担当者が対応策を検討し、原則として当月中に訪問する。「リスク高」はもっとも優先度も高く、営業担当者が自分だけでなく上長と対応策を検討した上で、必要があれば上長にも同席してもらい、当月中に訪問する。

▶ リスク点数の内訳

リスク判定のもととなるリスク点数は、「予測モデルリスク点数」と「現場情報リスク点数」の合計値に「利益指数」を掛けたものだ。

《予測モデルリスク点数》

「予測モデルリスク点数」は、既存データをもとに構築した予測モデルが算出した各顧客の予測解約率を5段階に分けて、1〜5点を割り振ったものだ。顧客の業種といった静的なデータや、契約年数・売上・売上の前年比・コールセンターのクレーム履歴といった動的なデータにより判定される。

《現場情報リスク点数》

「現場情報リスク点数」は、「訪問状況」「現場状況」「リスク対応状況」の各項目の加点形式である。

「訪問状況」は、「直近訪問日からの経過期間」や「直近決裁者訪問日からの経過期間」が長くなるごとに、1点ずつ加点されていく。リスクが高い顧客は、訪問してリスク点数が減っても、訪問間隔が空くとすぐにリスク中や高の閾値に到達してしまうので、自然と訪問頻度が高くなる。

「現場状況」は、「決裁者との関係性」「3カ月以内の他社アプローチ」「品質・価格・納期・営業への指摘」の入力内容によって決まる。**図表7-10**に記載した入力内容をもとに、リスクに応じた点数を配分して割り振っていく。

「リスク対応状況」は、リスク判定が中・高の顧客のみが対象となる。解約リスクを抑える対応が未着手や対応中の状態であれば0点とする。完了していれば、まずは−3点とし、以降1カ月ごとにマイナス幅が1点ずつ減っていく。

《利益指数》

「利益指数」は、限界利益の分布を5等分して指数化したものである。予測モデルリスク点数と現場情報リスク点数に掛けることで、より利益が高い顧客を優先する。

解約リスクだけでリスクを判定してしまうと、リスクは高いが利益が低い顧客を優先してしまう。それにより、リスクは中程度だが、万が一解約した時にダメージが大きな顧客を逃してしまう可能性がある。解約する確率と解約した場合の経済ダメージを掛けた期待値の概念で、総合的にリスクを判定する。

5 Step3 現場に顧客の解約リスクを提示する

▶ 顧客解約リスク一覧を確認し、毎月の訪問計画を立てる

前節までで解約リスクを判定できたので、今度はそれをどのように現場に提示すれば、より分かりやすく、より動いてもらいやすいかが問題だ。

図表7-12に、今まで述べたリスク判定の仕組みを踏まえて、具体的に現場へ提示するアウトプットとなる「顧客解約リスク一覧」を記載する。

「顧客解約リスク一覧」は、各顧客の解約リスク判定に、その根拠となるリスク情報や対応状況を併記したものだ。現場の営業担当者が、毎月の訪問計画を立てる際に活用する。一覧は大きく、「担当・顧客」「リスク判定」「既存データ」「現場情報」の項目に分かれている。

《担当・顧客》

「担当・顧客」は、各支社の各担当者別に、担当する全顧客を並べている。営業担当者は、自分の名前が書かれている箇所を検索し、担当顧客に対する訪問計画を立てる。

《リスク判定》

「リスク判定」は、図表7-11で定義したリスク点数の高い順に、当月のリスク判定で優先すべき顧客を並べる。「リスク未判定」は「低リスク」より優先されるので、「リスク高」「リスク中」「リスク未判定」「リスク低」という順番で並んでいる。先月からの差分を見るため、1カ月前のリスク判定も記載している。

各営業担当者には、あらかじめ月間の訪問件数を入力してもらい、リストの上から月間の訪問件数までを推奨訪問対象としている。

《既存データ》

「既存データ」は、予測モデルの説明変数のうち、リスク判定への影響度の高い重要変数を記載している。リスクが高いものは薄い赤で色を付けており、モデルがどのような根拠で、この顧客のリスクが高いと判定したかを示している。

たとえば売上前年比が下がっていれば、担当者は売上向上のための施策を考えることになる。契約年数や売上構成比は、直接手の打ちようがないが、リスクがあることは認識した上で行動する必要がある。

《現場情報》

「現場情報」は、「訪問状況」「現場状況」「リスク対応状況」に分かれる。

「訪問状況」は、直近の訪問状況や、決裁者に対して前回の訪問からどのくらい間隔が空いているかを記載している。前回の商談の内容も記載することで、今回の訪問の計画を立てやすくする。

「現場状況」は、決裁者との関係性や、3カ月以内の他社アプローチ有無、顧客からの指摘を記載している。リスクのある部分は薄い赤で色を付けており、たとえば他社アプローチがあれば、契約を取られないための対抗策を講じる。

「リスク対応状況」は、過去に「リスク高」や「リスク中」となった顧客に対して、解約を抑止する対応を行ったかを記載している。未着手や対応中であればリスクが減らないので、優先訪問先になり続ける。対応完了していればリスク点数が下がるので、「リスク低」となる。

営業担当者は、毎月の訪問計画を立てる際に、上長とこの一覧表を確認する。フォローすべき顧客に対して訪問できているか、リスクに応じた対策を立てて実行できているかを常に意識して行動することで、営業の効率を上げることが可能となる。

▸ 図表7-12 **顧客解約リスク一覧**

各担当者の顧客のリスク判定とリスク要因を

時点：XXXX年X月

担当		顧客	リスク判定			既存データ								
						収支			業種	契約年数	売上構成比			3カ月以内クレーム
支社	営業担当者名	顧客名	当月	1カ月前	推奨訪問対象	売上(万円)	売上前年比	利益(万円)			A商品	B商品	C商品	
A支社	Aさん	A社	リスク高	リスク中	●	XX	X%	XX	XX	X	X%	X%	X%	なし
		B社	リスク中	リスク中	●	XX	X%	XX	XX	X	X%	X%	X%	なし
		C社	リスク中	リスク低	●	XX	X%	XX	XX	X	X%	X%	X%	なし
		D社	リスク未判定	リスク未判定	●	XX	X%	XX	XX	X	X%	X%	X%	なし
		E社	リスク未判定	リスク未判定	●	XX	X%	XX	XX	X	X%	X%	X%	なし
		F社	リスク低	リスク高	−	XX	X%	XX	XX	X	X%	X%	X%	なし
		G社	リスク低	リスク中	−	XX	X%	XX	XX	X	X%	X%	X%	なし
		H社	リスク低	リスク低	−	XX	X%	XX	XX	X	X%	X%	X%	なし
		I社	リスク低	リスク低	−	XX	X%	XX	XX	X	X%	X%	X%	なし
		J社	リスク低	リスク低	−	XX	X%	XX	XX	X	X%	X%	X%	なし
		K社	リスク低	リスク低	−	XX	X%	XX	XX	X	X%	X%	X%	なし
	Bさん	L社	リスク高	リスク未判定	●	XX	X%	XX	XX	X	X%	X%	X%	なし
		M社	リスク高	リスク中	●	XX	X%	XX	XX	X	X%	X%	X%	あり
		N社	リスク中	リスク中	●	XX	X%	XX	XX	X	X%	X%	X%	なし
		O社	リスク中	リスク低	●	XX	X%	XX	XX	X	X%	X%	X%	なし
		P社	リスク未判定	リスク未判定	●	XX	X%	XX	XX	X	X%	X%	X%	なし
		Q社	リスク低	リスク低	−	XX	X%	XX	XX	X	X%	X%	X%	なし
		R社	リスク低	リスク低	−	XX	X%	XX	XX	X	X%	X%	X%	なし
		S社	リスク低	リスク未判定	−	XX	X%	XX	XX	X	X%	X%	X%	なし
		T社	リスク低	リスク未判定	−	XX	X%	XX	XX	X	X%	X%	X%	なし
		U社	リスク低	リスク未判定	−	XX	X%	XX	XX	X	X%	X%	X%	なし

一覧化し、推奨訪問対象を明示する

現場情報												
訪問状況					現場状況							
直近訪問日	直近決裁者訪問日	直近商談相手	直近訪問目的	直近商談内容メモ	決裁者との関係性	3カ月以内他社アプローチ	品質への指摘	価格への指摘	納期への指摘	営業への指摘	リスク対応状況
XX/X/X	XX/X/X	担当者	XXX	XXX	弱い	あり	指摘なし	要望あり	クレームあり	指摘なし	未着手
XX/X/X	XX/X/X	担当者	XXX	XXX	普通	なし	クレームあり	指摘なし	指摘なし	要望あり	対応中
XX/X/X	–	担当者	XXX	XXX	普通	あり	指摘なし	指摘なし	指摘なし	指摘なし	未着手
XX/X/X	–	担当者	XXX	XXX	–	–	–	–	–	–	–
XX/X/X	–	担当者	XXX	XXX	–	–	–	–	–	–	–
XX/X/X	XX/X/X	決裁者	XXX	XXX	弱い	なし	指摘なし	指摘なし	指摘なし	指摘なし	完了後2カ月
XX/X/X	–	その他	XXX	XXX	普通	なし	指摘なし	指摘なし	指摘なし	要望あり	完了後3カ月
XX/X/X	–	その他	XXX	XXX	普通	なし	要望あり	指摘なし	指摘なし	要望あり	–
XX/X/X	–	その他	XXX	XXX	普通	なし	指摘なし	指摘なし	指摘なし	指摘なし	–
XX/X/X	–	その他	XXX	XXX	強い	なし	要望あり	指摘なし	指摘なし	指摘なし	完了後2カ月
XX/X/X	XX/X/X	決裁者	XXX	XXX	強い	なし	指摘なし	指摘なし	要望あり	指摘なし	完了後1カ月
XX/X/X	–	担当者	XXX	XXX	強い	なし	指摘なし	クレームあり	指摘なし	クレームあり	未着手
XX/X/X	–	担当者	XXX	XXX	弱い	あり	指摘なし	指摘なし	指摘なし	クレームあり	未着手
XX/X/X	XX/X/X	担当者	XXX	XXX	弱い	なし	指摘なし	要望あり	要望あり	指摘なし	対応中
XX/X/X	–	担当者	XXX	XXX	普通	あり	指摘なし	指摘なし	要望あり	指摘なし	未着手
XX/X/X	XX/X/X	決裁者	XXX	XXX	–	–	–	–	–	–	–
XX/X/X	–	担当者	XXX	XXX	普通	なし	指摘なし	指摘なし	指摘なし	クレームあり	完了後1カ月
XX/X/X	–	担当者	XXX	XXX	普通	なし	指摘なし	指摘なし	指摘なし	指摘なし	完了後3カ月
XX/X/X	–	その他	XXX	XXX	普通	なし	要望あり	指摘なし	要望あり	指摘なし	–
XX/X/X	XX/X/X	決裁者	XXX	XXX	強い	なし	指摘なし	指摘なし	指摘なし	指摘なし	–
XX/X/X	XX/X/X	決裁者	XXX	XXX	普通	なし	指摘なし	要望あり	指摘なし	指摘なし	–

▶ 重要変数のシンプルな実績集計をいくつも提示し、モデルに納得感を持たせる

現場が素直に「顧客解約リスク一覧」に従ってくれれば良いが、いきなり機械学習モデルによる予測を示されても、腹落ちできないのが普通である。その場合は、複雑なモデルそのものを説明するのではなく、納得しやすい集計分析の結果を見せるのがよい。

図表7-13に、「モデル信頼性向上のための集計分析」を記載する。

実績として、たとえば「売上前年比のパターンにより解約率は異なり、一番低い区分と高い区分ではX倍の差が出る」という結果は自然であり、人間も納得することができる。厳密には、実際のアルゴリズムとはロジックが異なるのだ

▶ 図表7-13　モデル信頼性向上のための集計分析

重要変数のシンプルな実績集計をいくつも提示し、モデルに納得感を持たせる

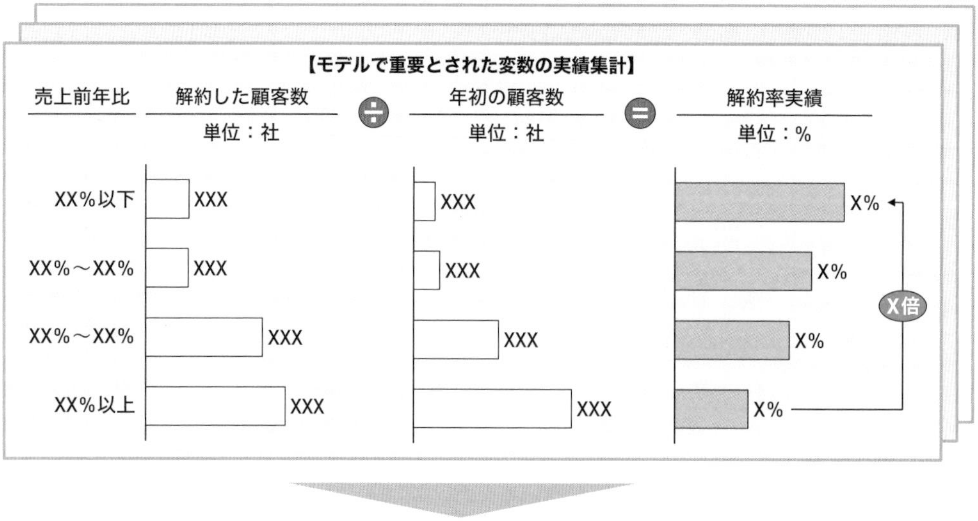

（厳密にはアルゴリズムのロジックとは異なるが）
モデルは、人間にも納得できるパターンを複数組み合わせて予測していることを示す

が、このようなシンプルな分析結果を、自然なものや、気付かなかったがあり得そうなものも含めて複数提示すれば、現場も腹落ちしやすい。

現場に見せると、一つ一つの結果は、当たり前だと言われることもある。しかし、それらの変数を複数組み合わせて、定量的に解約率が何パーセント違うかを把握することは、人間には困難だ。

今回の事例では説明変数の種類は少ないが、説明変数はいくらでも増やすことが可能であり、場合によっては1,000個を超えることもある。それらの変数ひとつひとつは、目的変数との相関は小さい。その小さな相関を複雑に組み合わせることで、高い相関関係を見出し、高い精度での予測を可能とするのが機械学習予測モデルである。

6 Step4 活動と成果をモニタリングし、問題を早期発見する

▶ 各支社・各営業担当者の単位で、リスク発生状況やリスクに対する訪問実績・解約実績を確認し対応する

新たな訪問の仕組みを作ったとしても、それが正しく機能しなければ意味がない。提示したリスク判定に対して、現場がどのように行動し、それがどのような成果につながっているかをモニタリングし、問題があれば対応する必要がある。

図表7-14に、「訪問活動モニタリングシート」を記載する。

訪問活動モニタリングシートは毎月出力し、本部の施策担当者や、支社の責任者・営業担当者が確認する。

シートの構成は「支社」と「担当者」、「担当顧客」「当月訪問計画」「当月訪問実績」「当年解約率実績」に分かれている。グレーで色付けした部分が、問題発生箇所である。

《支社／担当者》

「支社」と「担当者」は、該当する支社での合計と、各営業担当者に分けられている。支社間、あるいは同一支社でも担当者間での取り組みの差を比較する。

《担当顧客》

「担当顧客」は、各支社・営業担当者が担当する顧客の総数と、顧客のリスク

判定の内訳である。訪問対象とするすべての顧客をリスク判定できているのが理想であり、リスク未判定の顧客がいれば、現場情報の収集を徹底するように指示をしなければならない。

《当月訪問計画》

「当月訪問計画」は、当月の目標訪問件数と、その内訳としてリスク判定別の推奨訪問対象を示す。まずは、リスク高・中を優先して訪問する。余力があればリスク未判定を訪問して現場情報を収集し、更に余力があればリスク低を訪問する。

ここでは、「担当顧客」のリスク高と中の合計件数を目標訪問件数で割った「リスク中高発生率」も確認する。この値が100%を超えている場合、営業担当者が当月では対応できないほどのリスクが発生していることになる。該当する担当者の別の仕事を減らして目標訪問件数を増やすか、上長や別の営業担当者にヘルプで入って代わりに訪問してもらうことを検討しなければならない。

《当月訪問実績》

「当月訪問実績」は、実際にどのリスク判定先を何件回ったかを示す。まずは、「訪問件数達成率」を見て、訪問の量として目標とする件数に至っているかを見る。100%未満であれば、過密すぎる訪問計画となっていないか、または他の仕事を減らすことはできないかを検討しなければならない。

「リスク中高未訪問数」が1以上であれば、高リスクの顧客を放置していることになる。営業担当者に訪問できなかった理由を聞いて、確実に訪問するためにはどうすればよいか決める必要がある。

《当年解約率実績》

「当年解約率実績」は、当年の累計で、リスク判定ごとに解約率がどのように分布しているかを示す。

基本的には、「リスク高＞リスク中＞リスク低」の順に解約率が減っていき、リスク未判定はリスク低以上のどこかになるはずだ。しかし、他の営業担当者と比べて、ある営業担当者のリスク高の解約率が異常に高くなっていれば、顧客に対して適切なフォローができていない可能性がある。この場合は、リスク高への対応そのものや、対応を決めるためのプロセスから見直す必要がある。

▶ 図表7-14 **訪問活動モニタリングシート**

各支社や各営業担当者の単位で、リスク発生状況や、

現場情報が未取得の顧客はいないか？

対応できないほどリスクが発生していないか？

時点：XXXX年X月

支社	担当者	担当顧客					当月訪問計画					
		担当件数	リスク判定内訳				目標訪問件数（C）	リスク判定内訳（推奨訪問対象）				リスク中高発生率 =(A+B)/C
			高（A）	中（B）	低	未判定		高	中	低	未判定	
A支社		500	37	40	350	73	80	33	30	8	9	96%
	Aさん	100	5	10	70	15	20	5	10	0	5	75%
	Bさん	150	12	10	120	8	20	8	10	0	2	110%
	Cさん	130	5	5	70	50	20	5	5	8	2	50%
	Dさん	120	15	15	90	0	20	15	5	0	0	150%
B支社		325	14	11	274	26	60	14	11	19	16	42%
	Eさん	90	3	5	70	12	15	3	5	0	7	53%
	Fさん	80	2	4	60	14	15	2	4	0	9	40%
	Gさん	70	5	1	64	0	15	5	1	9	0	40%
	Hさん	85	4	1	80	0	15	4	1	10	0	33%

解約率が「リスク低＞リスク高」のように逆転している場合は、現場情報が甘い可能性がある。他社アプローチや顧客のクレームをちゃんと把握して入力しているか、確認する必要がある。

▶ 予測モデルの出力結果と精度も、常にモニタリングする

訪問活動だけでなく、予測モデルが正常に機能しているかも、モニタリングしておかなければならない。図表7-15を見ていただきたい。

リスクに対する訪問実績、解約実績を確認し、問題に対応する

当月訪問実績							当年解約率実績				
実績訪問件数（D）	リスク判定内訳				訪問件数達成率=D/C	リスク中高未訪問数=(A+B)−(E+F)	担当件数	リスク判定内訳			
	高（E）	中（F）	低	未判定				高	中	低	未判定
79	26	19	31	3	99%	32	7%	10%	6%	4%	5%
18	5	5	5	3	90%	5	5%	10%	5%	3%	6%
22	1	5	16	0	110%	16	6%	5%	7%	9%	4%
20	5	5	10	0	100%	0	10%	20%	5%	3%	5%
19	15	4	0	0	95%	11	4%	8%	6%	2%	－
64	14	11	26	13	107%	0	5%	8%	5%	3%	4%
15	3	5	0	7	100%	0	4%	7%	4%	2%	4%
20	2	4	8	6	133%	0	6%	10%	6%	3%	4%
14	5	1	8	0	93%	0	5%	7%	5%	4%	－
15	4	1	10	0	100%	0	4%	6%	4%	1%	－

予測結果出力時に毎回確認すべきなのは、予測解約率の分布だ。この水準や形状が前回から大きく変わっている場合、対応する必要がある。

原因としてまず考えられるのは、異常のあるデータを入力してしまったことだ。そのため、各説明変数に変な値が入っていないかを調べる。数値の変数であれば最小値・平均値・最大値、カテゴリの変数であれば各カテゴリの数や、新たなカテゴリの有無を、前回の説明変数と比較すれば、どこに異常があるかが分かる。異常なデータが入っていれば、それを取り除くことでモデルは正常化する。

入力データが以前から変わっていても、それがたとえば市況変化による売上減

▶ 図表7-15　予測モデルのモニタリング

予測結果の分布は出力時に毎回確認し、予測精度の劣化も定期的に確認する

	確認事項	異常時の対応
予測結果出力時に毎回確認	● 予測解約率の分布が前回から大きく変わっていないか?	● 各説明変数の分布を確認し、データに異常があれば修正する ● 異常ではなく、データの分布が変化した場合(市況変化による売上減等)、モデルを再学習し、予測モデルリスク点数の定義を見直す
年1回程度定期的に確認	● 予測精度は劣化していないか?	● 直近データでモデルを再学習し、必要があれば予測モデルリスク点数の定義を見直す ● 再学習しても精度が出ない場合は、母集団・目的変数・説明変数の設計から見直す

であり、正常なこともある。その場合は、モデルを最新のデータで再学習する必要がある。予測解約率の水準も変わることが多いため、何%〜何%を何点としている予測モデルリスク点数の定義も、あわせて見直す。

年に1回程度など、定期的に確認すべきなのは、予測精度だ。モデルの予測精度が劣化している場合は、対応する必要がある。

まずは、同じアルゴリズムで、学習データだけを最新のものに差し替えて、再学習する。それで精度が戻れば、再学習したモデルを新たに使えば問題ない。

再学習しても精度が戻らない場合は、そもそもの母集団・目的変数・説明変数の設計から見直す必要がある。母集団に本来は比較すべきでないノイズが紛れ込んでいないか、予測するべき目的変数は今の状況でも同じ定義でよいか、予測に関係する説明変数は何か他に考えられないか、ゼロベースで検討する。

場合によってはモデルが機能しなくなり、施策全体を再構築しなければならないこともあり得るので、異常を見逃さないようにしたい。

▶ 第7章のまとめ

- ☑ 顧客の解約を予測する機械学習モデルを構築し、解約リスクの高い顧客を優先フォローすることで、今ある営業部隊のリソースを増やすことなく解約率を下げることができる
- ☑ 予測するのは「止める余地のある解約」でなければ意味がないので、何カ月先の予測をするか、解約事由は適切か、十分に注意してモデルを設計しなければならない
- ☑ 今あるデータは、現実の世界の一部のみを切り取ったものなので、たとえば現場の有益な情報を新たにデータ化し、モデルに統合することで、解約リスク判定の精度を上げることができる
- ☑ リスク判定結果だけでなく、リスク要因もあわせて営業担当者に提示することで、リスク対応の精度を上げることが重要
- ☑ 新たなリスク判定の仕組みを作るだけでなく、その後の活動と成果をモニタリングすることで、問題を見逃さずに、最適な活動を維持する必要がある

第6章と第7章は、個別部門のDX実装を扱っていたが、第8章では、部門を横断したDX実装の事例を解説する。

第**8**章

部門を横断した統合予測モデルの実装

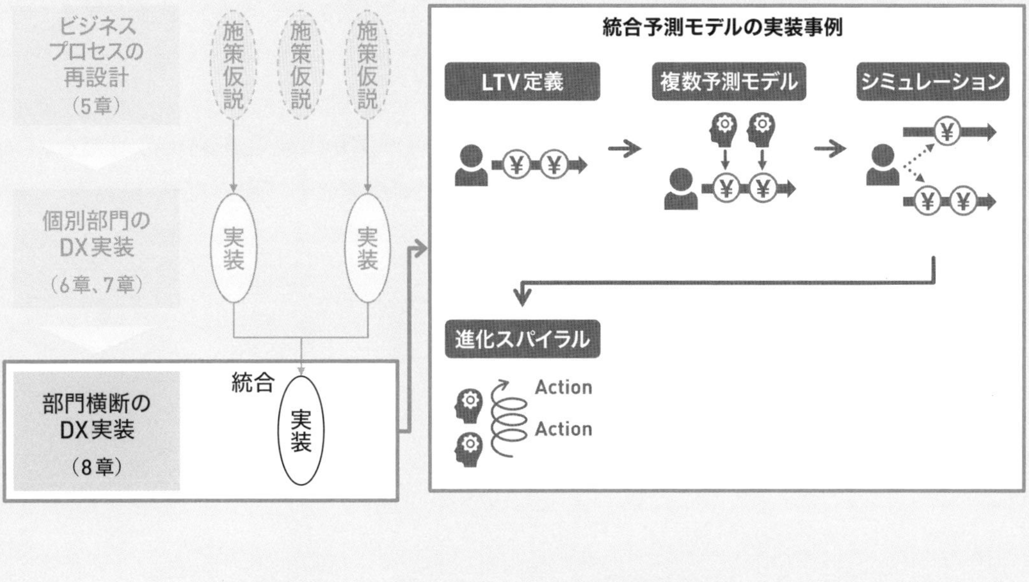

introduction

部門横断で予測モデルを統合するLTVの算出ロジックと、LTVのシミュレーション方法に注目する

第6章と第7章では、個別部門のDX実装の事例を述べた。

本章では、DXの最後のステップである、部門横断のDX実装の事例を解説する。

特に見てもらいたいのは、部門横断のカギとなるLTVの算出方法と、予測モデルを用いたLTVのシミュレーション方法だ。

各部門の利益をどのようにLTVへ統合し、複数の予測モデルと結び付けているのか？

予測モデルをどのように使えば、施策によるLTV変化をシミュレーションすることができるのか？

部門横断のDX事例は、個別部門よりも難易度が高い。全社最適化の思想を持って、個別部門を統合する施策を打ち出すための参考としていただきたい。

1 全社最適となる施策を見極める利益シミュレーションの事例

▶ 個別部門の最適化に陥らずに、会社全体で利益に資する施策を見極める

近年では、顧客との接点が多様化し、リアルとデジタルを組み合わせて、どのように全体の顧客体験を創り出していくかが、競争力を左右するようになっている。たとえば、同じ顧客が様々なリアル店舗で購買するだけでなく、ECでも購買し、会員用アプリでも接点があることは多い。

しかし、各接点の担当部門は、各部門内でのKPIを追っているので、全社的な利益という観点で施策を打つことは難しい。

本事例では、小売業界で、複数のリアル店舗とEC店舗を持っている会社を想定する。顧客にスマホのアプリを無償で配っており、会員登録してもらった顧客に対してはクーポンを発行し、様々なキャンペーン情報を通知している。

店舗を拡大し、顧客との接点も多様化させてきたが、各店舗がそれぞれの利益を追うことで、個別最適に陥っている。リアル店舗とEC店舗の連携も取れておらず、顧客データをどのように扱えばよいかも分からない。利益を上げるための施策案は多く出ているが、どれが会社全体に対してもっとも効果的なのか、全社的な目線で施策を考えることが、できていない状況だ。

各部門が各接点で打つ施策の本来の目的は、会社全体の将来の利益を最大化させることである。そこで、個別の部門が打つ施策が、どのように会社全体の将来の利益に貢献するかを予測し、どのような施策を優先して打つべきかをシミュレーションすることにした。

2 部門統合のカギは LTV

▶ 部門を越えて顧客単位で接点を紐づけ、LTVを算出する

部門を一つに結びつけ、会社全体の将来の利益にベクトルを一致させるためのカギは、LTV（顧客生涯価値）である。

LTVとは、顧客が生涯を通じて会社に与える利益のことだ。顧客に長く、高頻度で、高単価の商品を買ってもらうことで、LTVは高くなる。逆に、高い商品を買ってもらえたとしても、1回の購買で終わってしまいリピートがなければ、LTVは低くなる。

最初は安価なエントリー商品を買ってもらっただけだとしても、そこから様々な接点や購買体験でロイヤリティを高め、いかにヘビーユーザーになってもらうかが、会社の利益を大きく左右する。

つまり、顧客との各接点を統合して、部門横断での顧客体験のクオリティをいかに高められるか、という勝負となる。

LTVは顧客単位で計算されるため、各部門の接点を顧客単位で紐づけ、部門横断で横串を通した視点が必要となる。

図表8-1に、「顧客単位の接点把握によるLTV算出」のイメージを記載する。

この会社は顧客と、リアル店舗であるA店舗・B店舗の他、ECや会員アプリ等で接点を持っている。各部門の縦割りで、たとえばA店舗内での利益を集計してモニタリングすることも重要だが、部門別で利益を把握するだけでは、各部門の個別最適に陥ってしまう可能性がある。

実際は、会員アプリでの閲覧や、とりあえずECでカートに入れたという体験が、リアル店舗での売上につながっている、ということもあり得る。また、家の近くの店舗で買った商品が気に入ったので、同一カテゴリのアップグレード商品

▶ 図表8-1　顧客単位の接点把握によるLTV算出

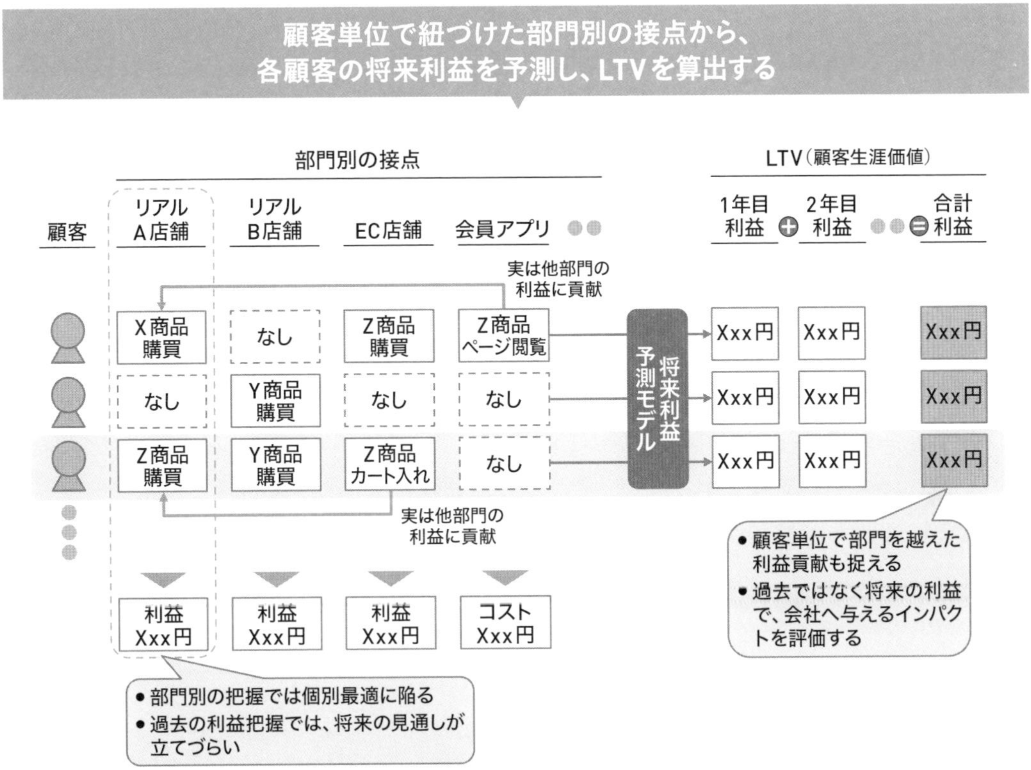

を、少し遠くの品ぞろえ豊富な店舗まで行って買ってくる、ということもあるだろう。

顧客は、会社と様々な接点を持ち、各接点での体験を総合して、会社に対するロイヤリティを感じる。各部門の縦割りではなく、顧客単位で横串を通した見方をしなければならない。

また、過去の利益を集計した値を見ているだけでは、将来の利益は単なる横置きや、単純なトレンドでの予測になってしまい、将来の見通しが立てづらい。

よって、顧客単位で様々な接点を持った結果、LTVがいくらになるかを予測し、過去ではなく将来の利益の観点で、会社へ与えるインパクトを評価する。単年度の利益ではなく、LTVを追うことで、より長期的な目線を持って、経営に資する判断ができるようにする。

▶ データサイエンティスト2名体制で複数モデルを構築、6カ月程度でLTVシミュレーションまで完了

図表8-2に、本事例の「目安の作業スケジュール」を記載する。

全体では、データサイエンティスト2名体制で、施策立案・分析設計から、モデル構築やLTVシミュレーションを経て施策を実行するまで、6カ月程度かかるのが目安である。

まず、LTVをどのように算出するのか、どのような施策に基づいてLTVをシミュレーションするのかを具体化し、統合機械学習モデルと必要データの全体像を設計する。

使うべきデータが決まったら、データ収集とクレンジングを行う。本事例では多くの部門からデータを集めるため、ここは1カ月程度と長めの期間となっている。

▶ 図表8-2 目安の作業スケジュール

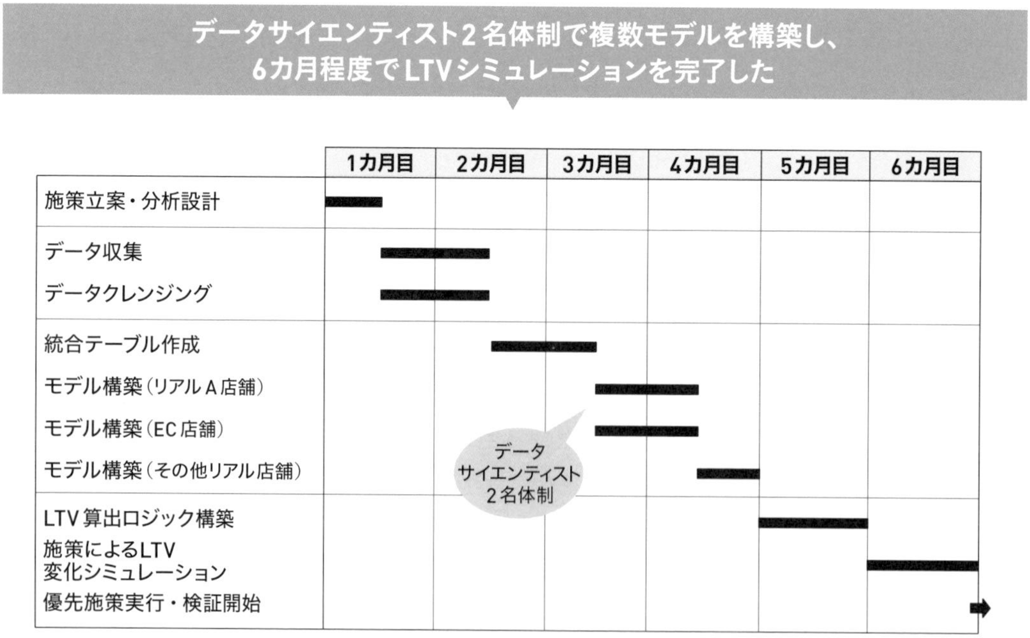

次に、機械学習モデルを構築するための統合テーブルを作成する。統合テーブルとは、各部門のデータを顧客単位にまとめたものである。

統合テーブルができたら、順次、LTV構成要素の機械学習モデルを構築していく。今回はデータサイエンティスト2名体制なので、リアル店舗とEC店舗のモデルを並行して構築する。

リアル店舗の各モデルは、同一の統合テーブルから切り出す母集団と目的変数が異なるだけで、作り方はほぼ同じだ。最初に1カ月程度をかけて1個目のモデルを作った後はスピードアップが可能で、2個目以降は、数が多くても合計で2週間程度で作ることができる。

モデルができたら、それらのモデルを統合して、LTVを算出するロジックを構築する。各施策によるLTV変化をシミュレーションし、施策の優先度を決め、実行していく。

3 Step1 LTVを定義する

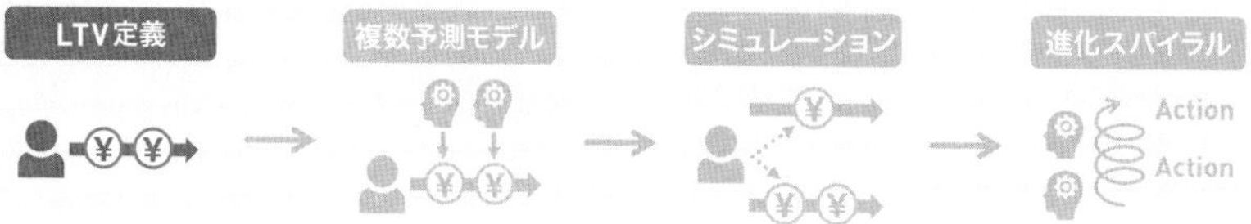

▶ 複数の機械学習モデルで、LTVの利益ドライバーを予測する

前節で、本施策のカギはLTVであることを述べた。では、LTVはどのように算出すればよいのだろうか？

LTVは顧客から得られる将来利益の合計値だが、共通で決められた式はないので、事業により適切な算出方法を選ぶ必要がある。

図表8-3に、「本事例でのLTV算出ロジック」を記載する。

《新規顧客のLTV》

まず顧客は、既に当社の商品を買ったことがある、またはアプリ等で接点がある既存顧客と、まだ接点を持てていない新規顧客に分けられる。このうち新規顧客は、当たり前だがデータがないので、機械学習モデルに与えるインプットもなく、本施策の対象外である。

ただし、「新規顧客として、どのような顧客をターゲットとすべきなのか」「新規顧客を獲得するのにどれくらいコストをかけられるのか」という問いに対しては、本施策で算出するLTVが役に立つ。

既存顧客のデータから、ターゲットとして想定している顧客層（特定の年代など）のLTVがどの程度なのかを算出することができる。各顧客層の平均的なLTVと、目標として決められた投資対効果の値を用いて、マーケティングや宣伝広告にかけてよいコストを割り出す。LTVが高い層に対しては、顧客獲得に

▶ 図表8-3　本事例でのLTV算出ロジック

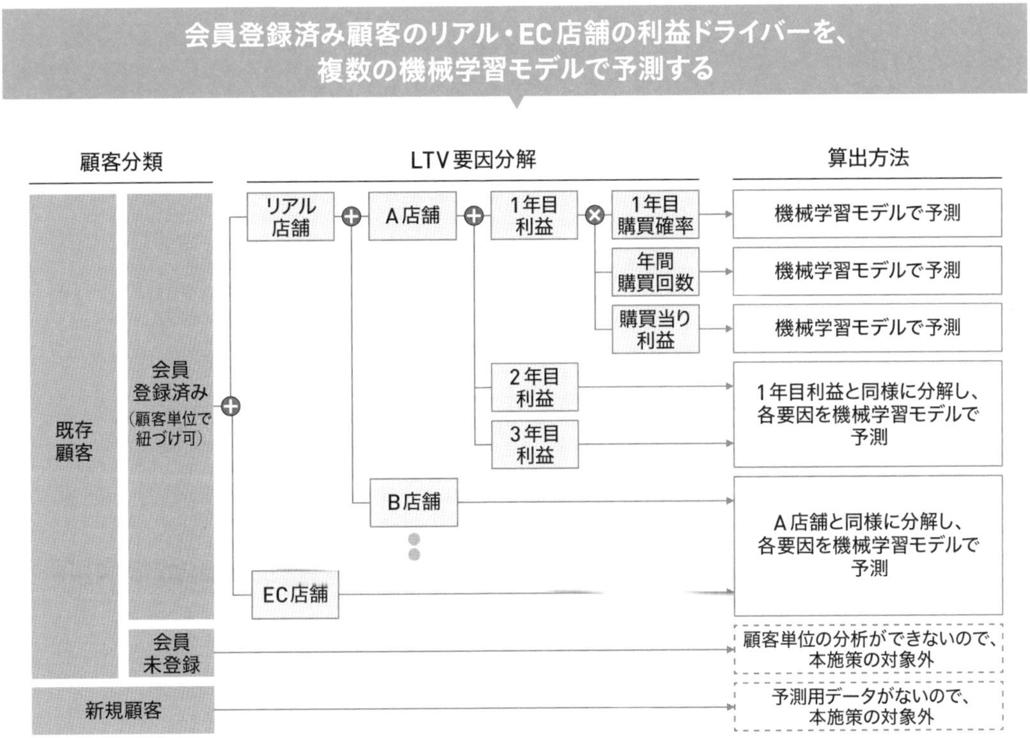

かけるコストを高くしても問題ない。

《会員未登録顧客のLTV》

既存顧客は、会員登録済みの顧客と、会員未登録の顧客に分けられる。このうち、会員未登録の顧客は、レシートデータで延べの顧客数は分かるが、どれが同じ顧客かを区別できない。顧客単位でデータを捉えることができず、LTVを算出することもできないので、本施策の対象外である。

《会員登録済み顧客のLTV》

会員登録済みの顧客は、顧客単位でデータを紐づけて、LTVを算出することができるので、本施策の対象となる。

顧客のLTVは各リアル店舗とEC店舗のLTVを合計したものだが、各店舗の

LTVロジックは同じである。何年まで先の利益を予測するかは決めの問題であり、今回はデータを遡ることができた3年目までの利益を予測する。

各年の利益は、「購買確率×購買回数×購買当り利益」に分解され、このそれぞれの利益ドライバーを機械学習モデルで予測する。モデル数は、「店舗数×利益予測年数×利益ドライバー数」となる。

モデル数が多いように見えるが、実際は同じ統合テーブルのデータをもとにしており、アルゴリズムも同一のものを用いる。最初の1店舗のモデルが構築できれば、以降の店舗のモデル構築にかかる手間は大きくない。

ちなみに、利益ドライバーを分解して予測せずに、単に利益そのものを予測するやり方もある。この場合、構築するモデル数は減るので作業は楽になるのだが、予測精度が出ないことが多いため、おすすめしない。利益ドライバーである購買確率、購買回数、購買当り利益のそれぞれで、母集団と予測に影響を与える説明変数が異なるので、一度に予測するとノイズが多くなってしまうからだ。

予測モデルを構築する場合は、できるだけ要因分解して独立した値を、目的変数とするようにしたい。

▶ 複数年の利益を予測する二つの方法

今回は、各年の利益を予測するモデルをそれぞれ構築するが、次の年の利益を予測するモデルだけを構築するやり方もある。

図表8-4に、「複数年の利益を予測する方法のパターン」を記載する。

今回採用した方法は、1年目、2年目、3年目の利益を予測するモデルをそれぞれ作る、というものだ。モデルを複数年分作る必要があるが、ロジックはシンプルである。

もう一つの方法は、1年目の利益を予測するモデルと、1年後の顧客データを洗い替えるロジックを組み合わせるものだ。顧客データの洗い替えロジックは、たとえば会員登録後年数は1年後にプラス1年とし、何らかの商品を購買したら、該当商品の購買フラグに1を立てて売上高を増やす、という1年後の顧客状況のデータを新たに作り出すものである。

▶ 図表8-4　**複数年の利益を予測する方法のパターン**

1年分の予測モデルとルールベースで顧客データを毎年洗い替えていく方法もあるが、今回は複数年分の予測モデルを構築するシンプルな方法を採用する

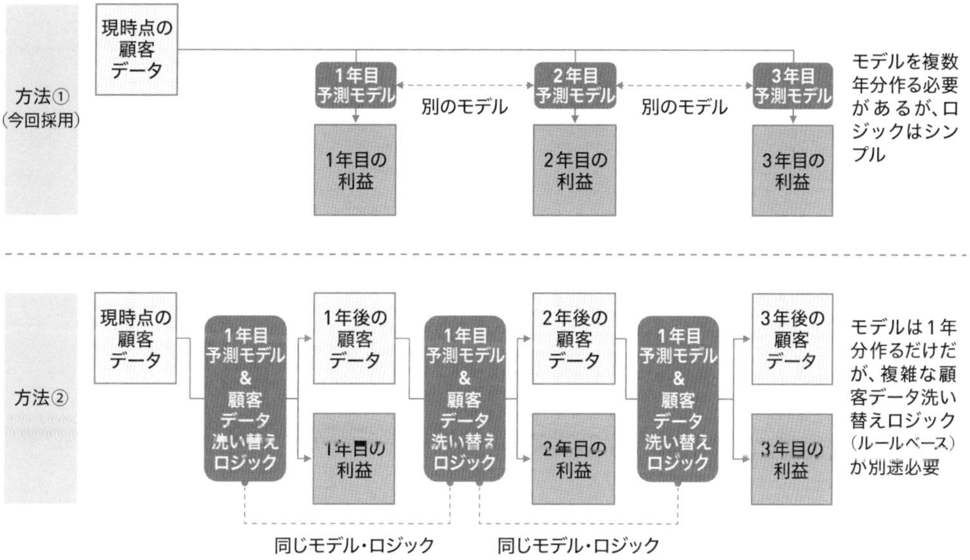

この方法であれば、データ量が少なくて1年分しかモデルが作れない場合でも、任意の年数のLTVを算出することができる。

いっぽうでこの方法のデメリットは、顧客データの洗い替えロジックが複雑になることだ。たとえば、顧客がその年に購買するかどうかは、確率でしか分からないので、誰が何を買ったことにするか、年間の購買確率と乱数を用いてシミュレーションする必要がある。

この洗い替えロジックは、人がひとつずつ決めて記述するルールベースであり、構築にかなりの手間がかかる。結果として、複数年分の機械学習モデルを作るよりも工数がかかることが多いので、データが足りない時でなければ、おすすめしない。

4

Step2 複数の機械学習モデルを構築し、部門横断で統合する

▶ 3年前時点の説明変数と、1年目・2年目・3年目利益の目的変数を結びつける

前節では、LTVの算出ロジックと、LTV算出にどんな機械学習モデルが必要かを述べた。

本節では、LTV算出に必要な機械学習モデルの構築方法と、モデル構築後の施策シミュレーションに必要な前準備を解説する。
まずは、機械学習モデルの構築方法だ。図表8-5に、「目的変数と説明変数の設定」を記載する。

まずは、各部門が保有している「会員属性」「リアル店舗購買履歴」「EC店舗購買履歴」「アプリ回遊履歴」「クーポン利用履歴」などのデータを収集し、顧客単位で紐づけて集約する。

予測したいのは、1年目、2年目、3年目の利益なので、説明変数は3年前時点のデータを用いる。3年前時点での会員属性や、購買などの行動履歴を集計した値を顧客ごとに並べたものが、説明変数となる。

各店舗の3年前〜2年前のデータが1年目利益、2年前〜1年前が2年目利益、1年前〜現時点が3年目利益である。さらに各年の利益を、購買有無、購買回

▶ 図表8-5 **目的変数と説明変数の設定**

各部門のデータを顧客単位に集約して、3年前時点の説明変数と、1年目・2年目・3年目利益のそれぞれの目的変数を結びつける

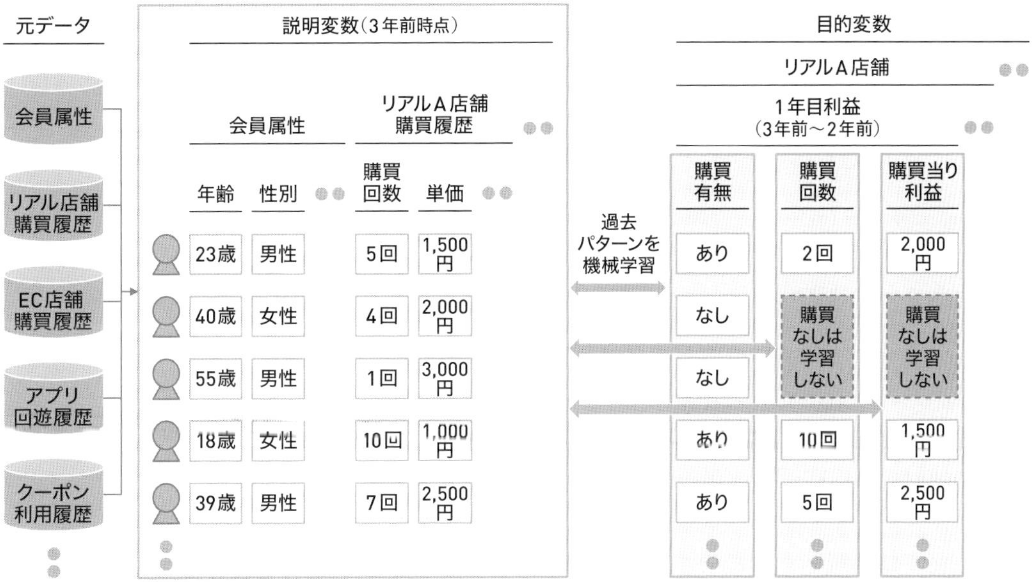

数、購買当り利益に分解したものが、目的変数となる。

説明変数は3年前時点のデータの1種類だけだが、目的変数は各年の各利益ドライバーで設定されるので、複数種類となる。

ここで注意すべきなのは、目的変数と説明変数を紐づけたデータの母集団の切り方である。購買有無は、各顧客が各年で購買したか、しなかったか、というパターンを3年前時点の顧客すべてで学習する。

いっぽうで、購買回数や購買当り利益は、各年の購買なしを除いた、購買ありデータのみで学習する。購買回数や購買当り利益の学習データに、購買なしの0回や0円データを含めてしまうとノイズになり、予測精度が悪化するので避けるべきだ。

説明変数は、会員属性や売上などのデータだけでなく、この後でシミュレーションしたい施策に関連する変数も入れておく必要がある。

たとえば、ある特定の商品のプロモート効果を見たいなら、その商品だけを切り出した購買データ項目を入れる。クーポン発行の効果を見たいなら、各種クーポンの発行有無や利用有無を入れる。アプリ利用促進による購買促進効果を見たいなら、アプリのアクティブ度合いを入れる、といった具合だ。

▶ 各モデルの変数重要度をもとに、LTVを効率的に上げる施策変数を探す

施策検討の際は、顧客の何を変えにいくかを考える。その際、すべてのあり得るパターンを検討することは不可能なので、施策で何を変えるのが一番効果的か、選択肢を絞り込まなければならない。構築した各機械学習モデルの変数重要度を見ることで、どの変数を変えることがLTVに影響を与えやすいか、当りを付けることができる。

図表8-6に、「シミュレーションすべき施策変数の探し方」を記載する。

まずは、説明変数の中から、シミュレーションしたい施策変数を選定する。施策によって変えられる変数を選ぶ必要があるので、たとえば顧客の年齢や会員登録後の年数など、変えられない変数は含めない。今回は、「商品プロモート」「アプリ利用促進」を例として、変数を選定した。

決定木型など、ブラックボックスではない機械学習アルゴリズムを用いることで、各モデルの目的変数に影響を与える度合いを示す変数重要度が算出される。その中から、シミュレーションしたい施策変数を抽出し、変数重要度の高い順にランク付けをする。

そして、各モデル内ランキングを統合して、全体として影響力の高い、施策変数のランキングを付ける。変数重要度は各モデルで値の水準が異なり、モデル間での単純比較ができないので、代わりに各モデル内ランキングを合計して、値が小さい順に変数をランク付けする。

今回は結果として、「商品A購買有無」「月間アプリ立上げ回数」が、LTVに影響力の大きな変数として選定された。これらの変数を変える施策が、LTVを

▶ 図表8-6　シミュレーションすべき施策変数の探し方

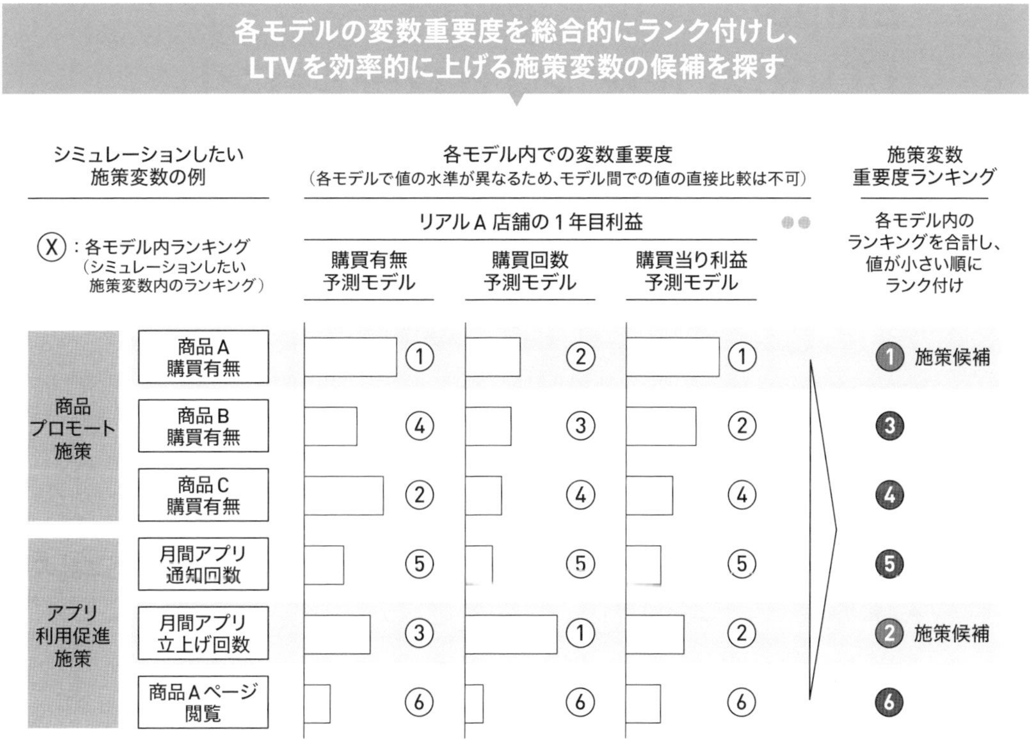

効率的に上げる可能性が高い。

5 Step3 LTVの変化をシミュレーションし、施策の有効性を評価する

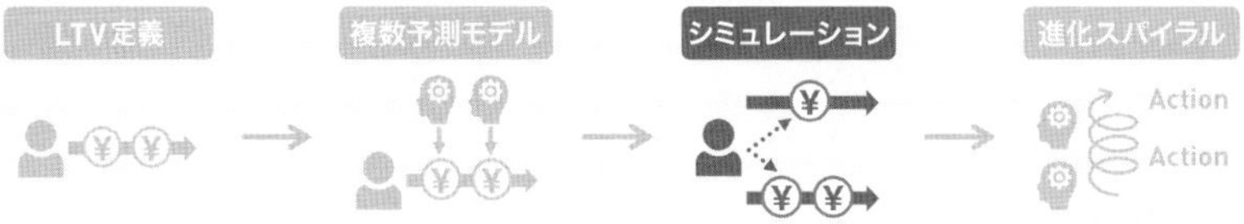

▶ 施策による顧客の行動変容をインプットし、LTVの変化を予測する

前節で、LTV算出に必要なモデルを構築し、施策シミュレーションすべき変数を特定できたので、本節ではLTVシミュレーションをどのように行うべきかという解説に入る。

施策で顧客に行動変容を起こすことにより、顧客のLTVを変化させることができる。どの施策が効果的かを評価するため、どのような行動変容が、どの程度LTVを変化させるかを、LTV予測モデルを用いてシミュレーションする。

図表8-7に、「施策によるLTV変化シミュレーション」のイメージを記載する。

たとえば、クーポン発行やポイント還元などの販促施策を打つことで、顧客の何%かに当月X商品を買ってもらったとする。機械学習モデルは、X商品を買った人と買わなかった人の、その後の行動パターンを認識しているので、顧客の状態が変化したことで、将来、各部門の利益がどのように変わるかを予測することができる。

この予測モデルの出力結果を組み合わせることで、各顧客のLTVを算出する。顧客によって、当月X商品を買うことがヘビーユーザー化につながる場合も、つながらない場合もあり得るが、機械学習モデルは個別の顧客の状況に応じた予測が可能だ。

▶ 図表8-7　**施策によるLTV変化シミュレーション**

各部門の施策による行動変容をインプットし、各利益予測モデルのアウトプットを変化させることで、施策がLTVにどのような影響を与えるかを予測する

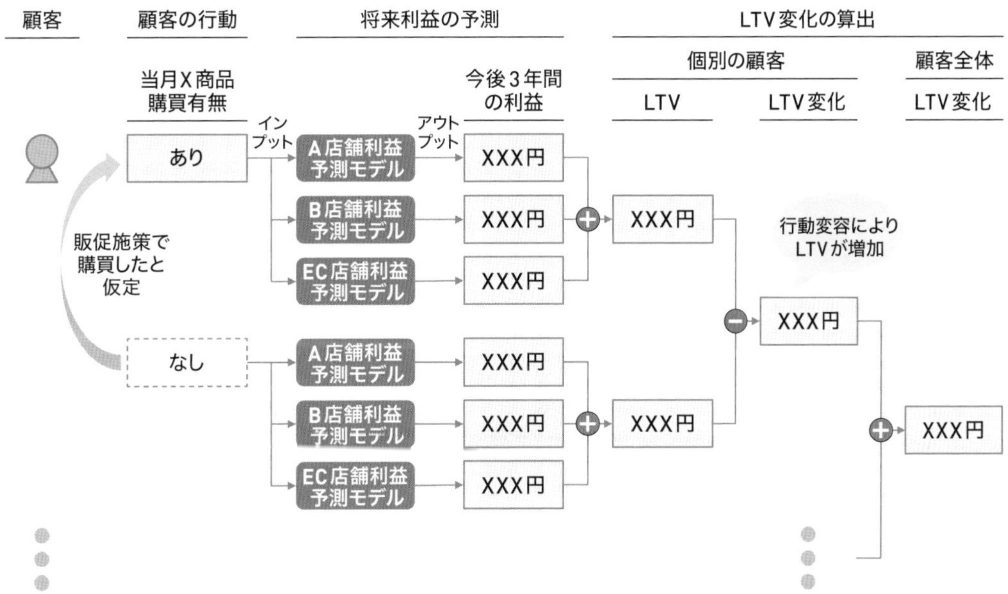

最後に、行動変容した各顧客のLTV変化を合計することで、会社全体でのLTV変化を算出する。

LTVシミュレーションで、モデルのインプット変数を書き換える際には、注意点がある。

ひとつの施策変数だけでなく、関連する変数のすべてを変える必要がある、ということだ。たとえば、商品Xを購買したと仮定した場合、他にも年間の購買回数や年間合計売上を、同時に変えなければならない。これらの変数を変えなかった場合、売上は伸びていないことになってしまう。

関連する変数も同時に書き換えないと、シミュレーションの効果が低く出てしまう。施策変数が他の説明変数のどこに影響するか、常に全体を確認し見逃さないようにしたい。

ちなみに、販促施策など、施策を直接変数に入れずに、わざわざ施策の結果である行動変容を使ってシミュレーションしているのには訳がある。

まず、どの顧客がどのキャンペーンを使ったかなど、販促施策に対する顧客の反応データを捕捉していることが少ないからだ。この場合、そもそもデータがないので、シミュレーションできない。

次に、全く同じキャンペーンをもう一度打つことは、多くはないからだ。この場合だと、シミュレーションしても意味がない。

最後に、これがもっとも重要なのだが、過去の延長線上でしか施策を考えられなくなるからだ。そもそも顧客のどの行動を変容させるべきなのか、という根本に目を向けず、面白そうな施策のアイディア出しに終始してしまう恐れがある。

▶ 施策の投資対効果を算出し、優先して実行する施策を見極める

機械学習モデルでシミュレーションされたLTV変化と、施策コストを見比べることで、投資対効果を計算することができる。

図表8-8に、「施策の投資対効果の評価」を記載する。

まずは、各施策が顧客に対してどのような行動変容を見込むかを、過去の類似施策の効果などから仮定する。

次に、これらをインプットとして機械学習モデルによりLTV変化を予測する。LTV変化と施策にかけるコストを比較すれば、投資対効果を計算することができる。

投資対効果がもっとも高いものが、会社全体で優先して取り組むべき施策だ。

図表8-8には、図表8-6で重要な施策変数として選定したものの他に、「施策⑤」「施策⑥」として、利益が赤字となっている商品の販売中止を入れている。これらは赤字商品の単独だけで見ると、販売をやめれば利益が出るはずだ。「施策⑤」で赤字商品Bの販売を中止した場合は、LTVシミュレーションでプラスの効果となっている。

しかし、「施策⑥」で赤字商品Cの販売を中止した場合、LTV変化予測がマイ

▸ 図表8-8　施策の投資対効果の評価

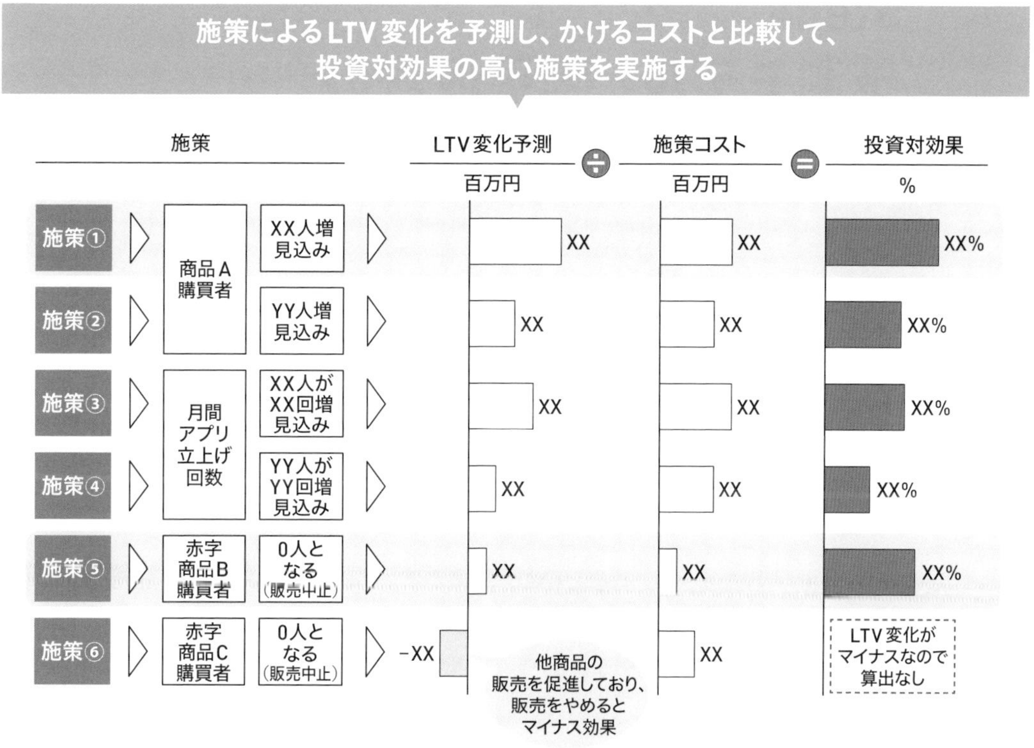

ナスとなっていることに注意が必要だ。単独では赤字だが、実は他商品の販売を促進しており、販売をやめると逆にマイナス効果となる懸念がある。

よって、商品Cの販売は続けた方が良い。このように、単独で見た利益だけでなく、顧客行動全体に与える影響をモデル化することで、誤った意思決定を回避することができる。

6 Step4 予測モデルと因果仮説の進化スパイラルを回す

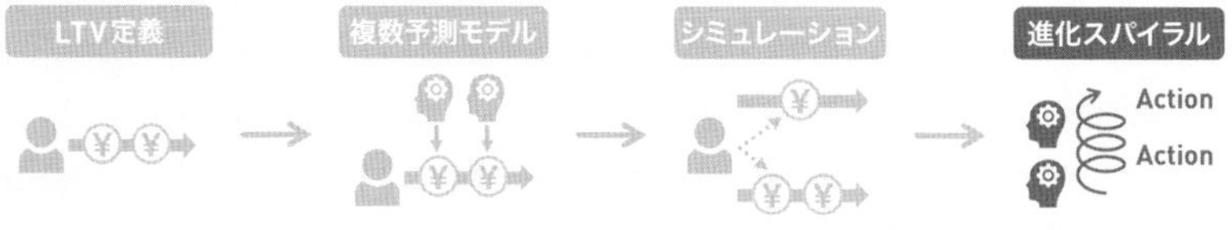

▶ 機械学習モデルで見出した相関のすべてに、因果があるとは限らない

これまで機械学習モデルによるLTV予測・シミュレーションの話をしてきたが、注意すべきことがある。機械学習モデルが示しているのは確かな「因果」ではなく、恐らく関係があるだろうという「相関」であり、予測やシミュレーションは常に当たるわけではない、ということだ。

図表8-9に、「相関と因果の違い」を記載する。

相関の中の一部が、因果である。

相関とは、結果として事象が連動することは分かっているが、確かなロジックのつながりは不明なものだ。相関があっても、実際は把握できていない第3の理由に基づいていたり、たまたまの結果であったりすることがある。

対して因果とは、確かなロジックにより事象がつながっているものだ。原因と結果のロジックがあるので、予測やシミュレーションが当たる可能性が高い。

機械学習モデルは、目的変数と説明変数の過去のパターンを認識して未来を予測する。同じパターンがあった場合は同じ結果を出力するが、そこには因果関係があるという保証はなく、過去にたまたま相関があったパターンをそのまま踏襲するだけだ。因果がなかった場合、予測やシミュレーションの結果が当たるとは限らない。

ただし、因果があったとしても、機械学習モデルは統計モデルなので、統計

▶ 図表8-9　**相関と因果の違い**

機械学習モデルで見出した相関のすべてに因果があるとは限らず、予測が外れることもある

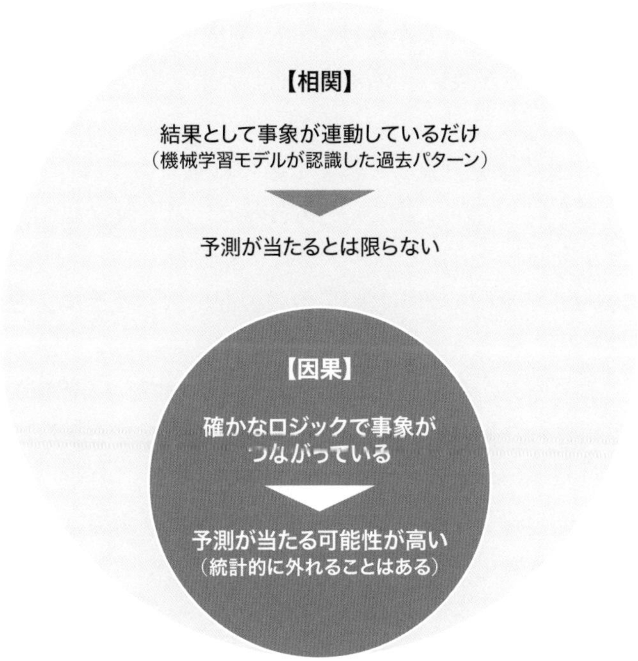

的に外れることはあり得る。たとえば、90%の確率で買うと予測した顧客でも、10%の確率で買わないことがある。実績のデータ数が少ない場合は予測値から外れやすいので、十分なデータ数がたまってから評価するようにしたい。

▶ 粗いモデルの相関から因果仮説を立て、実際の施策結果で検証して修正し、精度を上げ続ける

理想的には、因果が分かっている施策を打つことが望ましい。しかし、因果を知ることは難しいのが実情だ。

商品を買う、またはヘビーユーザーになる、というきっかけや要因を、本人が他人に対して説明できることは少ない。仮にできたとしても、その人固有の因果

であり、汎用性がない可能性もある。因果を確かめるのには、顧客インタビューやデータ分析深掘りなどの手間と時間がかかり、それでも確証が得られることは少ない。因果が分かった施策しか打てないのであれば、アクションが遅れてしまう。

よって、因果を追うのに時間をかけず、LTV向上と相関がある施策をクイックに打って実際に試す方が良い。ダメなら他の施策を次々に打っていけば良いのだ。

ビジネスとして因果の説明責任を強く求められるものではない施策であれば、まず実行してしまう。そこから更にデータを得て、因果仮説とモデルの精度を上げていくサイクルを回した方がビジネスは素早く進む。

図表8-10に、「LTV予測モデルと因果仮説の進化スパイラル」を記載する。

まずは、今あるデータから粗い初期モデルを構築して、相関を確認する。そして、モデルで見出された相関の中から、これは因果がありそうだという仮説を立てて、因果仮説に基づいた施策を洗い出す。

ここで、因果関係の確認に膨大な時間とコストを費やすことなく、ある程度の蓋然性があれば、とりあえず施策を実行してみて素早く結果を検証することが肝要だ。素早く検証してデータ収集することにより、モデル再学習で精度が向上するとともに、因果仮説を精緻化することができる。

最初から完璧を目指さず、粗い初期モデルから徐々に進化させていくことが重要だ。進化したモデルと因果仮説をもとに、より精度の高い施策を実施し、更にデータを収集する。

そのプロセスを早く始めて進化のループを回し続けていれば、他社が追い付くことはできなくなる。

▶ 図表8-10 **LTV予測モデルと因果仮説の進化スパイラル**

最初から完璧を目指さず、まずは粗い初期モデルを構築して見出した相関をもとに、因果の仮説を立てて実際の施策結果で検証をしながら、モデルを進化させていくのが現実的

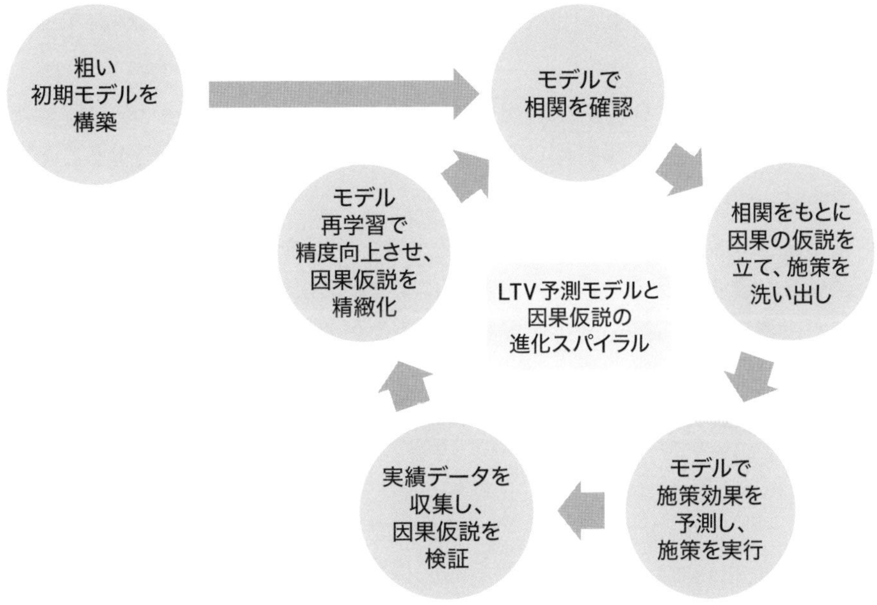

第8章のまとめ

- 個別部門の最適化に陥らず、会社全体で利益に資する施策を見極めるためには、部門を越えて顧客単位で算出された「LTV」を軸に施策を検討することが重要
- LTVは、事業により適切な算出方法を選ぶ必要があるが、LTVを分解した各要因を機械学習モデルを用いて予測することで、精度高く算出することができる
- 施策による行動変容をインプットとして、LTVを算出するモデルのアウトプットを変化させることで、施策がLTVにどのような影響を与えるかを予測し、投資対効果の高い施策を見極めることができる
- 機械学習モデルが示すのは「因果」ではなく「相関」なので、モデルの相関から因果仮説を立て、実際の施策結果で検証してモデルと因果仮説を進化させ続けなければならない

これで第II部は終了である。

おわりに・謝辞

ここまで読んでいただいた読者に感謝したい。抽象論や机上の空論ではなく、DXを実際にビジネス実装するために、必要なことは伝えたつもりだ。

あなたの頭のなかに、自社のビジネスプロセスを変えるイメージが渦巻いており、すぐに具体的な行動を起こせる状態となっていれば幸いだ。

最後に、少し昔話をさせてほしい。

私がデジタルコンサルタントとして働き始めたのは、2015年の夏だった。

それまでは日系の資産運用会社に勤めていたが、ふと小説を書きたくなって辞めていた。『日本経済新聞』で「星新一賞」の広告を見て、無性に書きたくなってしまったのだ（本書に書かれている事例は空想のSFではないので、ご安心を）。

結局書いてはみたものの落選したが、その年の最終候補に、AIが書いた作品が残ったらしい。小説を書いている場合じゃない、AIの時代が来ているぞ、とまた突発的に思い立ち、当時はまだ珍しかったAIに取り組んでいるコンサルティング会社に応募した。

それからあっという間に7年が経ち、AIは当たり前のものとして社会に浸透し、DXという言葉も生まれた。

AIを何に使えばよいのか分からない時代から、クライアントとともにビジネスの現場で試行錯誤を繰り返した。ビジネスで実際に使えるデジタル施策とは何なのか、現場の空気を肌で感じて学び取り、少しずつ前進していった。単なる分析ではなく、デジタルでビジネスを変えることに取り組んだ。今で言うDXそのものだったと思う。

貴重な学びの機会を与えてくれたクライアントに、心から感謝を申し上げたい。

もし私が「星新一賞」の広告を見なかったら、（あり得ないことだが）もしすんなり賞を取れていたら、もし専業主夫状態だった私を今の会社が拾ってくれなかったら、もしクライアントに豊富な機会を与えられなかったら、とふと考える。

たまたま起きただけかもしれない「相関」のなかから、「因果」を見つけてつなぎ合わせた結果として、本書がある。DXとは、「相関」から「因果」を見つける仮説検証の連続である。最初からすんなりはいかない。

読者が、本書の具体論を武器として、あきらめずに「相関」にチャレンジし続け、「因果」を見つけ出し、ビジネスを成長させていくことを祈る。

経営共創基盤 共同経営者の塩野誠さんには、本書を書くチャンスを与えていただいた。塩野さんに執筆を勧めていただき、後押しをしていただかなければ、本書は存在しなかった。心より感謝を申し上げる。

IGPIビジネスアナリティクス&インテリジェンスCEOの川上登福さんには、常日頃からご指導いただき、鍛えていただいた。川上さんのご指導がなければ、数多のプロジェクトを乗り切ることはできなかった。心より感謝を申し上げる。

経営共創基盤 共同経営者の田原幸宏さんには、リアルなビジネス変革の要諦をご指導いただいた。田原さんのご指導がなければ、真の意味で機械学習モデルをビジネス実装することは不可能だった。心より感謝を申し上げる。

元IGPIビジネスアナリティクス&インテリジェンスCOOで、現在はJMDC執行役員の浜田貴之さんにも、私の入社直後から数年間、直属の上司として、見放さずにご指導いただき、鍛えていただいた。本書には、浜田さんがIGPIビジネスアナリティクス&インテリジェンスに残した数々の遺産を使わせていただいている。心より感謝を申し上げる。

現在の同僚や、過去一緒に仕事をした同僚にも、心より感謝を申し上げる。私一人ではプロジェクトを乗り切れず、とっくに辞めていただろう。特にIGPIビジネスアナリティクス&インテリジェンス マネジャーの古川雅博さんが生み出した成果は、本書にも使わせていただいている。

以前勤めていた資産運用会社の先輩・同僚にも、心より感謝を申し上げる。社会人としての基礎を教えていただいたお陰で、今の自分がある。

東洋経済新報社の齋藤宏軌さんには、編集者として本書をご担当いただき、多くの有益なアドバイスをいただいた。本書が少しでも読みやすく、整理されたものになっているとしたら、それは齋藤さんのお陰である。心より感謝申し上げる。

最後に、両親と家族と友人の支えがなければ、本書を書き上げることはできなかった。心より感謝する。

【著者紹介】
上田　剛（うえだ　つよし）
株式会社IGPIビジネスアナリティクス&インテリジェンス ディレクター
野村アセットマネジメントにて、販売用資料作成、債券ファンドの運用リスク管理、社内業績管理および競合との比較分析、金融市場分析等に従事。
IGPI BAI参画後は、金融・小売・製造・ネット・建設業界等を対象に、ビッグデータ解析による経営支援や、機械学習を活用した新規事業の開発、デジタルを活用した業務プロセスの改革・構築（DX）等に従事。

実務担当者のためのビジネスプロセスDX実装ガイドブック

2023年6月6日発行

著　者——上田　剛
発行者——田北浩章
発行所——東洋経済新報社
〒103-8345　東京都中央区日本橋本石町 1-2-1
電話＝東洋経済コールセンター　03(6386)1040
https://toyokeizai.net/

装　丁…………竹内雄二
本文レイアウト・DTP……米谷　豪（orange_noiz）
印　刷…………ベクトル印刷
製　本…………藤田製本
編集担当………齋藤宏軌

Printed in Japan　ISBN 978-4-492-60231-7